dtv

In der Steiermark wird Glück als Schulfach eingeführt, in Großbritannien macht ein Mädchen sein Sterben zur öffentlichen Angelegenheit; in Zeiten der Finanzkrise wird tonnenweise Geld verbrannt, das nie wirklich existiert hat; Lieblinge der Medien und Günstlinge der Politik halten ihren Vorteil für die einzige Wahrheit, der sie sich verpflichtet fühlen. Polemisch, geistreich, poetisch und witzig weist Karl-Markus Gauß auf die Verzerrungen und Ungereimtheiten in unserem Alltag hin, spürt im Marginalisierten das Bedeutsame auf, im Unscheinbaren Schönheit, Würde, Renitenz und zeigt, wie man sich den alltäglichen Anfechtungen entgegenstellen kann und wie es gelingt, den Anspruch auf persönliches Glück nicht preiszugeben.

Karl-Markus Gauß, geboren 1954 in Salzburg, lebt dort als Autor und Herausgeber. Für seine Veröffentlichungen wurde er vielfach ausgezeichnet, u.a. mit dem Johann-Heinrich-Merck-Preis (2010). Die Taschenbuchausgaben seiner Bücher erscheinen bei <u>dtv</u>.

Karl-Markus Gauß

Ruhm am Nachmittag

Deutscher Taschenbuch Verlag

Karl-Markus Gauß im Deutschen Taschenbuch Verlag:
Die Hundeesser von Svinia (dtv 13437)
Die sterbenden Europäer (dtv 30854)
Die versprengten Deutschen (dtv 34504)
Im Wald der Metropolen (dtv 34730)
Das Europäische Alphabet (dtv 36168)

Ausführliche Informationen über
unsere Autoren und Bücher
finden Sie auf unserer Website
www.dtv.de

Ungekürzte Ausgabe 2014
© Paul Zsolnay Verlag Wien 2012
Umschlagkonzept: Balk & Brumshagen
Umschlaggestaltung nach einem Entwurf von David Hauptmann,
Hauptmann & Kompanie Werbeagentur, Zürich,
unter Verwendung eines Fotos von plainpicture/von quast
Satz: Eva Kaltenbrunner-Dorfinger, Wien
Druck und Bindung: Druckerei C.H.Beck, Nördlingen
Gedruckt auf säurefreiem, chlorfrei gebleichtem Papier
Printed in Germany · ISBN 978-3-423-34814-0

»Denn du selbst bist die Zeit.«

Angelus Silesius

Teil 1

Die Beteiligten und
die Unbeteiligten

Unablässig schneite es weiche weiße Flocken, bis die nächtliche Straße zu glitzern begann. Ihre Freude, als sie im selben Moment merkten, wie unter den Schuhen der Schnee ihrer Kindheit knirschte. So gingen sie zu Silvester vom alten ins neue Jahr zurück.

Ein klarer, eisiger Winternachmittag; auf der hügelan führenden Augustinergasse, kurz vor der Müllner Kirche, kommt mir ein alter Mann entgegen. Er setzt seine Schritte, als würde ihn das Knie oder der Rücken schmerzen. Er hat das, was man früher eine Stoppelglatze genannt hat, mattblonde Haare, die stachelartig aufgestellt sind. Seine Gesichtshaut ist gerötet, er sieht müde aus, in sich gekehrt und traurig. Als er nur mehr ein paar Meter entfernt ist, holt er im Gehen einen silbernen Taschenkamm aus der Jacke und fährt sich mechanisch von vorne nach hinten durch das Haar. Mein Gott, das hat er auch früher, das hat er schon immer getan. Es ist Manni E., der fünf, höchstens sieben Jahre älter ist als ich und den ich, als er ein Bäckerlehrling und ich ein Volksschüler war, so bewunderte wie sonst keinen aus der Siedlung. Er war ein kräftiger, hilfsbereiter Bursche, im Sommer spielte er mit uns Jüngeren, die Schulferien hatten, bis sieben Uhr abends im Hof Fußball, dann rief ihn sein Vater, und er lief die zwanzig Meter bis zum Haus und kletterte durch das geöffnete Fenster in die Wohnung im Parterre. Er musste bald schlafen gehen, denn als Bäckerlehrling hieß es früh, kaum dass die Sonne aufging, aus dem Bett. Er trug schon damals immer einen Kamm bei sich und hat jede Stunde sein Haar zurückgekämmt, dass es sich steil aufstellte. So macht er es heute noch. Mehr als vierzig Jahre habe ich ihn nicht gesehen, jetzt bin ich ihm dankbar, dass er seinen Blick nicht von dem eisigen Weg hebt, der Held meiner Kindheit.

Kleine Mathematik des Jahreswechsels: Selbst wenn er 81 Jahre alt wird, hat er jetzt schon zwei Drittel seines Lebens hinter sich. Und wenn er es immerhin auf 72 bringt und damit auf drei mehr als sein Vater, auf dreizehn mehr als dessen Vater, dann wird er nur mehr ein Viertel vom Ganzen vor sich haben. Was er früher von den Alten, die ihm damals richtig alt erschienen, zu hören bekam, aber nicht wirklich aufnahm mit Herz und Verstand, die Klage nämlich, dass die Jahre erschütternd schnell vergangen waren, bald wird es auch die seine.

Im April 1943 wird der ungarische Erzähler, Dramatiker und Journalist Sándor Márai 43 Jahre alt. Seit zehn Jahren ist er der populärste Schriftsteller seines Landes, alle seine Romane werden Bestseller, und um ihn als Mitarbeiter zu halten, zahlt ihm die Zeitung *Pesti Hírlap* für sein sonntägliches Feuilleton den dreifachen Monatslohn eines Arbeiters. Im Haushalt glänzt seine Frau Lola, die ihn später über alle Stationen des Exils mit seinen materiellen und existentiellen Krisen begleiten wird, als elegante Gastgeberin, standesgemäß unterstützt von Köchin und Haushälterin. Das bürgerliche Glück eines Schriftstellers, der das Bürgertum welthistorisch für berufen hielt, die Menschheit kulturell zu veredeln, scheint vollkommen; aber es mehren sich, auf allen Ebenen des privaten, beruflichen, nationalen Lebens, die Zeichen des Untergangs.

Vier Jahre vorher war das einzige Kind des Ehepaars bald nach der Geburt gestorben. In seinen Tagebüchern spricht Sándor Márai nur selten und meist in lapidaren Worten von diesem Sohn, kühler als von seinen geliebten Hunden, aber je länger der Tod zurückliegt, umso deutlicher wird ihm: »Mein größter Schmerz: der Tod des kleinen Kindes. Nicht sofort; später, Jahre später.« Im Winter dieses Jahres 1943 wirft ihn, den robusten Vielarbeiter, eine schmerzhafte Nervenentzündung nieder, drei Monate muss er das Bett hüten. Und wovon er lange Zeit wenig Kenntnis nehmen wollte, dass sich Ungarn nämlich im Krieg befindet und noch dazu auf der Seite von Nazi-Deutschland, das dringt mit düsteren Meldungen von der Front und erschreckenden Beobachtungen, die er in den Straßen von Budapest macht, immer störender in seinen Alltag; in den Alltag eines Mannes, der bisher penibel getrachtet hatte, sein Leben ganz auf die Arbeit auszurichten: »Ein Leben nach Stundenplan. Die Unterordnung des Gemeinschaftslebens, des Essens, ja des Geschlechtslebens unter das Schreiben.«

Jetzt, da ihm der tote Sohn in den Sinn kommt, sein eigener Körper sich als anfällig erweist, rundum die Sekurität des großbürgerlichen Lebens brüchig wird und der Krieg, in fremde Länder getragen, in das eigene zurückkehrt, geht in Márai eine erstaunliche Veränderung vor. Es ist eine Veränderung, die seine ganze Existenz erfasst und eine bedeutende literarische Wirkung zeitigt. Der Erfolgsautor, der mit stupender Schnelligkeit Buch um Buch, Artikel um Artikel publizierte, verliert nämlich die Freude an dieser Art von schriftstellerischer Existenz. Ein fundamentaler Zweifel fasst ihn an, für den er zunächst einen simplen Namen findet: Alter.

Aber es ist mehr als die Wahrnehmung, dass die Jugend dahin ist und eine Zeit kommt, in der manches, was er sich bisher wie selbstverständlich zumuten konnte, seinen Tribut verlangt, etwa die tägliche Vergiftung mit Nikotin. Auf der Höhe seines Ruhmes gerät der erfolgreiche Autor vielmehr

in die »erste große Krise meines Lebens, die Krise des verlorenen Glaubens, des Glaubens an meine Arbeit«. Das hat weniger damit zu tun, dass er das Zutrauen in seine schöpferi-
schen Kräfte verloren hätte, als mit dem Zerfall jener Schicht,
auf die er als Autor zeitlebens bezogen war, auf das ungarische, das mitteleuropäische Bürgertum.

Die Helden der Finanzwelt werden nacheinander als Hochstapler und Betrüger oder arrogante Versager enttarnt. Unvorstellbar ist die Schadenssumme, die der amerikanische In-
vestmentbanker Bernard Madoff angehäuft hat, sofern man
Gelder, die am Ende fehlen, anhäufen kann, in Form von
Türmen des Verlusts gewissermaßen, auf die auch viele wissenschaftliche und karitative Institutionen gesetzt haben,
etwa die Harvard University oder der Elie-Wiesel-Fonds.

Ein ähnlicher Bernard hat es in meiner Jugend zur Berühmtheit gebracht, der legendäre Hochstapler Bernie Cornfeld, ein Amerikaner, der die Deutschen an seinem betrü-
gerischen Wesen von ihrem Wohlstand genesen ließ, indem
er sie in den sechziger Jahren zu Anlageformen überredete,
die ihrer Gier entsprachen und ihnen, anstatt sagenhafte Gewinne zu bescheren, schwer, aber redlich verdiente Verluste
sicherten. Als er im Gefängnis landete, wurde bekannt, dass
Cornfeld in jüngeren Jahren auf Jahrmärkten als »Alters- und
Gewichtsschätzer« aufgetreten war, er wettete, wie alt und
schwer jemand war und hatte ein untrügliches Gespür dafür. Die vereinten Bernies aller Alters- und Gewichtsklassen
wetten heute darauf, ob Firmen, Konzerne, Volkswirtschaf-
ten untergehen oder überleben werden, und ob sie gewinnen oder verlieren, hängt weniger von diesen ab als von ihnen, wie viele sie sind und wie viel sie in das Spiel um den
Niedergang, der ihr Gewinn ist, zu investieren bereit sind.

An der Universität wird die Finanzwirtschaft als Wissen-

schaft gelehrt, deren Gesetzen nachgerade naturwissen-
schaftliche Gültigkeit zukommt. Statt sie mit fragwürdigen
Theorien zu verwirren, sollte man die Studenten mit be-
währten Hochstaplern zusammenbringen, damit sie begreifen, wie diese denken, nach welchem Rhythmus sie ticken
und wie sie die Leute, die betrogen zu werden wünschen,
zu betrügen wissen. Zu jedem Betrugsfall gehören nämlich
zwei, der Betrüger ist nichts ohne den, der betrogen werden will. Was man Neoliberalismus nennt, ist ein System, das
beider bedarf, des Spekulanten, der Geld mit nichts als Geld
schafft und dem alles, was es auf der Welt gibt und selbst das,
was es nicht gibt, zum Geld wird – und jener, die ihn dafür bewundern, die ihm nachfolgen, von ihm reich gemacht
werden möchten. (Und, natürlich, gehören zum Neoliberalismus auch die Ungezählten, die ihm schon zum Opfer
fallen, solange für die Börsianer, die Groß- und die Kleinanleger, die Profiteure der großen Verbrechen und die Erbsenzähler des kleinen Vorteils die Welt der Spekulationen
noch ganz in Ordnung ist.)

Es stimmt aber gar nicht, dass dem Spekulanten alles zum
Geld wird. Er bemisst zwar alles in Geld, und er handelt mit
ihm. Was er auf diese Weise vermehrt, ist aber Papier, und
zwar nicht in der Weise, wie jedes Geld Papier oder Münze
ist. Kein Finanzwissenschaftler weiß dem ratlosen Publikum
aus betrogenen Betrügern zu sagen, wo die ungeheuren
Summen von Geld, die in den vergangenen Wochen vernichtet wurden, vorher waren und wohin sie jetzt verschwunden
sind. Es gab dieses Geld vorher in keinem Banktresor, und es
wurde jetzt von keinem Zug mit ein paar Tausend Waggons
zur Geldverbrennungsanlage gefahren. Dass es das Geld, das
die einen reich, die anderen arm machte, gar nicht gab, ändert nichts daran, dass die einen damit reich, die anderen arm

wurden und ausgerechnet jenen, die das Geld, das gar nicht da war, verspielt haben, nun mit den Steuern derer ausgeholfen wird, die zu wenig davon hatten, um sich damit am großen Spiel mit dem Geld zu beteiligen.

Im letzten Herbst, als ich zu einer Lesung ins kalte, regnerische Brüssel musste, sah ich dort einige Obdachlose in Schlafsäcken unter einer Arkade liegen. Sie lagerten gegenüber der Börse, mit der ihr Unheil irgendwie verbunden war, auf eine verschlungene, komplizierte, doch unsäglich triviale Weise, und vielleicht hatten sie diesen Platz ausgesucht, weil sie das ahnten und der Welt zeigen wollten, dass es zusammengehörte, ihr Elend und diese Börse. Die hier lagen, mit struppigen Bärten, schorfigen Gesichtern, waren aber, leider, noch nicht die Börsianer selbst, die von der Stätte ihres Wirkens ausgespuckt worden wären, um gleich in deren Nähe kleben zu bleiben, mit einem Mal selbst zum Auswurf geronnen, zu dem sie über sekundenschnelle Transaktionen, mit denen sie Firmen aufkauften, ausweideten und auf den Misthaufen warfen, täglich Zahllose machten; Menschen, die sie nie gesehen hatten und über die sie, würden sie ihrer in der Nähe ihres Arbeitsplatzes, der ehrwürdigen Börse von Brüssel, ansichtig werden, achtlos hinwegstiegen, weil sie niemals gestehen würden, nicht einmal sich selbst, dass diese Gestürzten überhaupt etwas mit ihnen und ihrer Arbeit zu tun hatten.

Als ich den Fernseher aufdrehte, wandte sich ein renommierter Banker meiner Stadt gerade beschwörend an die verstreute Gemeinde der kleinen Sparer. Eben noch hatten die Nachrichten vermeldet, dass die Banken einander weltweit nicht mehr trauten und sich gegenseitig kein Geld borgten. Jetzt erklärte der Banker, dass wir es in Wahrheit gar nicht mit einer Krise des aufgeblähten Finanzwesens zu tun hatten; dass an der Krise auch nicht die Spekulanten Schuld trügen, die auf fallende oder steigende Kurse gesetzt hatten und am Verlust eines Konzerns mitunter mehr verdienten als an dessen Gewinn; und dass wir auch nicht über die übel beleumundeten Manager der Hedge-Fonds klagen sollten, die nur tun, was eben getan werden muss, damit eine Maschine, die läuft, auch wenn sie in die falsche Richtung läuft, nicht zu tuckern und zu stottern anfängt. Nein, sagte der Banker, die Mutter aller Krisen, die zur Finanz- und Kreditkrise geführt habe, sei die Glaubens- und Vertrauenskrise, mit der wir, die wir vom Welt- als Bankvertrauen abgefallen waren, unseren eigenen Wohlstand gefährdeten. Und darum sei es die religiöse Pflicht jedes Staatsbürgers, gefälligst wieder jenen Banken zu vertrauen, die einander nicht trauten, denn einzig unser Vertrauen könne unsere Sparbücher und Einlagen noch retten und irgendwann, vielleicht, dazu führen, dass sogar die Banken wieder Vertrauen zueinander fassten.

Es ist zwar zu verstehen, dass keine Bank überlebt, wenn alle Kunden auf einmal ihr Geld beheben wollen; trotzdem empfinde ich, seitdem der Banker dazu aufrief, einem Stand zu vertrauen, der sich selbst nicht traut, den heftigen Wunsch, das Vermögen, das ich nicht habe, unverzüglich als Zeichen des Protestes abzuheben und zuhause im Kopfpolster zu verstecken. Denn was mir gerade als Lebensmaxime empfohlen wurde, lautet ja: Kontrolle ist gut, Vertrauen ist besser. So lernt man begreifen, dass die Sicherheit unserer Finanzökonomie nicht von schnöden Dingen abhängt wie der Sicherung der Geldinstitute durch Eigenkapital. Oder davon, dass die Finanzwirtschaft, die mit fiktiven Posten reale Gewinne in unwirklich schneller Zeit erschafft, mit dem verkoppelt bleibt, was man einmal Realwirtschaft genannt hat; also mit jener ökonomischen Sphäre, in der Dinge auch noch produziert werden, bevor das, was sie möglicherweise an Gewinn einbringen könnten, über die Kanäle des World Wide Web dreimal innerhalb einer Stunde um die Erde gejagt wird. Nein, die Sicherheit unseres Systems beruht – es war ein Banker, der mich das lehrte – auf einem immateriellen Wert, einer kollektiven Stimmung: auf dem Vertrauen, dem Glauben. Sobald wir das erzwungene Vertrauen, den verpflichtenden Glauben verlieren, kracht alles zusammen.

Die feste Basis des Finanzwesens ist also seine Fiktionalität. Kein Schriftsteller, der von Berufs wegen mit Phantasien, Erfindungen, mit Obsessionen, Träumen und Ideen zu tun hat, kann darin mit den Menschen aus der Bankwelt konkurrieren, von denen man annahm, sie wären kühle Rechner, Charaktere mit buchhalterischen Talenten. Dabei sind sie Händler mit Träumen, Spieler mit Vermutungen, haltlose Gambler, die Realitäten schaffen und zertrümmern und, während sie ihren Platz vor dem Bildschirm gar nicht verlassen, weltweit tätig sind.

»Dienstleistungsgesellschaft«: Sie verdient ihren Namen, weil sie uns nötigt, immer mehr Dienste für Unternehmen zu leisten, die sich an uns und den Diensten, die wir für sie verrichten, bereichern. Womit sie uns gewinnen, das ist der günstige Preis, die Unterbietung des Angebots, mit dem die konkurrierende Firma wirbt, um ein paar lumpige Cent. Es billig haben zu wollen kommt dem Kunden teuer. Auf den Preis dressiert, wie er ist, übernimmt er bereitwillig die Arbeit der Firma, seine eigene Arbeitszeit berechnet er nicht, sie ist ihm nichts wert, weil er sich selbst nichts wert ist. Stundenlang studiert er Prospekte, um dahinterzukommen, welche Handyfirma gerade das günstigste Angebot für ihn hat, folgsam fädelt er sich in die Warteschlangen der Callcenter ein, um für das Angebot, das er als das günstigste ausgemacht zu haben glaubt, vorstellig zu werden, ungelenk bemüht er sich, über das Internet den Vertrag, den er mit einem Anbieter geschlossen hat, zu ändern, und wenn er sich auf den Weg macht, um seine Causa in einem Handy-Shop persönlich zu betreiben, wird er sein Wunder erleben: so viel Geld die miteinander auf Profit und Untergang konkurrierenden Firmen darauf verwenden, alle paar Wochen neue, teuer hergestellte Prospekte flächendeckend über die Republik zu verstreuen, so wenig erübrigen sie für sachkundiges Personal, das den Kunden zu beraten fähig wäre ... Zum Fachmann muss jeder werden, um kompetent für jene Firma tätig sein zu können, die ihm zwar ihre Waren verkauft, aber seine Dienstleistung unentgeltlich abnimmt.

Ich musste für drei Tage nach Ljubljana. Als ich, statt wie früher telefonisch Auskunft zu erhalten, im Internet selbst nach den Zugverbindungen suchte, stieß ich auf die Warnung: Reservierung für diesen Zug dringend empfohlen! Nach einer halben, mit lauter Fehlversuchen hingebrachten Stunde erhielt ich die elektronische Belehrung: Für Züge ins Ausland keine Reservierung über das Internet möglich! Also machte ich mich auf den Weg zum Bahnhof, um einen Tag vor der Reise die Karte zu erwerben und einen Platz zu reservieren. »Den Weg hätten Sie sich ersparen können«, sagte der freundliche Mann am Schalter, »den Zug kriegen wir nie voll.« Aber im Internet steht doch ...? »Ah, da schreiben sie viel hinein, die Trotteln.« Ich war den Österreichischen Bundesbahnen also nicht nur unentgeltlich zu Diensten, sondern auch umsonst, denn anderntags fuhr ich auf reserviertem Platz in einem leeren Zug Richtung Süden.

Umsonst. Ein deutscher Autor namens Jochen Schmidt hat vor drei Jahren täglich zwanzig Seiten von Marcel Prousts »Auf der Suche nach der verlorenen Zeit« gelesen und sein Tagebuch, das er an und mit dieser Lektüre entwickelte, täglich ins Internet gestellt. Was schreibt dieser Schmidt, der sich als Schriftsteller neuen Typs, als vernetzten Online-Autor, präsentiert und dessen öffentliches Diarium von der täglichen Auseinandersetzung mit einem der am feinsten nuancierten Romane der Weltliteratur bestimmt wird? »In den Achtzigern, wo ich ständig im Theater war, wäre Kritiker mein Traumberuf gewesen, weil ich damals das Privileg, umsonst eine Karte zu bekommen, wohl stark überschätzt habe.« Wer die achtziger Jahre für einen Ort hält, »wo« er sich aufhalten kann, dem ist auch zuzutrauen, dass er Theaterkarten nicht nur gratis haben möchte, sondern sie auch wirklich umsonst erhält. Als ich sein Tagebuch als fortgesetzte Chronik der Sprachlosigkeit im Internet las, dachte ich mir, dieser Autor habe es gewiss im Sinn, aus seinen online gestellten Betrachtungen eines Tages ein richtiges Buch mit bedruckten Seiten und ordentlichem Einband zu machen. So kam es, dass ich mittlerweile auch auf Papier überprüfen kann, was ich mir bei der Lektüre am Computer dachte: Dieser Schmidt schlägt seinen sprachlichen Hammer völlig umsonst auf Proust nieder, es sprüht nicht ein Funken von Geist dabei auf.

Bisher konnte man annehmen, Sándor Márai sei aus der Bahn geworfen worden, weil die kommunistische Staatsmacht das Bürgertum nach 1945 seiner nationalen Bedeutung beraubte. Seine Tagebücher zeigen aber, dass er schon Jahre vorher entsetzt gesehen hat, wie sich jene Schicht, deren kulturstiftende Kraft er stets gerühmt hatte, vor seinen Augen zersetzte: wie sie sich gemein machte mit den Antisemiten um den autoritären Reichsverweser Horthy, wie sie sich schließlich der deutschen Besatzungsmacht ergab und endlich abdankte, um die Nation den »Pfeilkreuzlern«, den rabiaten Schlächtern, die 1944 die Macht im Staat übernahmen und Jagd auf die Juden machten, zu überlassen. »Ich habe das ungarische Bürgertum, die Klasse, in die ich hineingeboren wurde, gesehen, kennengelernt, in all seinen Aspekten bis zu den Wurzeln untersucht; und nun bin ich Zeuge seines völligen Zerfalls … Und wie das Ganze in einen wilden Raubzug und den völligen Untergang mündete.« Der fundamentale Zweifel am eigenen Werk und die sich langsam und quälend öffnende Einsicht in den Zerfall des Bürgertums, das nicht erst von außen zerschlagen werden musste, sondern an innerer Schwäche, an Opportunismus, Klassendünkel, Niedertracht zugrunde geht, gehören zusammen.

In dieser krisenhaften Situation beginnt Márai sein Tagebuch zu schreiben. Er wird damit 46 Jahre lang nicht mehr aufhören, bis zu jenem 15. Januar 1989, an dem er die letzte Eintragung macht: »Ich erwarte die Abberufung, ich dränge nicht, aber ich zögere auch nicht. Es ist soweit.« Einen Monat später hat er sich, krank, verwitwet, außer in seinen Tagebüchern als Autor verstummt, in San Diego erschossen.

Israel führt im Gazastreifen Krieg gegen die Hamas, die es für ihr heiliges Recht hält, Raketen gegen Israel abzufeuern, weil sie das gesamte israelische Territorium für geraubtes islamisches Land hält. Nicht nur die israelische Regierung hatte in den letzten Wochen die Hamas dringlich aufgefordert, den täglichen Beschuss mit bis zu achtzig Raketen einzustellen. Natürlich hat die Hamas sich geweigert, mit der Bombardierung innezuhalten, täte sie es, wäre sie nicht die Hamas, und sie hat auch den inständigen Rat arabischer Nachbarstaaten ausgeschlagen, den Waffenstillstand, den Israel und die Hamas geschlossen hatten und beide gewohnheitsmäßig brachen, einzuhalten. Nun bombardiert Israel mit seiner gewaltigen Militärmaschinerie die Stellungen der Hamas, die sie einst selbst als Konkurrenten der PLO großgezogen hat, und trifft entgegen der Propaganda natürlich keineswegs nur militärische Objekte. Gleich in den ersten Tagen sterben Hunderte Zivilisten. Über der in alle Welt übertragenen Bildberichterstattung vom Krieg ist weltweit neuerlich der Hass auf Israel aufgeflammt, ein Hass, der sich vorgeblich aus dem Mitgefühl, der Solidarität mit den geschundenen Palästinensern speist und sich somit als nachgerade humanitärer Hass gefällt. Täglich werden wir übers Fernsehen vom Massenmorden in Darfur, vom regierungsamtlich verfügten Massaker in vielen Ländern Asiens und Afrikas, vom unaufhörlichen Bombenkrieg islamistischer Gruppen gegeneinander informiert – aber das ist keine Mahnwache und keine Demonstration wert. Was zählt, ist immer nur der Krieg in Palästina. Aber nicht, weil Palästinenser ihm zum Opfer fallen, sondern weil es Juden sind, die man als Täter verantwortlich machen kann.

Sie fahren für ein paar Tage nach Wien und steigen in einem Hotel in der Josefstadt ab, in der Lange Gasse, wo sie jedes Mal neue Hinweise auf die literarische und soziale Geschichte des Viertels entdecken. Einmal ist es die Tafel, die an einem Haus in der Lange Gasse an Hugo Bettauer erinnert, den Autor, der Aufklärung ausgerechnet mit Sensation, Sex und Kolportage unter die Leute bringen wollte. Und der das mit dem Tod und einem anhaltend schlechten Ruf in der Literaturgeschichte bezahlte. Er war ein Schnellschreiber, der fünf Romane im Jahr veröffentlichte, eine sexualreformerische Zeitschrift herausgab und den Wiener Antisemiten in dem Roman »Stadt ohne Juden« das schwarze Zukunftsbild einer Metropole vor Augen hielt, aus der, wenn nur erst die verhassten Juden sie tatsächlich kollektiv verlassen haben, wieder Provinz geworden sein wird. Bettauer war so populär, dass Christlichsoziale und Deutschnationale einander darin übertrafen, gegen den »räudigen Talmudjuden« zu hetzen, bis er 1925 geradezu auftragsgemäß von einem illegalen Nationalsozialisten ermordet wurde.

Dann wieder stoßen sie, in der Florianigasse, auf eine Tafel, die daran erinnert, dass hier ein Jahr lang Lazar Zamenhof gelebt hat, der jüdische Arzt und Gelehrte aus Byalistok, einer Stadt, deren Einwohner sich in vier Sprachen unterhalten konnten, auf Deutsch, Polnisch, Jiddisch und Russisch, und die einander trotzdem nicht verstehen wollten. Deswegen war es die krause wie grandiose Hoffnung Zamenhofs, sie würden in einer fünften Sprache zueinander finden, im Esperanto, das er erfand und mit dem er seiner Stadt, Mitteleuropa, der Menschheit selbst eine Lingua franca zu geben hoffte, niemandes Muttersprache, aber die Bildungs- und Herzenssprache aller wohlmeinenden Menschen. Den Nationalsozialisten galt das Esperanto als Judensprache, deren Gebrauch verboten war, die Stalinisten in der Sowjetunion hielten es anders, sie rühmten das Esperanto als Versuch, den friedlichen Austausch zwischen den Völkern zu befördern, und brachten dafür alle bekannten Esperantologen um.

Das kleine Café Strozzi unweit von ihrem Hotel hat auf die reizvolle Art vieler Wiener Kaffeehäuser ein sozial gemischtes Publikum, sodass Junge und Alte, Alteingesessene und Zuwanderer, Alleinsitzer und Stammtischbrüder, die Hofratswitwe und der Student mit den Dreadlocks nebeneinander sitzen. Eine Frau von einigen dreißig Jahren, mit mächtigem brünettem Haarschopf und attraktiv geschnittenem Gesicht, betritt gegen 22 Uhr das Café, wirft ihren beim Eintreten bereits halb ausgezogenen Mantel auf die Bank, setzt sich krachend daneben an das freie Tischchen und beginnt sofort wie wild in der Zeitschrift zu blättern, die sie bei sich hat, auf keiner Seite verweilt sie länger, nach zwei Minuten ist sie in reißender Jagd der Finger durch die ganze Zeitschrift gehetzt. Bei der rundlichen Kellnerin, die eine unstörbare Ruhe ausstrahlt, bestellt sie etwas, sie macht sich inzwischen über zwei Zeitungen her und hustet gelegentlich rasselnd auf. Die Palatschinken, die ihr serviert werden, vertilgt sie in großen Bissen, wenig später findet sich auf dem Teller nur mehr die Spur der zerronnenen Schokolade. Sogleich springt sie auf, greift sich den Wintermantel, eilt, diesen anziehend, zur Theke, wirft der Kellnerin ein paar Münzen hin und donnert in die sternenklare Nacht hinaus: herrische Besitzerin von Furien, mit denen sie abends Parade hält.

Spät nachts geraten sie unversehens in eine Schar von Ravern, die sich offenbar stundenlang und nicht ohne Erfolg um den Verstand zu tanzen versucht hatten, plötzlich waren sie von zuckenden, hüpfenden Kindern mit erloschenen Augen umgeben, man musste sich nicht vor ihnen, sondern höchstens um sie fürchten. Da gab es kein Entkommen, es war wie damals in Krakau, als er am Abend des ersten Todestags von Papst Johannes Paul II. auf dem Rynek stand, dem großen Platz um die Tuchlauben, und zuerst staunend beobachtete, wie Tausende und Abertausende aus den Seitengassen auf den Platz strömten, und dann zu spät bemerkte, dass sich die Menge binnen weniger Minuten so verdichtet hatte, dass er von ihr verschluckt und auf die Prozession, die dreimal um den Platz herumführte, mitgenommen wurde. Er war von lauter inbrünstig Betenden umgeben, die auf die von den Priestern mit Lautsprechern vorgesprochenen Gebete in einem fort mit Bittformeln antworteten, in ihrem weichen, zischenden Polnisch, und trottete mit ihnen, umfangen von diesem riesenhaften Körper der Frömmigkeit, bis er eine fremde Stimme bemerkte, die aus ihm selber in einem zischend nachgeahmten Kirchenpolnisch sprach.

Der Rave hat eine sakrale Note (er hat ja nicht viele Noten und nur einen einzigen Rhythmus), das fiel ihm inmitten von ichverlorenen Ekstatikern des Tanzes auf, die ihn an die ichverlorenen Ekstatiker der Prozession erinnerten: die litaneienhafte Wiederholung im katholischen Ritus, die wummernde Wiederholung im Rave. Anders als in der Messe und bei der Prozession gibt es in dieser Musik kein Davor und kein Danach, keine Ouvertüre, die die Motive vorwegnimmt, und kein Finale, das sie noch einmal steigern und bündeln würde, die einzelnen Nummern haben keinen Anfang und kein Ende, sie stampfen im ewig gleichen Rhythmus dahin, bis endlich einer entkräftet zusammensackt oder ein Samariter den Stecker aus der Dose zieht. Die Rave-Kultur suggeriert reine Präsenz und Unmittelbarkeit und ermöglicht das glückliche Eintauchen in die zuckende und stampfende Masse, die ein riesenhafter Körper geworden ist, seiner selbst nur vegetativ gewiss. Keine Ahnung ist in dieser Masse, dass sie nicht nur eine rhythmische Einheit bilden, sondern auch politische Kraft entfalten könnte.

Was die Raver suchen, ist die Seligkeit des Selbstverlusts und der Selbstvergessenheit; in einer Welt des Kalküls und der Berechnung sind sie der Trotz ohne Aufbegehren.

Dass er mit dem Tagebuch jene literarische Form gefunden hatte, die seinen Talenten und Ambitionen völlig gemäß war, wird Márai, als er sich 1943 erstmals daran machte, eines zu führen, selbst noch gar nicht ermessen haben. Heute aber, da diese Tagebücher nach seinen Romanen, von denen die meisten auch in ihrer deutschen Übersetzung Bestseller wurden, aufgelegt werden, erweist es sich zweifelsfrei: Sándor Márais Beitrag zur Weltliteratur sind nicht seine Romane, nicht diese perfekt gebauten, immer ein wenig allzu gedrechselten Romane, in denen vornehm der Staub aus kakanischen Kulissen rieselt – Márais bedeutendstes Werk ist sein monumentales, über fast ein halbes Jahrhundert fortgeschriebenes Tagebuch.

Von Anfang an hat er das Tagebuch nicht als Ort der privaten Selbstaussprache betrachtet und das diaristische Schreiben auch nicht als jene pietistische Gewissensbefragung betrieben, die für die Ausbildung des europäischen Tagebuchs als literarischer Gattung so wichtig war. Es ist auch kein Arbeitsjournal, das er führte und in dem er die Einfälle festhielte, die ihn später womöglich für seine Romane nützlich werden könnten. Und noch etwas ist sein Tagebuch nicht, eine zuverlässige politische Chronik, denn er verzichtet fast gänzlich auf Datierungen, sodass man nur indirekt erschließen kann, wann er welche Betrachtung, Erinnerung, Reflexion festgehalten hat.

Was ist das Tagebuch dann für ihn, wenn es schon so viele Aufgaben nicht erfüllt, die Tagebüchern gemeinhin zufallen? An einer unauffälligen Stelle seiner Aufzeichnungen verbirgt er einen poetologischen Selbstkommentar: »Das, was ich schreibe, erschafft mich, nicht umgekehrt.« Er schreibt also nicht, um der Welt Kenntnis zu geben von dem, wovon er selbst Kenntnis bereits gewonnen hat, sondern um sich in der täglichen Arbeit des Schreibens zu erschaffen, um diaristisch jenes Ich zu entwerfen, das er sein möchte und als das er sich, der Bürger, dem seine Welt verloren geht, behaupten will.

Bewundernswert, mit welcher Radikalität es Márai angeht, der doch an den Luxus, die Anerkennung gewöhnt war. Ihm ist sofort klar, dass er, der bestbezahlte Journalist, nur mehr ausnahmsweise für Zeitungen schreiben wird, nicht nur, weil es ihm unstatthaft erscheint, in zensurierten Organen zu veröffentlichen, sondern auch, weil das Tagebuch ihm künftig die Öffentlichkeit ersetzen soll. Seine rastlose Publizistik, die ihn berühmt und wohlhabend gemacht hat, stellt er fast vollkommen ein; dafür wächst sein Tagebuch schon in den Jahren von 1943 bis 1945 auf achthundert Seiten.

Er ist sich des Zusammenhangs bewusst, und er gibt auch hier eine kleine poetologische Seitenbemerkung: Ereignisse, sagt er, sind »die Beute des Journalisten«, sein ureigenes Lebenselement als Schriftsteller aber sei der »Erlebniswert eines Ereignisses«. Folglich lesen wir in seinen Tagebüchern weniger von Ereignissen als davon, wie sie sich in seiner Seele und seinem Denken niederschlugen, und es ist vermutlich genau dieses selbstreflexive Moment, das den Romancier und Journalisten Márai überhaupt auf das Tagebuch gebracht hat. Was nämlich beiden verboten ist, dem Erzähler wie dem Reporter, gerade das ist dem Diaristen erlaubt: sich fortwährend ins Wort zu fallen, sich zu widersprechen, die Dinge, die gerade plastisch dargelegt wurden, selbst zu kommentieren, kurz: die Genres in einem fort zu wechseln, die Haltung zu den Dingen stetig neu zu erproben und sich gewissermaßen dabei zu beobachten, wie sich der Abdruck der Dinge und Ereignisse im eigenen Ich, wie sich damit dieses selbst verändert.

Auf der Heimfahrt von Wien, kurz vor Salzburg, sehen wir weiß die Festung über der Stadt stehen. Thronen. Als der Künstler Dieter Huber mir vor Jahren eine von ihm auf dem Computer bearbeitete Ansichtskarte Salzburgs zeigte, auf der er Festung und Kirchtürme wegretuschiert hatte, habe ich meine Stadt nicht erkannt. Die Festung gehört zu dem Bild, das ich von ihr seit Kindertagen habe, ihr Anblick, der sich mit den Jahres- und Tageszeiten ändert und sie manchmal einer riesenhaften Kinderburg aus Pappkarton ähneln lässt, ist mir vertraut und auch lieb. Aber sie ist als Trutzburg der fürsterzbischöflichen Leuteschinder errichtet worden, nicht späteren Generationen zum Wohlgefallen; um auf die Bauern, sollten sie sich vermessen, gegen die Stadt zu ziehen mit ihren Hellebarden und Mistgabeln, hinunterzuschießen und die Stadtbürger alle Tage daran zu gemahnen, dass sich ihr Herr, wenn sie frech würden, hoch über sie in eine uneinnehmbare Burg zurückziehen und sie von dort maßregeln könne nach seinem christlichen Gutdünken, deswegen wurde sie errichtet. Eine Festung verliert ihren Schrecken mit der Entwicklung neuer Waffen und der Entfaltung einer anderen, bürgerlichen Herrschaftsform. Ab wann ist es statthaft, einen Ort, der den Vorangegangenen ein Inbild des Schreckens, ein Symbol der allgegenwärtigen Macht war, als schön wahrzunehmen?

In seinem Buch »Der Wandler der Welt« erzählt Drago Jančar die wahre Lebensgeschichte seines slowenischen Landsmannes Pavel Areh, der nacheinander idealistischer Schwärmer, kommunistischer Widerstandskämpfer, geachteter Architekt und geächteter Häftling ist. Schon als Jüngling zeichnet er unablässig Pläne von großzügigen Kindergärten, Schulen und Wohnsiedlungen, später, als es im Zweiten Weltkrieg gilt, sein Land von den nazistischen Besatzern zu befreien, schließt er sich unerschrocken den Partisanen an. Nach 1945 stellt Pavel allen persönlichen Ehrgeiz zurück, um der großen Sache zu dienen – der neuen Gesellschaft, in der der Mensch nicht mehr des Menschen Wolf sein wird.

Aber es erweist sich: Auch die neue Gesellschaft braucht Gefängnisse, und sie braucht Baumeister, die die Pläne dafür entwerfen. Und Pavel, der von der Gemeinschaft freier Menschen träumt, wird beauftragt, ein Gefängnis zu bauen, in dem jene verwahrt werden sollen, die sich unbelehrbar der frohen Botschaft von Freiheit und Gleichheit verweigern. Den Feinden hat er mutig widerstanden; dass falsch sei, was seine Freunde von ihm verlangen, wagt er hingegen nicht einmal zu denken. Darum wendet er sein gestalterisches Können, die Phantasie des Architekten auf, das perfekte Gefängnis zu errichten, so konstruiert, dass die Häftlinge einander niemals zu sehen bekommen und selbst der Austausch mittels Klopfzeichen zwischen ihnen unmöglich ist: Völlig unbeeinflusst von Zuspruch, Ermutigung oder schlechtem Einfluss verschwörerischer Mitgefangener soll jeder Häftling ganz für sich alleine bleiben und die Lehre von der brüderlichen Gemeinschaft begreifen lernen. Wie gut er gebaut hat, kann der Baumeister erst ermessen, als er eines Tages von seinen Genossen als vermeintlicher Verräter selbst ins Gefängnis gesteckt wird.

Der verzweifelte Baumeister, gefangen in seinem Werk, zweifelt nicht daran, dass er recht getan und gute Arbeit für die gerechte Sache geleistet hat. Sein eigener Fall – nur ein Irrtum. Aber er zerbricht in seiner Zelle über der Einsicht, dass er bald schon ganz vergessen sein wird, denn niemand kennt sie, die Erbauer von Zuchthäusern und Strafanstalten, und selbst die Namen derer, die die berühmtesten Gefängnisse der Welt erbaut haben, sind nicht überliefert.

Was aber ist mit denen, die heute keine Gefängnisse bauen, sondern die prächtigsten Bauwerke der Epoche errichten – freilich in Ländern, die man, wenn nicht als große Gefängnisse, jedenfalls als Autokratien bezeichnen muss? Ihre

Namen kennt jeder, der sich mit moderner Architektur beschäftigt. Im Bauwunderland Dubai entstehen gerade das luxuriöseste Hotel und die teuerste Shopping Mall der Welt. Die Freiheit des Baumeisters, sich selbst zu verwirklichen, zum eigenen Ruhm und zu jenem seines Bauherrn, wird dort durch keine Gewerkschaft und keine lästigen Anrainer beschränkt; denn im Eldorado der größenwahnsinnigen Baumeister zählt nichts als der Wille des Autokraten und seines Architekten.

Einmal so frei bauen zu können, wie es einem nur die Diktatur erlaubt, das muss für geniale Architekten eine gewaltige Verführung sein, mit der Gewalt zu paktieren. In Dubai schuften Zehntausende Arbeiter aus Pakistan, Indonesien, Palästina auf den Rohbauten der Wolkenkratzer, sie sind in Siedlungen untergebracht, die Straflagern ähneln, rechtlose Arbeitssklaven, an deren Schicksal die weltberühmten Architekten aus der Schweiz, aus Holland, Großbritannien, Norwegen nicht schuld zu sein begehren: Mein Gott, wir bauen ja nur! Und was für kühne, noch nie gesehene Meisterwerke!

Am Schicksal, das den palästinensischen Arbeitssklaven in den Scheichtümern am Golf beschieden ist, hat noch keiner etwas auszusetzen gehabt, der Israel wegen des Unrechts, das es den Palästinensern durch Vertreibung und Besatzung zugefügt hat und weiterhin zufügt, anzuklagen pflegt. Der Scheich von Dubai mag viele Fehler haben, den einzigen, der unverzeihlich wäre, nämlich die Palästinenser auszubeuten, ohne als gottesfürchtiger Muslim dazu ermächtigt zu sein, hat er nicht.

Überall in Europa werden Mahnwachen für die Palästinenser abgehalten, und das mit gutem Grund. Unter den Mahnenden und Wachenden finden sich allerdings Humanisten, die fein abwägen, gegen welches Unrecht sie aufstehen und für welches sie einstehen. Angesprochen darauf, dass es in islamischen Staaten ihren Geschlechtsgenossinnen bei strenger Strafe verboten sei, Juden oder Christen – von Atheisten gar nicht zu reden – zu ehelichen, bemerkt die österreichische Sprecherin einer Organisation namens »Frauen in Schwarz« schnippisch, dass es auch Katholiken nicht gerne sähen, wenn ihre Kinder keine Katholiken heirateten. Etwas nicht gerne sehen und etwas als Verbrechen ahnden ist für sie dasselbe. Ihre Dummheit ist nicht nur ihre private Leidenschaft, sie hat vielmehr Methode. Worin sie sich übt, das ist die methodische Selbstaufgabe zivilisatorischer Errungenschaften (einst war es auch für katholische Mädchen gefährlich, sich in den Mann mit dem falschen religiösen Bekenntnis zu verlieben). Diese Errungenschaften werden entweder für nichtig erklärt oder dem Fetisch geopfert, der kulturelle Differenz heißt: Wenn die Menschenrechte verletzt werden, ist das nicht länger die Schuld jener, die sie verletzen, sondern derer, die sie erfanden und für universell auszugeben den europäischen Hochmut hatten.

Ach, der europäische Hochmut, gegen ihn habe ich in den letzten zwanzig Jahren weiß Gott genug gewettert! Manchmal verspüre ich die Versuchung, ihn gegen die niederträchtige Bescheidenheit zu verteidigen, mit der Europa des schlechten Gewissens und der guten Geschäfte wegen den verstockten Finsterlingen der Welt begegnet, die nicht an so imperialistischen Werten wie den Menschenrechten gemessen werden wollen.

In Dubai entsteht die Stadt der Zukunft, sie ist, wiewohl aus islamischem Boden wachsend, vollständig globalisiert und einzig dem Vergnügen gewidmet. Das Vergnügen allerdings ist rigide eingeschränkt, denn in der futuristischen Stadt, die keinen alten Stadtkern hat und keine Agora, auf der sich die Bewohner träfen, um ihre Dinge zu verhandeln, gibt es nur eine einzige öffentliche Unterhaltungsmöglichkeit, das Shoppen. In den Shopping Malls, Wunderwerken der globalisierten Architektur, von denen ein jedes simuliert, eine eigene, prächtige Stadt für sich zu sein, die jedes urbane Bedürfnis stillen kann, und zwar indem sie es zu einem Kaufakt führt, finden sich jene Boulevards und Plätze, die die Stadt draußen nicht hat. Hier flanieren die Leute, hier begegnen sie ihresgleichen, allerdings nur ihresgleichen, denn die Malls sind digitalisierte Wehrburgen des Konsums, die mit privaten Armeen und ausgeklügelter Technologie der Überwachung hochgerüstet wurden, nicht nur um Anschläge von Terroristen, Überfälle von Räuberbanden, sondern auch den Zustrom Unbefugter zu verhindern, die sich die Dinge, die hier angeboten werden, nicht leisten können und deren Anblick jenen, die sie sich leisten können, womöglich die gute Laune des Kaufens verderben würde. Wie in den Shopping Malls internationale Luxusketten ihre schönsten Dependancen haben, so ziehen sie ein internationales, aus der ganzen Welt zusammengeklaubtes Publikum an, einen Tourismus, der für das touristische Angebot die höchsten Preise zu zahlen bereit ist, doch kein anderes sucht und vorfindet als jenes, das in bewachten Malls, umgitterten Hotelanlagen, auf künstlichen Inseln bereitgestellt werden kann: Außerhalb von diesen ist auch nichts. Oder fast nichts. Jedenfalls nichts, das ihnen die Erkundung lohnte.

Nirgendwo wird dermaßen viel Geld in den Aufbau einer Wunderstadt gesteckt, die keine Stadt mehr ist, sondern die Simulation einer Stadt, die auch keine Einwohner mehr hat, sondern Besucher, die Urlaub nicht in einer Stadt machen, sondern in einem Einkaufszentrum. Die Bewohner von Dubai haben entweder den Status der reichen Besucher und bringen ihre Tage ähnlich herum wie diese, nur sind sie dazu alle Tage des Jahres, nicht nur jene gezählten des Urlaubs verdammt, oder sie haben den Status von Arbeitern, die das siebentorige Theben erbauen müssen, dann sind sie in die Pferchsiedlungen außerhalb der Stadt verbannt, auch sie eine globalisierte Masse Mensch, die aus allen Weltrichtungen hierher gelockt wurde.

Weil ich nicht recht wusste, was ich mit ihr reden sollte, habe ich der Bekannten, einer Architektin, die ich unterwegs traf, ganz gegen meine Gewohnheit erzählt, was ich ein paar Stunden vorher in meinen Aufzeichnungen notiert hatte, dass nämlich die Architekten von Gefängnissen namenlos blieben. Sie widersprach mir, in Leoben habe vor einigen Jahren ein österreichischer Architekt namens Hohensinn eine Strafanstalt errichtet, die wie jede dieser Einrichtungen dem Zweck dient, dass verurteilte Straftäter sie nicht aus ei- genen Stücken verlassen können, wann es ihnen beliebt, und die sich dennoch architektonisch an den Bedürfnissen der Insassen orientiert. Obwohl das »Justizzentrum Leoben« na- türlich kein Wellnesshotel, sondern ein reguläres Gefängnis ist, haben sich die Politiker der steirischen FPÖ darin über- boten, die Bevölkerung mit Berichten über eine Dreisterne- hotellerie, in der sich die Kriminellen in Kuschelzellen ver- gnügen, aufzuhetzen und schließlich gar behauptet, auf georgischen Websites sei das Gefängnis als Urlaubsort ange- priesen worden, an dem es sich angenehmer leben ließe als anderswo in Freiheit. Zuhause habe ich nachgesehen, ob im Internet mehr über den Architekten und sein Gefängnis zu erfahren war. Auch Wikipedia erzählt von georgischen Web- sites, allerdings so, als wären diese nicht eine Erfindung von Steirern, die Propaganda für die Pferch- und Verwahranstalten alten Typs machen wollten. In der Enzyklopädie des Internet werden Gerüchte, aus politischer Ranküne ausgestreut, rasch zu Gewissheiten.

Gefangene der Grazer Haftanstalten Karlau und Jakomini haben sich mit einem Hilferuf an die Öffentlichkeit gewandt. Die schweren Burschen führen bittere Klage, dass sie im Auftrag eines privaten Unternehmens und mit Duldung des österreichischen Justizministeriums fortgesetzten Betrug zu verüben haben. Sie wollen nicht mehr für ein Callcenter, an das sie die Strafanstalten verschachern, tätig sein. Ja, für eines dieser Callcenter, von denen man entweder angerufen und mit Informationen über Waren, Geschäfte, Transaktionen belästigt wird, um die man gar nicht angefragt hat, oder zu denen man telefonisch weitergeleitet wird, wenn man sich eigentlich bei einem Unternehmen wegen eines fehlerhaften Produkts, einer überfälligen Dienstleistung beschweren wollte. Im Callcenter, das erfahren täglich Zehntausende, wird man das Anliegen, das man hat, niemals los, und man weiß natürlich, dass der Zorn, der dann in einem hochschießt, mit der Dame, die in ihrer Höflichkeit am Telefon unerschütterlich bleibt, die falsche trifft. Sie ist vermutlich eine gestresste Mutter, die nach ein paar Jahren Karenz in ihrem erlernten Beruf keine Stelle mehr gefunden hat und sich jetzt von empörten Kunden eines Unternehmens beschimpfen lassen muss, das ihresgleichen nur Hungerlöhne zahlt, weil die Aktionäre am Jahresende ordentliche Rendite sehen sollen.

Genau so ist es mittlerweile, und das möchten einzig jene nicht mehr hinnehmen, die für kriminell gelten, aber im Unterschied zu den Ganoven aus Wirtschaft und Politik noch soziale Empfindungen haben. Sie wollen nicht länger für eine reputierliche Firma Telefondienst versehen, denn die Lockangebote, die sie anzupreisen haben, sind falsch, die Namen, mit denen sie sich melden, ebenso, und dass es ihnen verboten ist, sich wahrheitsgemäß mit den Worten vorzustellen, »Grüß Gott, ich rufe sie aus der Justizvollzugsanstalt Karlau an«, versteht sich von selbst. 40 000 Euro Reingewinn im Jahr möchten sich die beiden Gefängnisse jedoch nicht entgehen lassen, und darum müssen die ehrlichen Verbrecher weiter in Staatsdiensten lügen und für die freie Wirtschaft betrügen.

Die Gefängniswärter in Frankreich streiken. Die seit Jahren verfallenden Haftanstalten sind heillos überbelegt, die Gefangenen, in ihre Zellen gepfercht, dem Gewaltregiment ranghoher Krimineller und ihrer Gangs ausgeliefert, jederzeit kann die Gewalt hochschießen, und dem staatlichen Personal bleibt nicht viel anderes, als zu bewachen und zu verwahren und darauf zu achten, nicht selbst hinterrücks niedergestreckt zu werden. Einen Tag lang haben sie gestreikt, dann hat ihnen der ehemalige Innenminister und jetzige Präsident Sarkozy den Kärcher geschickt, mit dem er einst nur die Vorstädte von den randalierenden Immigranten, nicht die Straßen von den protestierenden Staatsdienern säubern wollte. Und die Welt bekommt das seltsame und seltene Spektakel zu sehen, dass Gefängniswärter demonstrieren und von Polizisten niedergeknüppelt werden.

Die Spekulationen, mit denen einige Jahre lang ein jeder reich werden wollte, gründeten auf nichts als dem Vertrauen von Aktionären, dass die Aktien, die sie erstanden, nachgerade wie von selbst immer höhere Kurse erreichen würden. Wie dieser Kurs erreicht wird, das ist dem großen Börsianer und dem Kleinanleger nicht nur gleichgültig, sondern es ist in der Regel auch ihrer Anschauung entzogen. Seine Rechtfertigung bezieht der Aktienhändler aus der Tatsache, dass er investiert und jenen, die ihm ihr Geld anvertrauen, Gewinne beschert, von denen diese wiederum nicht zu wissen brauchen, womit sie erkauft und bezahlt wurden.

Aktien, die jahrelang geboomt und an denen sich auch zahllose Kleinanleger erfreut haben, sind aber oft deswegen so erfolgreich gewesen, weil irgendwo Tausende Arbeiter von Unternehmungen, von denen die Erbsenzähler ihrer Aktiengewinne gar nicht wussten, dass sie existierten, in Ländern, von denen sie im Atlas hätten nachschauen müssen, wo sie liegen, entlassen oder in ihrem Lohn gedrückt wurden. Von der realen Verelendung, aus der ihr Gewinn wächst, haben der kleine wie der große Spekulant nichts wissen müssen, weil sie auf dem Weg durch ihre Stadt nicht über Hungernde, die auf den Straßen niedergesunken waren, stiegen; die verkamen irgendwo anders, sehr weit weg und doch nur 0,04 Sekunden einer verhängnisvollen Datenübertragung entfernt, mit der Anteile gekauft und verkauft wurden.

Abermillionen von Kleinaktionären, die sich darum rissen, auf das große Abenteuer der rätselhaften Geldvermehrung mitgenommen zu werden, klagen nun bitter über die Anlageberater, an die sie sich angehängt hatten; sie jammern, weil sie sich um ihr Geld, dessen wundersame Vermehrung sie nicht für faulen Zauber, sondern ihr Menschenrecht hielten, gebracht fühlen. Was sie vorher, als Anleger, und nachher, als betrogene Betrüger, prägt, ist ihr Autismus: Sie interessieren sich nicht für die Welt, nicht dafür, was mit ihrem Geld gemacht wird, noch darum, woher es kommt, und dass es sich so lange hübsch vermehrte, schien ihnen ein Naturgesetz oder der gerechte Lohn für ihren Fleiß und ihre Voraussicht zu sein. Um ihren Traum, den sie für schön hielten, obwohl er schon schmutzig war, solange sie ihn noch träumen durften, haben sie reale und virtuelle Mauern gezogen, auf dass unsichtbar bleibe, wovon der schöne Schein seinen Glanz bezog.

In den europäischen Städten werden die Elendsviertel an die Ränder, ins unbesiedelte Gelände hinaus verlegt und mit hohen Mauern umgeben. Das Elend, das man nicht sieht, existiert nicht mehr, und den Armen, der uns daran erinnert, dass der Reichtum eine befristete Angelegenheit sein kann und der schöne Schein gesellschaftlich womöglich mit unschönen Dingen zu tun haben könnte, müssen wir unsichtbar machen, auf dass wir glauben, die Armut selber würde nicht mehr existieren. Der Hass, der überall in Europa, besonders ungehemmt aber dort, wo der Wohlstand am größten ist, gegen die Bettler mobil macht, obwohl alle Bettler des Kontinents in einem Jahr nicht den Bruchteil jener Summe erwirtschaften, den ein Hedge-Fonds-Manager an einem einzigen Tag vernichten kann, dieser Hass hat mit der Sichtbarkeit zu tun: Die Welt muss unsichtbar werden, damit ihr Schein gewahrt bleibe, der unsere ökonomische Basis, unser persönliches Lebensglück und die Heimat des globalisierten Menschen ist.

Darum müssen Menschen aus unserem Sichtfeld verschwinden, aber auch viele Dinge wie das Geld selbst. Es regiert zwar die Welt, aber es ist nicht sichtbar. Der Reiche wedelt nicht mehr protzig mit den Geldscheinen, die Unsummen seines Geldes sind vielmehr auf kleinen digitalen Karten gebündelt. Das Geld verschwindet aber nicht nur materiell aus dem realen Raum, sondern verflüchtigt sich auch im virtuellen. Als die Börsen an einem einzigen Tag Billionen Dollar an Verlust einfuhren, wurde ein Finanzwissenschaftler gefragt, wohin das Geld verschwunden sei. »Das Geheimnis ist«, sagte er, »dass niemand weiß, wo es ist, weil es vermutlich schon vorher gar nicht vorhanden war.« Es wurde also etwas vernichtet, was es gar nicht gegeben hatte. Vernichtet wurde nicht das Geld, sondern die Fiktion, es gebe dieses Geld tatsächlich außerhalb des Reiches der Spekulationen.

Der Kampf um die Sichtbarkeit ist der Kampf um eine menschenwürdige Welt, in der jene sichtbar werden, die aus dem Blickfeld verstoßen wurden, und sichtbar wird, was uns regiert, was unseresgleichen widerfährt und was die Geheimnisse unseres Finanzsystems, Wirtschaftens und Handelns sind.

Im Radio hören sie eine Sendung, in der eine Therapie vorgestellt wird, die Lach-Yoga heißt, und in allem Ernst fordert eine so genannte Lach-Therapeutin, dass das Lachen von seinem Anlass gelöst werden müsse und endlich nicht mehr vom Witz abhängig sein dürfe, auf dass die Menschen am leeren Lachen und seiner Resonanz in den Eingeweiden genesen. Nach der Technik eines indischen Gurus, der diese Technik sicher nicht für Inder, sondern für Europäer erfunden hat, denn so bescheuert können Inder nicht sein, wird im Lach-Yoga gruppenweise auf Befehl und bis auf Widerruf gelacht. Hat man sich die Technik erst einmal angeeignet, kann man sich auf Abruf in ein ausdauerndes Gelächter hineinlachen und das in jeder Situation und unabhängig von seiner eigenen Stimmung tun.

Die Sendung berichtet darüber, als gälte es einen Triumph des Willens über die menschliche Konstitution zu feiern: endlich grundlos lachen können, endlich frei von Witz und Geist sein und über die gute Laune als eine Kulturtechnik verfügen, die unabhängig davon einsetzbar ist, ob Anlass zu guter Laune besteht. Nicht um gute Laune geht es allerdings beim echten Lachen, bei dieser herrlichen Äußerung menschlicher Freiheit, die oft gerade den Defiziten, Enttäuschungen, Gefahren der Menschen und ihrer Einsicht ins

Unvermeidliche gilt; dem Unvermeidlichen immerhin sein großes Gelächter oder seinen abgründigen Witz entgegenzusetzen ist ein grandioser Akt, mit dem der Mensch sich über seine Misere zu erheben weiß.

Gerade deswegen ist dieses freie, widerspenstige Lachen der Therapeutin des Lach-Yoga auch besonders verdächtig, handle es sich dabei doch, wie sie, ergriffen von ihrer eigenen moralischen Integrität ausführt, um ein aggressives, weil auf menschliche Schwächen bezogenes Lachen. Ganz anders dagegen ihr geistfreies Gelächter, ein Anfall von vegetativer Fröhlichkeit bei geistigem Totalausfall, könnte man sagen, die Herunterstufung des Menschen auf die Lachmaschine, die unverdrossen tuckert.

Er kann natürlich nicht anders, als den Bericht als Angriff auf sein Verständnis von Kultur und Mensch, ja, auf ihn selbst zu empfinden, der er sich von den paar Millionen Jahren Fegefeuer, die ihm für seine Sünden beschieden sein werden, gerne ein paar Hunderttausend für das Verdienst erlässt, die Leute oft zum Lachen gebracht und selbst häufig gerade über seine Enttäuschungen und Niederlagen und Ängste gelacht zu haben. Seine Frau sitzt ihm beim Frühstück gegenüber und lacht, je wütender er über das humorlose Gefasel im Radio wird, umso herzlicher über ihn, der er längst in Grimm geraten ist. Das ärgert ihn, und da er weiß, was er sagen muss, damit ihr das Lachen vergeht, sagt er es auch: Therapeutischer Lachfaschismus, sagt er hinterhältig, und das endlich findet sie nicht mehr zum Lachen.

Der Kärntner Landeshauptmann Gerhard Dörfler, dessen Bösartigkeit man wegen seines ungelenken Auftretens häufig unterschätzt, hat einen eigenen Sinn für Humor und ist jetzt mit einem Witz bekannt geworden, den er während der Volksmusiksendung »Wenn die Musi spielt« zum Besten gab, die an und für sich auch ohne seinen Witz schon ein solcher wäre. Dörflers Witz ging so: »Eine Negermama und eine weiße Mutter sitzen im Zug von Wien nach Klagenfurt und stillen ihre Babys. Das weiße Baby hört plötzlich auf zu trinken, zeigt auf das Negerbaby und sagt: Mama, ich möchte auch Kakao haben.« Sieht man davon ab, dass Neger, wenn Österreich weiterhin so verkärntnert, wie sich das die Dörflers allenthalben vorstellen, in österreichischen Zügen bald nichts mehr zu suchen haben, hat der Witz großen Anklang gefunden, denn Dörfler wurde wenige Wochen später mit 45 Prozent der Stimmen zum Landeshauptmann von Kärnten gewählt. Den kläglichen 55 Prozent und dem ganzen humorlosen Rest von Österreich hat Dörfler in einem Interview im *Standard* Folgendes zur Klärung mitgeteilt: »Das war kein Negerwitz, das war ein Kakaowitz. Es geht bei dem Witz um den Kakao! Ein bissl Spaß muss schon noch sein in der Politik.« Wir werden also nicht nur weiterhin mit guten Witzen aus Kärnten rechnen dürfen, wo Politik und Spaß schon seit langem zusammengehören, Dörfler kündigt sogar eine höheren Organisationsgrad an Witzfertigkeit an: »Ich werde weiter ein Landeshauptmann sein, bei dem Witze stattfinden.« Die Tourismusindustrie wird das gewiss aufnehmen: »Kärnten, das Land, wo das Lachen stattfindet.«

Der Vorausgrinser: C. erzählt eine witzige Geschichte, aber er schmunzelt bereits, als er sie zu erzählen beginnt, er grinst sich die ganze Anekdote voran, bis er endlich bei der Pointe angekommen ist und, plötzlich ernst geworden, in das Gesicht des Zuhörers blickt, ob er den Witz der Geschichte gebührend zu belachen wisse.

Ich erinnere mich, vor vielleicht zwanzig Jahren eine Schauspielerin in einer Komödie gesehen zu haben, bei der sie eine komische Rolle zu spielen hatte, die sie auf merkwürdige Weise auch höchst komisch anlegte. Kurz bevor das eigentlich Witzige eines Satzes, eines Dialogs, einer Szene gekommen wäre, pflegte sie nämlich im Voraus mit dem Lachen zu kämpfen, ein Lachen, das sie nicht zu unterdrücken vermochte, weil sie im Unterschied zum Publikum ja wusste, wie gut oder erheiternd oder immerhin albern die Pointe war, die gleich folgen würde. Ich hatte anfänglich, als ihr dies im ersten Akt widerfuhr, eine große Sympathie zu der Schauspielerin gefasst, schien sie doch von ihrem eigenen Lachen tatsächlich mitgerissen zu werden. Als sich die Sache wiederholte und sie sich auf diese Weise durch alle drei Akte lachte, wuchs in mir der Verdacht, der zum Verdruss wurde: Hier musste eine nicht lachen, hier wusste eine Schauspielerin überzeugend zu spielen, dass sie lachen musste. Ihr ungestümes, wie gegen ihren Willen herausprustendes Gelächter war jene schauspielerische Leistung, mit der sie gegen den Geist des Stückes bezaubern wollte, ein sehr beliebtes Mädchen im reifen Alter von vierzig Jahren, dessen Lachen ansteckend war, aber unangebracht, weil es, was das Stück betraf, stets um einen Satz zu früh ausbrach.

Das Grinsen, im Unterschied zum Lachen, ist mit dem ersten Menschen in die Welt gekommen, der sich am Unglück seines Nächsten erfreute. Sprachgeschichtlich ist es jedoch noch jung. Im Mittelhochdeutschen hat das Grinsen jedenfalls keinen Stamm, aus dem es sich entwickelt haben könnte. Die Brüder Grimm erwähnen in ihrem Deutschen Wörterbuch ein untergegangenes »grinnen«, von dem sie annehmen, es habe einiges von seiner Bedeutung an das spätere »greinen« abgegeben. Dieses Greinen aber hat bis 1800 das nämliche Verhalten bezeichnet wie das Grinsen. Grinsen war gleich greinen, und recht besehen: Ist nicht immer noch etwas von diesem in jenem und von jenem in diesem enthalten?

Unfrohes Lachen, in dem das Bösartige, Hinterhältige die Zähne bleckt und die Freude am Missglückten oder nur schurkenartig Gelungenen sich äußert: das Grinsen. Greinen hingegen: leeres Jammern, das ziellos auf sich selbst bezogen ist, Klagen ohne Empörung oder gar den Wunsch, das Beklagte zu ändern, infantile Bekundung mehr von Unlust als von Unglück, die mit ihrem Anlass dankbar fraternisiert. Was sie gemeinsam haben, Greiner und Grinser, ist ihr Einverständnis: grinsendes Einverständnis, greinendes Einverständnis. Sie danken der Welt, dass sie ist, wie sie sie brauchen, lächerlich und ungerecht, denn nur so gibt sie dem Grinser die Gelegenheit zu grinsen und dem Greiner die zu greinen. Gerade so wollen sie sich die Welt erhalten, dass sie immerzu weiter grinsen und greinen können. Auch das ist ihnen gemein, dass sie nicht aufhören mit dem, was sie tun, es grinst und greint sich fort mit ihnen. Wer lacht, wirklich lacht, nicht nur vegetativ in der Übung des Lach-Yoga, fängt irgendwann damit an, meist abrupt, in einem Ausbruch, und er hört nach einer Weile damit auch wieder auf, im Eruptiven, das erlischt, liegt das Befreiende des Lachens. Allein des Grinsens ist kein Ende, wie sich auch der Greiner niemals wirklich ausgeweint hat, sodass er zu etwas Neuem übergehen, es anders noch einmal versuchen oder sich trotzig dem Unabänderlichen stellen könnte. Nein, der Grinser grinst beständig, wie der Greiner ausdauernd greint. Wir kennen sie, diese Gesichter aus der Zeitung oder im Fernsehen, die immerzu grinsen, als wäre das Gesicht nur dazu da, einem Grinsen Platz zu geben, und wer kennte sie nicht, die Greiner, die in ihr Unglück oder in die große Menschheitskatastrophe vernarrt sind und die aus dieser Liebe und ihrem Greinen zu bestehen scheinen.

So wie es mit dem Greinen, der weinerlichen Selbstzufriedenheit, in sprachlicher Verbindung steht, hat das Grinsen sprachhistorisch mit dem »Knirschen« zu tun. Die Brüder Grimm behaupten sogar, das Knirschen sei die Urbedeutung des Grinsens, ein Geräusch also würde die Substanz des Grinsens ausmachen, eben jenes, das entsteht, wenn jemand die Zähne vor malmendem Behagen aneinander schärft, weil ihm das Unglück der anderen, das ihm höchsten Genuss bereitet, nicht ausgehen wird. Richtig, man kann den Grinser hören, den man grinsen sieht, er lacht nicht, er knirscht.

S. ist beleidigt, weil ich ihn einen Dummkopf genannt habe. Er hat Recht. Denn ein dummer Mensch ist zwar dumm, das ist ja das Dumme daran, aber er kann gewissermaßen nichts dafür, dass er ist, wie er nun eben ist. Aber nicht deswegen hat S. Recht, beleidigt zu sein, dass ich ihm etwas vorhielt, wofür er nichts kann. Es verhält sich nämlich so, dass er gar kein Dummkopf ist. Er ist vielmehr ein Idiot, und das ist etwas anderes. Ein Dummkopf ist man von Natur aus, ein Idiot wird man erst durch harte Arbeit an seiner Persönlichkeit. Der vollendete Idiot ist das Ergebnis eines Bildungsprozesses, in dem sich einer nach dem Ideal formte, das ihm als das edelste dünkte und dem er daher gerne gleichen mochte. Insofern ist S., der mit dem renommiert, was er für seine Bildung, Menschenkenntnis und Herzensgüte hält, kein Dummkopf, sondern ein Idiot, der Grund hat, mich dafür zu tadeln, dass ich seine Selbstentwicklung vom begabten hin zum vollentwickelten Idioten nicht würdigte.

In gewissem Sinne gehören S. und ich als Idioten der Bildung zusammen, sind wir doch beide in einer Ära zugeformt worden, die bereits untergegangen ist. Es war die Zeit, in der das Bürgertum noch eine Wertschätzung von Bildung hatte, mag ihr diese auch als Kriterium der sozialen Unterscheidung und der Abwehr der ungebildeten Klassen wert gewesen sein. Und Zeiten, in denen sich die Sozialdemokratie als Bildungsbewegung verstand, die der arbeitenden Klasse nicht nur mehr Lohn, bessere Wohnungen, weniger lange Arbeitszeiten sichern, sondern sie auch zur Bildung ermächtigen wollte – zur Bildung im umfassenden Sinne des Wortes, denn in den Volkshochschulen ging es eben nicht um die Fort- und Weiterbildung, um Fertigkeiten, die bloß beruflich nützlich waren, sondern um alles, was es auf dem weiten Feld des menschlichen Wissens und Forschens zu entdecken gab und zu vermitteln galt, um Astronomie, die moderne Architektur, das alte Ägypten …

Das Bürgertum, eine Klasse, die wie für die Ewigkeit geschaffen schien und doch, wie ich heute staunend erkenne, zur Selbstabschaffung neigt, bettelt inzwischen den Staat darum an, dass er aus seinen Institutionen der Bildung Stätten der Ausbildung mache, in denen gelehrt und gelernt wird, was gemäß den neuesten Fünfjahresprognosen in der Wirtschaft gerade gebraucht werde; was nichts anderes heißt, als dass das Bürgertum aus seinen eigenen Kindern überflüssige Menschen zu machen versucht, die nur fünf Jahre gebraucht und dann zu Arbeitsmaterial werden, das dringend neu zugeschliffen werden muss. Und die Sozialdemokratie, eine Partei mit einem starken Hang zur Selbstabschaffung, hechelt hinterher und redet dort, wo sie sich das Sagen immer noch gesichert hat, etwa im öffentlich-rechtlichen Fernsehen, jener organisierten Verblödung das Wort, die sie für volksnah, vorurteilsfrei und menschenfreundlich hält und die ihren selbst herbeigeführten Untergang beschleunigt.

Kein Wunder, dass sich nicht nur in den Diskussionssendungen des Fernsehens, aber dort auffällig viele, Leute drängeln, die in merkwürdigem Bekennerstolz öffentlich kundtun, gerade wieder etwas nicht verstanden zu haben. Das ist mir zu hoch, sagen sie dann und glauben damit jenen, den sie nicht verstehen konnten oder wollten, fürchterlich bloßgestellt zu haben. Dumm zu erscheinen, das war etwas, das früher auch der Dummkopf fürchtete; die Schande, für gescheit zu gelten, für sinnlos, weil finanziell unbelohnt gebildet, wiegt heute viel schwerer.

Die alte Elite, das Bündnis von Geld, Bildung und Privilegien, war eine schauerliche Sache. Die neue Elite, das Bündnis von Geld, Dummheit und Korruption, ist nicht weniger widerlich.

Was zum Beispiel einem »Präsidenten des Hauptverbandes Katholischer Elternvereine Österreichs« alles einfällt. Es muss auch etwas hermachen, schließlich ist er Präsident und nicht nur von einem Verband, sondern einem Hauptverband, in dem sich Vereine zusammengeschlossen haben. Der Präsident des Verbands der Vereine mag nicht, dass in der Schule jeder Prolet gefördert wird, es ist ihm ein christliches Anliegen, dass die Welt in Fragen des Standes, des Standesdünkels und der dem gehobenen Stand gehörenden Bildung die gleiche bleibe. Darum fordert der Herr Präsident Stefan Mandahus »Schluss mit der Gleichmacherei in der Bildungspolitik«, denn wo kämen wir hin, wenn die Kinder von Hilfsarbeitern womöglich die gleiche (oder gar die stärkere) Förderung erhielten wie die von Präsidenten? Die »Beibehaltung des differenzierten Schulsystems«, welches in Österreich zum Schaden von Generationen praktiziert wurde, bezeichnet der Präsident als oberstes katholisches Bildungsziel.

Kommt man ein wenig in Europa herum, tut man sich schwer, den Bürgern anderer Staaten überhaupt begreiflich zu machen, worum es sich beim differenzierten Schulsystem österreichischer Prägung handelt und dass es in diesem Land tatsächlich noch immer Brauch ist, die Kinder der Nation ab ihrem zehnten Lebensjahr einer segensreichen Segregation zu unterziehen, sie also gemäß Stand, Herkommen, intellektueller Förderung zuhause sowie den finanziellen Möglichkeiten der Eltern voneinander zu separieren. Da wir es mit einem differenzierten Gesundheitssystem zu tun haben, das sich selbst als »Klassensystem« bezeichnet, mit privilegierten Klasse- und bloßen Kassepatienten, und ein sehr schön weit auseinandergeklapptes differenziertes Lohnsystem kennen, ist auch nicht einzusehen, dass wir die Sprösslinge der Nation nicht früh in die differenzierte Bildung einweisen. Nicht dass man mich missverstehe: Auch wenn wir kein differenziertes Gesundheitssystem hätten, würde es trotzdem Kranke und Sterbende geben, und auch mit einem sozial ausgewogenen Lohnsystem werden manche sich schwer tun, mit ihrem Geld und jenen Ansprüchen an ihr Leben, die sich finanziell erfüllen lassen, auszukommen.

Das elende Schulsystem der Segregation aufzuheben und durch eine gemeinsame Schule für alle Kinder bis zu ihrem vierzehnten oder sechzehnten Lebensjahr zu ersetzen, wird die gravierenden Defizite, die sich viele österreichische Schüler und Schülerinnen im Elternhaus erworben haben und in der Schule bisher nicht mehr loswerden konnten, nicht von selbst aufheben. Sie bietet nur die besseren Voraussetzungen dafür, und selbst die Gesamtschule als bessere Voraussetzung benötigt wiederum eine Vielzahl von Voraussetzungen, die der Staat und die Gesellschaft erfüllen müssten, ehe dieses überfällige Reformwerk sinnvoll überhaupt anzugehen ist. Zu diesen Voraussetzungen gehört, dass man mindestens ein Drittel der Schulen unseres Landes niederreißen und kinderfreundlich wie menschengemäß neu errichten müsste, und dass bei fast allen anderen Schulen erhebliche Verbesserungen und Erweiterungen der Gebäude vonnöten wären. Die Schüler aus den verschiedenen Schultypen wie bisher nur einfach zusammenzufangen und sie zur ganztätigen Anwesenheit in der gemeinsamen Schule zu verpflichten würde in den beengten Schulhäusern von heute, die über keine ausreichenden Sportanlagen, geschweige denn über Rückzugs- und Ruhebereiche sowie gut ausgestattete Räumlichkeiten für spezielle Neigungsgruppen verfügen, eine Art von Folter bedeuten. Sie würden für nichts als ihre Jugend bestraft. Mit der Gesamtschule selbst ist also noch gar nichts gelöst, aber man könnte mit ihr, sofern die Schulen schon baulich landesweit verändert würden, immerhin anfangen, ein paar Dinge in Angriff zu nehmen, die seit ewigen Zeiten im Argen liegen und in neuerer Zeit immer noch ärger wurden.

Dem frommen Herrn Mandahus schwebt anderes vor, und natürlich hat auch er ein paar Vorschläge parat, was in den Lehrplänen für die einen wie die anderen Kinder in ihren verschiedenen Schulen künftig berücksichtigt werden sollte, nämlich nicht so langweilige Sachen wie Abendland, Christentum, Aufklärung und all dieses Gewäsch, mit dem man als gestandener Konservativer bis gestern herumposieren mochte, sondern, natürlich, »die Anforderungen in der realen Wirtschaft«. Da gibt er sich redlich Mühe, die Kinder, die nicht den zu Vereinen und Verbänden zusammengefassten katholischen Bürgersfamilien entstammen, möglichst früh auszusortieren, also dem eigenen Nachwuchs bessere Chancen zu sichern, und dann verrät er sogar diesen selbst.

Das Bürgertum ist eben leidenschaftlich dabei, sich aus eigenem Willen zur Dummheit selbst zu zerstören: Nicht einmal den eigenen Kindern möchte es das Vorrecht und Glück noch gönnen, sich zu bilden, ihre Neigungen zu entdecken und Begabungen zu entfalten, nein, auch sie, die Bürgerkinder, sollen den Anforderungen der Wirtschaft gemäß zugeformt werden, sodass sie sich, wenn sie die Schule verlassen, zum Zubehör der Wirtschaft eignen.

Obama tritt sein Präsidentenamt an, die Zeitungen widmen diesem Ereignis fast alle ihre Seiten, als würde die Welt an diesem Tag still stehen, um zuzuschauen und Beifall zu klatschen. Insbesondere Europa wirkt wie verzaubert, als wäre es auf einmal, dank dieses Mannes, wieder legitim, die heiligen Schauer des Politischen zu empfinden und auf die wendende Kraft der großen Persönlichkeit zu hoffen. Beim Amtseid, den er auf die Bibel Abraham Lincolns ablegt, weiß er, der begnadete Rhetor, der stundenlang und vermutlich noch im Schlaf frei zu sprechen vermag, auf einmal nicht weiter. Es ist rührend, wie er den halben Satz, den ihm der oberste Richter vorgesprochen hat, nicht zu wiederholen fähig ist und stockt.

Unser Bundespräsident, Heinz Fischer, dessen Sprache von dem Wunsch, niemanden zu reizen und alle zu beruhigen, kurios verformt ist, antwortet auf die Frage, was er sich als Europäer und Österreicher vom neuen Präsidenten der Vereinigten Staaten erhoffe: »Ich erwarte mir, dass die Regierung der Vereinigten Staaten jetzt noch mehr als bisher den Europäern auf gemeinsamer Augenhöhe zuhören wird.« Auf Augenhöhe zuhören und zwar noch besser als bisher: Wie standhaft muss einer zu seinem Lebensprinzip der Vorsicht und Rückversicherung stehen, dass er fähig ist, einen solchen

Satz in aller Öffentlichkeit auszusprechen, ohne zu stocken? Es ist der größte Fehler dieses Mannes, dass er nur ja keinen machen will.

In ihren Tagebüchern kann man Autoren oft dabei beobachten, wie sie sich über ihre eigenen Widersprüche entwickeln und sich erschaffen, indem sie die Dinge ihres Lebens bald von dieser, bald von jener Warte aus beschauen. Worin widerspricht sich Márai? Zum Beispiel darin, dass er sich aphoristisch um eine Lebensphilosophie bemüht, der die »disinvolture«, die Unbeteiligtheit, die geeignete Haltung den Menschen und Dingen gegenüber ist; und dass er doch durch das, was er sieht – Verhaftung, Mord und Totschlag auf den Straßen von Budapest – aus seiner Unbeteiligtheit herausgerissen wird. Er preist die »Gleichgültigkeit, dieses Wohlbefinden«, rühmt die »geduldige Gleichgültigkeit« als einzige Tugend, der er verpflichtet sei, und notiert gar: »Kein lebender Mensch geht mich innerlich etwas an.« Und doch zeugen seine Aufzeichnungen hundertfach davon, dass die Lebenden ihn angingen, dass die Gleichgültigkeit angesichts von Massenmord so edel nicht ist und dass er bis ins Innerste erschüttert wird von der Realität, die er am liebsten gar nicht wahrnehmen würde. Selten ist in kleinen Alltagsszenen, in erzählenden Medaillons der Übergang eines autoritären in einen faschistischen Staat beklemmender geschildert worden als hier. Niedergeschmettert von so viel Verrat, notiert der Mann, der sich die Ruhe der Gleichgültigkeit verordnen wollte: »Es ist eine Schande zu leben.«

Die Gleichgültigkeit als höchstes Talent, als das wahre Vermögen des Künstlers und gar des Philosophen: Diese intellektuelle Schnulze, nach der sich auch Márai manchmal sehnte, wird immer wieder aufgelegt, von vergrämten Aristokraten des Geistes, die kein Betätigungsfeld mehr haben und sich nach härteren Zeiten sehnen. Was sie rühmen: den kalten Blick, der nicht gezielt als Technik der aufdeckenden Wahrnehmung eingesetzt, sondern gewohnheitsmäßig geübt werden müsse, eine Haltung, männlich und taub gegen weibisches Klagen, ungerührt und nur deswegen auch unbestechlich … Die Welt verdient es nicht, anders als mit nobler Disinvolture, mit heiliger Unbeteiligtheit betrachtet zu werden.

Umgekehrt ist zu fragen, wann die Disinvolture akzeptabel, der kalte Blick achtbar sein können? Doch nur dann, wenn die Welt leidlich in Ordnung, die Herrschaft einigermaßen gezähmt, der Mensch halbwegs im Frieden mit sich und seinesgleichen ist, also – höchst selten. Was für ein grandioses Ideal, unbeteiligt zu sein und seinen unbefangen kühlen Blick auf die Welt zu richten, wenn die Nachbarn abgeführt werden! Was für eine elegante Philosophie, die die Freuden der Gleichgültigkeit rühmt, während sich ringsum die Gefängnisse füllen oder die Schlangen länger werden, die sich vor den Freiküchen wohltätiger Organisationen bilden! Ernst Jünger hat die Disinvolture als »Paarung von Macht und Anmut« bezeichnet, aber gewusst, dass er diese mehr halluziniert, als dass sie in der Geschichte tatsächlich vollzogen würde. Darum ist er zu einer Art von Unschuld der Macht konvertiert, von der es nicht mehr weit ist zur Lehre, dass die Macht in bestimmtem, nämlich in ihrem Sinne ohnedies immer unschuldig ist, eben weil sie die Macht ist und über Schuld und Unschuld gebietet. Die Schnulze von der heiligen Disinvolture besingt nicht den freien Geist, der sich unabhängig vom Getriebe der Welt behauptet, sondern die ordinäre Kumpanei mit der Macht, gleich um welche es sich dabei handelt.

Kafka, natürlich, wusste es, in den Zürauer Aphorismen notierte er: »Du kannst Dich zurückhalten von den Leiden der Welt, das ist Dir freigestellt und entspricht Deiner Natur, aber vielleicht ist gerade dieses Zurückhalten das einzige Leid, das Du vermeiden könntest.«

In Dänemark lebende Palästinenser demonstrieren gegen die Massaker der israelischen Armee, es ist ihr gutes Recht, und dass sie erschüttert, zornig, verzweifelt sind, wenn sie an den Krieg in Gaza, an das Unrecht denken, das ihrem Volk angetan wird, ist nur zu verständlich. Aber in Odense wird ein dänischer Jude, woran immer identifiziert, von zwei Palästinensern auf offener Straße niedergestochen. Und ein dänischer Schuldirektor beeilt sich, öffentlich zu fordern, jüdische Schüler sollten sich in den nächsten Wochen gefälligst von Schulen fernhalten, in die auch muslimische Schüler gehen. Sie sollen also Reviere meiden, in denen arabische Zuwanderer wohnen und sich durch die Anwesenheit von Juden womöglich dazu provoziert finden könnten, ihnen in gerechtem Zorn, voll des mitfühlenden Hasses, das Messer in den Leib zu rammen.

In Malmö wiederum, in dem schon im 18. Jahrhundert Juden Aufnahme fanden, die aus dem zaristischen Russland geflohen waren, setzen marodierende Jugendliche aus dem Maghreb jüdische Läden in Brand. Nicht dass ein Aufschrei durch diese einst weltoffene Stadt oder durch Schweden gegellt wäre! Der Bürgermeister hat sich nicht gegen die Brandstifter gewendet, sondern an die jüdische Gemeinde und sie aufgefordert, sich deutlich und glaubhaft vom Krieg in Gaza zu distanzieren. Er wird gewiss wiedergewählt werden, der Lump namens Ilmar Reepalu, ein Sozialdemokrat, denn in seiner Stadt leben inzwischen 60 000 eingebürgerte Muslime, von denen es sich viele nicht länger gefallen lassen möchten, alle Tage von den 700 Juden, die noch in Malmö zu bleiben die Stirne haben, schikaniert und durch deren schlichte Existenz beleidigt zu werden. Was Reepalu ultimativ von den schwedischen Juden verlangt, ist nichts anderes, als dass sie für ihr staatsbürgerliches Recht, vor organisiertem Mordzug, vor Brandschatzung und Überfall beschützt zu werden, gefälligst mit einem öffentlichen Bekenntnis gegen einen anderen Staat, Israel, bezahlen sollen. Wer dazu nicht bereit ist, der wird vogelfrei, er hat den Anspruch verwirkt, in Skandinavien als Bürger unter Bürgern zu leben. Was im sozialdemokratischen Malmö erprobt wird, ist die definitive Austreibung der Juden aus Europa.

Der islamophobe Fremdenhass, der sich für europäische Selbstverteidigung hält, ist widerlich; aber widerlich ist es auch, die Selbstzensur zur politischen Tugend zu erklären. Der wackere dänische Schulmeister lehrt die Kinder nicht Toleranz, sondern Feigheit, nicht Verständnis für fremde Kulturen und Respekt vor deren religiösen Färbungen, sondern Selbstaufgabe um des lieben Friedens willen. Und der fortschrittliche Bürgermeister von Malmö hat den dänischen Juden, die ihre Stadt nach zweihundert Jahren zu verlassen beginnen und nach Israel emigrieren, zum Abschied ohnedies nachgerufen, es sei kein schwedisches Problem, wenn Menschen ihr Land verlassen und in einem anderen ihr Glück suchen möchten.

Ich darf mir das Leid der palästinensischen Bevölkerung nicht kleinreden, bloß weil mir die Internationale ihrer Sympathisanten so widerwärtig ist. Jetzt hat sich ein Politiker, dem sonst jeder Mensch, dessen Gesichtsbräune nicht aus dem Solarium stammt, verdächtig ist und der am liebsten alle Asylanten außer Landes jagen würde, weil ihm unbesehen jeder Flüchtling als »Asylschwindler« gilt, ergriffen auf die

Seite der Palästinenser geschlagen und an seinem Privathaus die palästinensische Flagge ausgehängt. Auch dass die jungen Antiimperialisten, die heute aus Solidarität mit dem palästinensischen Volk auf die Straße gehen, Seite an Seite mit rechtsradikalen türkischen Organisationen marschieren, deren Plakate und Losungen, hoffen wir es, sie nicht lesen können, darf mich nicht blind und taub dafür machen, dass die Bewohner des Gazastreifens Unsägliches leiden. Am wenigsten scheint dies den Repräsentanten der Hamas auszumachen, die sich, je größer die Opfer unter ihren Geiseln, den Zivilisten, sind, umso mehr am Märtyrertum berauschen und vom nahen Sieg faseln. Die Hamas kann von Israel gar nicht besiegt werden; die Einzigen, die sie besiegen können, sind die Palästinenser selbst. Dazu müssten sie aber den Wunsch haben, sich zu befreien, nicht nur den, die israelischen Besatzer und Bedrücker loszuwerden.

In Salzburg und Kärnten wurde gewählt. Über das Auffälligste wird kaum gesprochen: dass die Meinungsforschungsinstitute mit ihren Wahlprognosen danebenschlugen, selbstherrlich wie nie. Für Kärnten hatten sie ein Kopf-an-Kopf-Rennen des regierenden Bündnisses Zukunft Österreich (BZÖ), dem sein toter Führer in den Wahlkampf voranmarschierte, und der SPÖ vorausgesagt, die jahrzehntelang im Kärntner Landtag nahezu unangefochten war in ihrem Alleinvertretungsanspruch des Deutschnationalismus. Als Spitzenkandidat der SPÖ trat ein gewisser Reinhart Rohr an, dem sein Trainer eingetrichtert hatte, von sich selbst stets in der dritten Person zu sprechen (»Ein Reinhart Rohr verlässt nicht die Kommandobrücke, bloß weil eine steife Brise weht«), was bei dem klobigen Gebirgler ungemein belustigend wirkte, und der den Wahlkampf so anlegte, als wolle er zwar Landeshauptmann, am liebsten aber gleich für das BZÖ werden. Prompt siegte die Partei, gegen die er wie ein Löwe kämpfte, als würde er ihr bereits angehören, auf allen Linien.

Dass wir aus lauter Anrüchigkeit Kärnten den Grenzland-deutschen überlassen, in denen in den letzten hundert Jahren so viele germanisierte Slawen aufgegangen sind, kommt nicht in Frage; obwohl es reizvoll wäre, dass für die ungeheuren Schulden, die die Landesregierung und ihr oberster Bilanzfälscher Haider angehäuft haben, eines nahen Tages nicht die Grenzlanddeutschen selbst geradestehen müssten.

Mancher glaubt, nicht nur Kärnten, sondern die Welt selbst aufgeben zu müssen. Ein Gruppe von Milliardären, keiner von ihnen älter als 35 und alle im Finanzsektor, also im Handel mit Geld reich geworden, investiert horrende Mengen jenes Stoffs, der ihnen alles bedeutet, in die Erforschung des Mars. Ihr Ziel: dereinst den Mars bewohnbar zu machen und so dem Menschengeschlecht einen Exilplaneten zu schenken.

Milliarden pulvern sie in ein Projekt, das der Menschheit in unvorstellbarer Entfernung von der Erde und in künstlichem, erst zu schaffendem Biotop irgendein Überleben sichern soll. Dass man dieses Geld hier auf Erden sinnvoll für unser Überleben aufwenden könnte, auf diese Idee kommen sie nicht. Fleißig haben sie an der Zerstörung der Welt gearbeitet, jetzt wollen sie mit dem Geld, das sie damit verdienten, den Export der Menschen weg vom alten Planeten organisieren. Kosmische Humanisten eben, keine terrestrisch fixierten Spießer.

Hatten die Demoskopen in Kärnten einen knappen Wahlausgang vorausgesagt, der dann mit lumpigen zwanzig Prozent zugunsten des BZÖ ausfiel, galt ihnen in Salzburg ein deutlicher Sieg der Sozialdemokraten für sicher. Am Ende hatten sie auch hier aus den zuckenden Eingeweiden ihrer Opfertiere nicht das Richtige zu lesen verstanden, denn die Sache ging ganz knapp aus. Auch in Salzburg hatte die rechtsextreme Partei die größten Gewinne zu verbuchen, auch in Salzburg wurde sie, allerdings nicht von einem ideologisch schwankenden Rohr, sondern von einer vorher unangefochtenen Landeshauptfrau ohne jede Not umworben und ihr Führer wider besseres Wissen zum demokratischen Ehrenmann erklärt. Dieser Karl Schnell, der sich von der Landeshauptfrau attestieren lässt, kein Rassist zu sein, hat kürzlich im benachbarten Bayern seinen Ekel darüber öffentlich gemacht, »dass mittlerweile der Schwarzafrikaner in Lederhose in München die Maß bringt«. Man kann sich vorstellen, wie es ihn nur so schüttelt vor Ekel, wenn ihn ein Schwarzafrikaner bedient, mehr als um das Bier, ein globalisiertes Getränk, geht es ihm jedoch um die Lederhose, in die sich einer kleidet, der durch seine Hautfarbe dazu nicht berechtigt ist. In Salzburg, muss angefügt werden, war bereits Jahre vor dem »Anschluss« ein Landesgesetz erlassen worden, das es Juden – zugezogenen wie Stefan Zweig und alteingesessenen – mittels eines eigenen »Lederhosenparagraphen« verbot, die Landestracht zu tragen und sich, so getarnt, als fremdrassiger Bazillus im gesunden Volkskörper festzusetzen.

Bei einer Lesung im Literaturhaus wird die Autorin mit den Worten vorgestellt, sie verfasse »gnadenlose« Literatur. Die Charakterisierung war anerkennend gemeint, drückte die hohe Wertschätzung des einbegleitenden Redners aus. Gibt es irgendeinen Bereich des gesellschaftlichen Lebens, einen Beruf, in dem die Charakterisierung »gnadenlos« als Auszeichnung gemeint ist? Selbst der Soldat möchte nicht gnadenlos sein, sondern nur die ihm aufgetragene Arbeit tun. Kein Gefängniswärter rühmt sich seiner professionellen Gnadenlosigkeit, und ein guter Arzt mag den illusionslosen

Blick haben, er muss frei sein vom Hang zur Täuschung und Selbsttäuschung, der die Dinge schön redet oder den Tumor, der zu wachsen begonnen hat, nicht sehen möchte – ein gnadenloser Chirurg ist er trotzdem nicht. Künstler aber, zumal wenn sie Schwächen als Schwächen aufzeigen und solche auch dort entdecken, wo sie gesellschaftlich gut verborgen waren, werden als die letzten Gnadenlosen einer allzu mitfühlend gewordenen, verweichlichten Gesellschaft gerühmt, darauf haben sich Wissenschaft, Feuilleton, Werbung geeinigt.

D. ist auf die Wahrheit versessen. Sie scheint ihm das höchste Gut zu sein. Seltsamerweise ist er überzeugt, die Wahrheit müsse immer eine bittere Wahrheit sein. An der Wahrheit liebt er, dass er sie in jedem Fall für schwer annehmbar, unangenehm, schmerzlich hält. Dass es auch eine tröstliche, ermutigende Wahrheit geben könnte, würde er indigniert von sich weisen. Begegnete er einmal einer Wahrheit, die tröstlich oder ermutigend ist, er müsste sie ungeprüft für eine besonders perfide Lüge halten. So wahrhaftig ist unser guter D., der grimmige Verkünder von Wahrheiten, die immer grimmig sind, dass er sich und die Leute mit nichts als der Wahrheit zu belügen pflegt.

Jemand hat dem grünen Parlamentsabgeordneten Karl Öllinger Beweise dafür zugespielt, dass Mitarbeiter des dritten Nationalratspräsidenten Martin Graf, von dem jeder weiß, dass er ein unverbesserlicher Deutschnationaler ist, bei einem rechtsradikalen deutschen Versandhaus rechtsradikale Devotionalien erworben haben. Ein Skandal, natürlich, wenn sich die engsten Mitarbeiter eines die Republik repräsentierenden Politikers T-Shirts mit ruchlosen Sprüchen über Konzentrationslager für den gewiss lustigen privaten Gebrauch

bestellen. Was hatte man von Graf erwartet, den die Abge-
ordneten beider großer Parteien schamlos aus Gründen der
politischen Opportunität in sein Amt gehoben haben? Dass
er sich seine Mitarbeiter aus Hilfsorganisationen für Asylanten holt?

Der Skandal, den Öllinger aufdeckt, zeitigt einen anderen,
denn hier besorgt sich ein Politiker, der sonst gegen die digitale Bespitzelung zu wettern pflegt, seine Informationen,
indem er gegen den Datenschutz verstößt und verstoßen
lässt. Darf man bei politischen Gegnern, selbst wenn es sich
um rohe Spießgesellen handelt, Prinzipien außer Kraft setzen, die man ansonsten für wichtig und richtig hält? Hat nur
meinesgleichen ein Anrecht darauf, dass seine Daten geschützt werden? Ist es legitim, die Dienste digitaler Schnüff-
ler in Anspruch zu nehmen, um jemandem nachzuweisen,
dass er sich Hemden bestellt hat, mit denen er sich in Österreich nicht in der Öffentlichkeit zeigen darf?

Der gewohnheitsmäßige Rechtsbruch, die feixende Verachtung von Gesetzen und Gerichtsurteilen ist durch Jörg
Haider und seine Epigonen in Österreich alltägliche politische Praxis geworden. Es war aber eine Domäne der Rechten, und mir graut davor, dass der politische Kampf gegen
sie sich ihrer Mittel zu bedienen beginnt.

Eine erste Umfrage sagt, dass 85 Prozent der Österreicher
mit der Amtsführung des amerikanischen Präsidenten
Obama »sehr zufrieden« sind. Das zeigt, was für ein vorur-
teilsfreies Volk wir sind. Wir anerkennen die Leistung eines
Präsidenten, der vielerorts in Österreich Schwierigkeiten
hätte, Zutritt in eine Disco zu erhalten und der sich jedes
zweite Mal, wenn er in Wien mit der U-Bahn führe, als vermeintlicher Drogendealer perlustrieren lassen müsste. Gott
sei Dank ist er nur Präsident der Vereinigten Staaten von

Amerika und nicht Kellner bei uns, der unser Bier in Leder-
hosen anschleppen wollte!

Das Merkwürdigste an den Wahlen in den zwei österreichischen Bundesländern waren nicht die Ergebnisse, sondern deren Prognosen. Da die Demoskopen so eklatant irr-
ten, hätte man annehmen können, dass sie eine Weile das
Licht der Öffentlichkeit scheuen würden. Doch keine zwei
Stunden, nachdem auch ihr eigenes Desaster bekannt geworden war, standen sie alle wieder vor Mikrophon und Kamera,
diesmal um uns zu erklären, warum die Wahl nicht so ausge-
gangen war, wie sie es geweissagt hatten. Als wären sie mit
ihren Prognosen exakt richtig gelegen, zeigen sie nicht den
geringsten Genierer, sich gleich nach ihrer Blamage wieder
hinzustellen und, ohne zu lachen, ihre neuesten Ratetipps
abzugeben.

Ich weiß nicht, wie Demoskopen und Meinungsforscher
arbeiten und welches ihre wissenschaftlichen Methoden sind.
Ich könnte mir vorstellen, sie arbeiteten zumindest in Zeiten
des Wahlkampfes überhaupt nicht, sondern träfen sich zweimal in der Woche im Lokal ihrer Standesvertretung, tränken
zusammen ein paar Flaschen Prosecco und freuten sich die-
bisch, wenn sie die Würfel werfen und dann die aktuellen
Prozentpunkte der Parteien festlegen. Vielleicht arbeiten sie
aber doch, dann ist ihre Wissenschaft heute auf dem Stand
der Meteorologie von 1920, als der amtliche Wetterbericht
gemäß einem Lied des Wiener Volkssängers Hermann Leo-
poldi ankündigte: »Morgen wird die Sonne scheinen oder
aber es wird regnen oder schneien.« Vermutlich ist es gar
nicht die Schuld der Demoskopen, dass sie seit Jahren kein
Wahlergebnis nur annähernd erraten, immerhin ist das Objekt ihrer Forschung eine unberechenbare, von medialen
Launen gejagte Wählerschaft, die kaum mehr auszurechnen

ist. Nur, warum versuchen sie dann die demokratischen Wahlen jedes Mal aufs Neue zu beeinflussen? Und warum tun sie nicht, wenn sie gefehlt haben, was jeder Mensch täte, der einen Funken Ehre im Leib hat, und tauchen für ein paar Monate unter, um es im Trappistenkloster einmal mit dem Schweigen zu probieren?

Erstens gehen die Wahlen nie so aus, wie die Demoskopen es voraussagen, und zweitens mag ich sie nicht, weil die Wahlen nie so ausgehen, wie ich es mir wünschte. Und irgendwer muss schließlich daran Schuld sein.

In der *Neuen Zürcher Zeitung* lese ich von einer Frau, die ihre Wohnung in Ostdeutschland vor zwölf Jahren verlassen hat und jetzt in einem Schweizer Wald bei Bollingen aufgegriffen wurde. Was sie all die Jahre getan habe, wurde sie gefragt, und sie gab zur Antwort: »Mich mit Gottes Hilfe ernährt.«

Ich träume und bin in einem Wald. Der Wald, in dem ich mich befinde, liegt mitten in Schweden. Nein, umgekehrt: Schweden liegt mitten im Wald. Als ich mit dem Fotografen Kurt Kaindl vor drei Jahren quer durch Schweden fuhr, befanden wir uns die meiste Zeit in einem Wald, in dem die Ansiedlungen weit verstreut waren. Wir fuhren durch den Wald, in dem Schweden liegt, um Assyrer zu treffen; in drei Wochen erscheint das Reportagenbuch, in dem ich auch von ihnen, den Christen des Orients, die es in den schwedischen Wald verschlagen hat, erzähle. Vermutlich deswegen habe ich von dem Land im Wald geträumt. Oder es war die deutsche Frau, die so lange im Wald gelebt hat und ihn jetzt verlassen muss, weil es schließlich auch mit dem Verschwinden seine Ordnung haben soll.

Immer wieder hält Márai, der so viel Schreckliches notiert, auch Momente eines bedrohten, stillen Glücks inmitten der allgemeinen Barbarei fest. Gerade daraus haben ihm, als er den ersten Band seiner Tagebücher Ende 1945, also nur ein Jahr nach der Niederschrift, in Buchform veröffentlichte, die neue Staatsmacht und die ihr zuschreibenden Kritiker den moralischen Strick drehen wollen. Darf man, während man am einen Tag davon berichtet, dass das Budapester Ghetto für 200 000 Bewohner zur tödlichen Falle wird, vom nächsten Tag festhalten, dass in Leányfalu, einer Gemeinde an der Donau, in der ihm sein Verleger ein Haus zur Verfügung stellte, die Rosen wunderschön zu blühen beginnen?

In jedem Tagebuch kommt es unausweichlich zu skandalösen Gleichzeitigkeiten. Márai bekennt sich dazu, dass er im größten Unglück auch Momente des Glücks erlebte. Und wie er sie zu schildern weiß, werden sie fast zu Verheißungen, dass es auch eine Welt jenseits von Verbrechen und Gewalt geben kann.

Kürzlich wurde er gefragt, ob er nicht bald genug gelesen, nein, nicht endlich genug vom Lesen selber habe. Nicht lesen? Ja, wenn es so leicht wäre! Seit Jahren versucht er es schon. In der Früh nimmt er sich vor, heute wirklich den ganzen Tag nicht zu lesen, aber wenn er tüchtig gearbeitet hat, muss er sich doch belohnen. Also eines der Bücher, die er schon kennt, aus dem Regal holen und sich darin auf die Spur früherer Lektüre setzen, oder eines vom Stapel der ungelesenen Bücher nehmen und es endlich zu lesen beginnen.

Natürlich gibt es Hochbegabte im Nichtlesen; die liegen am Strand, sitzen auf einer Bank im Grünen, machen es sich in einem Fauteuil bequem, und das alles ohne Buch. Derlei würde er nie wagen, sich hinzusetzen, nur einfach so, ohne etwas zu seiner Verteidigung dabeizuhaben.

Als ihm die Literatur zu einem Meer wurde, durch das er ohne Kompass segelte, war er ungefähr sechzehn Jahre alt. Es begann in einem Sommer, einmal trieb es ihn dahin, dann dorthin, oft wusste er gar nicht, wo er sich befand, und indem er keines suchte, gelangte er zu immer neuen Ufern.

Auch diese gehört zu seinen Lebensängsten: über all den neuen Büchern nicht mehr dazuzukommen, von den alten die noch einmal zu lesen, die er sich versprochen hat.

Manchmal ist er verzweifelt, dass aus seiner Bibliothek, die über vierzig Jahre gewachsen ist, aus seiner Sammlung von 10 000 Bänden, die so innig mit seiner Biographie zu tun hat, mit dem Menschen, der er geworden ist, jetzt eine beliebige Anhäufung von Büchern zu werden droht. Früher hatte er das wenige Geld, über das er verfügte, großteils für Bücher aufgewendet, er könne von nichts als Büchern und Wein leben, hatte ihm jemand anerkennend gesagt, da war er gerade 25 Jahre alt; und als sie einander fanden, hatte die Freundin, die ihn sich unverweilt zum Mann nahm, von dem Geld, das sie in ihren ersten Berufsjahren verdiente, jeden Monat eine andere Gesamtausgabe gekauft, in die sie sich beide vertiefen konnten. Jetzt, da sie das Geld hätten, sich jedes Buch, das sie haben wollen, selbst zu kaufen, ohne deswegen auf den Wein oder das Abendessen im Restaurant verzichten zu müssen, schicken ihm die Verlage so viele Bücher ins Haus, dass er sie nicht lesen, nicht einmal überfliegen kann. Neben viel durchschnittlichem Zeug sind auch manch gute, sogar besondere Bücher darunter, aber es sind eben nicht seine Bücher: Er hat sie nicht gesucht, nicht nach ihnen gefahndet, er ist auf sie nicht durch andere Bücher, auf verschlungenen Pfaden gelangt, er hat sie nicht durch einen glücklichen Zufall, einen Griff in die Kiste des Flohmarktes gefunden. Sie werden ihm einfach geschickt, alle Tage, damit er seine Existenz als Leser unter ihnen begraben könne und um ihm seine Bibliothek, diese ganz ihm gemäße Sammlung von Büchern, zu zerstören. Er bringt es noch nicht zuwege, Bücher einfach wegzuschmeißen, in den Altpapiercontainer zu werfen, und die Kiste, die er vor die Wohnungstür gestellt hat, damit seine Kinder, wenn sie zu Besuch kommen, die Freunde, die sie dabei mitbringen, oder die Kinder der Nachbarn sich daraus bedienen, wird niemals leer, sondern füllt sich, wie von selbst, beständig wieder auf.

Das Studium ist mir vor allem als die erhebende Zeit in Erinnerung, in der ich, endlich befreit vom Reglement der Schule, so lange lesen konnte, wie ich wollte, und lesen konnte, was immer ich wollte. Mir kommt vor, als hätte ich tage- und nächtelang gelesen und damit ein paar Jahre gar nicht mehr aufgehört. Ich sehe mich vor den Buchreihen in der Universitätsbibliothek oder in der Bibliothek des Instituts für Germanistik stehen und nach einem beliebigen Buch greifen, in ihm blättern, mit ihm zu einem nahen Tisch gehen und dort ein paar Stunden sitzen bleiben. Der Nachmittag vergeht, draußen dämmert es, das Licht geht an, irgendwann wird die Bibliothek zugesperrt. Lesend ist man zugleich an einem bestimmten Ort und in einer anderen Welt, doch zwischen diesen Welten gibt es mannigfache Beziehungen. Von der Zeit, als ich lesend den expressionistischen Dichter Albert Ehrenstein für mich entdeckte, über den ich 1986 mein erstes Buch schrieb, das wilde Porträt eines bitteren, ungezähmten Autors, in dem ich mich hochmütig selbst porträtierte, ist mir in Erinnerung, dass ich damals vom Institut für Germanistik jeden Abend durch den raschelnden Herbst einer Allee nach Hause ging und wilde, bittere, hochmütige Sätze formte, die zehn Jahre später in meinem Buch stehen würden, und endlich in der proletarischen Vorstadt Lehen ankam, wo ich ein kleines, dunkles Zimmer im Parterre eines großen Hauses bewohnte, das abends manchmal vom Flutlicht des Fußballstadions gleich nebenan erhellt wurde.

Auf Ehrenstein war ich in der Bibliothek durch Zufall gestoßen, denn in den Vorlesungen und Proseminaren war von ihm nicht die Rede, aber Zufall ist das falsche Wort für die unsystematische, doch ausdauernde Suche, auf der ich mich befand. Anders gesagt: nichts als Zufälle, aus denen sich im Laufe der Zeit Zusammenhänge ergaben, lauter Abschweifungen, die mich zu einem unbekannten Ziel führten, Umwege, die mich genau dorthin brachten, wohin ich wollte, ohne es zu wissen: das war, das ist eine Bibliothek für mich.

Wer eine Bibliothek nur aufsucht, weil er ein bestimmtes Buch benötigt, der hat sich zwar den Nutzwert dieser Institution angeeignet, aber verfehlt, was ihr Geheimnis ausmacht: dass sie, mehr als eine Ansammlung von Büchern, Entdeckungen ermöglicht, von denen man vorher nicht wusste, wie sehr sie einem fehlten. Auch im Internet stößt man auf Fährten, von denen man nichts wusste, gerade im Internet kann man sich treiben lassen, um vom einen zum anderen und am Ende vielleicht sogar zu etwas Wichtigem zu gelangen. Aber das Internet selbst ist, auch wenn man sich in ihm über historische Phänomene unterrichtet, ein Raum ohne Geschichte. In der öffentlichen, der universitären oder klösterlichen Bibliothek hingegen mit ihren Bücherschätzen wird Geschichte nicht nur aufbewahrt, nicht nur dargestellt, analysiert, debattiert, sondern unmittelbar anschaulich. Jedes Buch der Bibliothek mit seinen Stockflecken und seinen Eintragungen zeugt von der Geschichte, in seiner bloßen Existenz, mit seinem Aussehen und seinen Beschädigungen; Generationen von Lesern haben das Buch studiert und ihre

Spuren, ihre lästigen und anregenden Spuren hinterlassen, und selbst die Bücher, die über Generationen nicht gelesen wurden, geben Zeugnis von ihrem Schicksal.

Beklemmend wurde mir das bewusst, als ich zum ersten Mal ein Buch der Hermann-Bahr-Stiftung in Händen hielt, einer jener 10 000 Bände, die über den Schriftsteller an die Universitätsbibliothek Salzburg gekommen sind. Es handelte sich um einen Gedichtband des Lyrikers Hugo Sonnenschein, der sich Bruder Sonka nannte, eines Anarchisten und Vagabunden, dessen Lebenswegen ich nachspürte (und dessen Werk ich später gemeinsam mit Josef Haslinger edierte), verehrungsvoll war er dem Meister Hermann Bahr dediziert, doch hatte der damals berühmte Schriftsteller den Band gar nicht aufgeschnitten, wie das früher bei Büchern notwendig war, das heißt, er hatte ihn über das Titelblatt mit der Widmung hinaus nicht einmal überflogen. Keine Geschichte zu haben ist auch eine, eine düstere, und ich erschauerte, als ich siebzig Jahre, nachdem ein junger Autor sich hoffnungsvoll, aber vergebens an einen Berühmten gewandt hatte, dreißig Jahre, nachdem er gestorben war, als Häftling notabene, der aus einem Konzentrationslager der Nationalsozialisten in einem stalinistischen Gefängnis in der Tschechoslowakei landete, dieses Exemplar, nachdem ich die Seiten aufgeschnitten hatte, als Erster zu lesen begann.

Seit Jahren ärgert er sich über die Kriminalromane, die ihm ins Haus geschickt werden, von Presseabteilungen großer und kleiner Verlage, denen auch ohne detektivische Recherche hätte auffallen müssen, dass er keine Kriminalromane rezensiert. Seitdem er vor langer Zeit einige Klassiker des Genres gelesen hat, Hammett, Chandler, Simenon, Glauser, Ambler, Sjöwall und Wahlöö, liest er auch keine mehr, es ist ihm lachhaft, dass vier von drei Romanen, die heute veröffentlicht werden, Krimis sind. Jede Stadt und Region, jeder Berufs- und Neurosenstand hat mittlerweile einen eigenen Ermittler, und in größeren Städten wie Wien wird literarisch längst schon bezirksweise und in vorgeblich historischen Kriminalromanen in Epochen bis über das Biedermeier zurück ermittelt. Einmal muss Schluss sein damit, sich die Bibliothek von Büchern verpatzen zu lassen, die nicht in sie passen, darum wird er künftig immer abwarten, bis er zwanzig Krimis beisammen hat, den ungelesenen Stapel dann zum nächsten Flohmarkt tragen und sich auf dem Heimweg seinen eigenen Kriminalroman ausdenken.

Dies ist sein erster:
»Weißt du, was ich dir schon immer sagen wollte«, fragte Signora Brunetti ihren Mann, mit dem sie eben die Pasta gegessen und ein Glas Rotwein getrunken hatte. »Du bist ein widerlicher Spießer, und ich möchte keinen Tag länger mit dir vergeuden.«
Brunetti legte den Kopf schief und tat auf seine selbstgefällige Art, als habe er sich verhört. Doch im selben Augenblick machte es schon plopp, und Brunetti spürte, wie die Wucht des Schusses ihn aus dem Sessel riss und gegen die Wand warf. »Jetzt hat mich Paola doch tatsächlich mit meiner eigenen Dienstwaffe erschossen«, das war der letzte Gedanke, den er hatte, und er empfand etwas wie eine finale Genugtuung, dass es ihm gelungen war, selbst diesen Fall noch zu lösen.

Mein Artikel über Boris Pahor war schon vor ein paar Wochen in der *Zeit* erschienen, da meldete er sich bei mir, in seinem formellen, höflichen Deutsch, von dem er behauptet, es nicht zu beherrschen. Er fragte, ob ich ihn nicht in Triest besuchen wollte, wo er mir den Platz zeigen würde, von dem

63

sein jetzt ins Deutsche (leider in ein schauderhaftes Deutsch) übersetzter Roman handelt, über den ich in der Zeitung so emphatisch geurteilt hatte. Der Roman heißt »Piazza Oberdan«, und einen repräsentativen Platz, eine wichtige Straße dieses Namens gibt es in jeder italienischen Stadt, die auf ihren Patriotismus hält. Sie erinnern an einen nationalen Märtyrer, der 1882 im Alter von 24 Jahren für Ruhm und Ehre des Vaterlandes fiel. Es herrschte in jenen Jahren zwar kein Krieg, aber Guglielmo Oberdan, der im damals noch zur österreichisch-ungarischen Monarchie gehörenden Triest aufwuchs, begeisterte sich so sehr für die Idee eines mächtigen italienischen Nationalstaats, dass er sich als heiliger Krieger wähnte und Kaiser Franz Joseph mit einer Bombe in die Luft sprengen wollte.

Dilettantisch, wie er die Sache anging, wurde er noch vor dem Besuch des Monarchen in Triest verhaftet, vor Gericht gestellt, zum Tod verurteilt und gehenkt. Als nach dem Ersten Weltkrieg die Faschisten die Macht in einem Staat übernahmen, der sich nicht nur die habsburgischen Gebiete im Norden einverleibte, sondern auch das albanische, kroatische und slowenische Küstenland auf der anderen Seite der Adria, zählte Oberdan zu den Heroen ihrer nationalen Mythologie. In Triest ist ihm ein zentraler Platz mit bedeutenden Gebäuden gewidmet.

Mit den edlen nationalen Idealen des Jünglings und dem, was die Faschisten aus ihm machten, war es aber so eine Sache. Guglielmo Oberdan wurde nämlich als Viljem Oberdank geboren. Erst auf dem Gymnasium, von den Mitschülern als Bauerntölpel verlacht, hatte der unehelich geborene Sohn einer slowenischen Magd sein nationales Erweckungserlebnis: Ein Italiener wollte er sein, nein, nicht nur irgendein Italiener, sondern ein vaterländischer Held! Viele Kämpfer der Irredenta stammten aus national ungesicherten Verhältnissen wie er. Während ihre Eltern noch darunter litten, von den italienischen Bürgern als slawisches Pack verachtet zu werden, schüttelten diese Kinder slowenischer Hafenarbeiter und Dienstmädchen das Joch ab, indem sie sich von ihrer Herkunft lossagten und sprachlich, kulturell, politisch für die herrschende Nationalität entschieden.

Boris Pahor ist einer der großen europäischen Schriftsteller unserer Zeit, gleich Primo Levi oder Jean Améry bezeugt er in seinen Büchern, wie mit der industriellen Vernichtung der Juden im 20. Jahrhundert das Undenkbare für alle Zeit zum Menschenmöglichen wurde. Als ich ihn vor mehr als zwei Jahrzehnten kennen lernte, bei einer literarischen Tagung in Portorož, im slowenischen Teil Istriens, galt er seinen slowenischen Kollegen bereits als einer ihrer bedeutendsten Autoren, in der Welt jedoch war er völlig unbekannt geblieben. Nicht nur in der Welt, auch in Triest, wo er geboren wurde, aufgewachsen ist und fast sein ganzes Leben verbracht hat, kannte ihn kaum jemand außer den Slowenen dieser Stadt, die sich mitteleuropäisch weltoffen gibt, aber ihre innere Grenze stets scharf gegen die Slawen von nebenan gezogen und geradezu feindselig bewacht hat.

Mit neunzig Jahren ging Pahor daran, die Geschichte jenes Platzes zu schreiben, der dem italienischen Nationalhelden slowenischer Nationalität gewidmet und mit dem sein eigenes Leben auf so vielfältige Weise verbunden ist. Auf diesem Platz spielte er die ersten Kinderspiele, von diesem Platz aus hat er 1920 den »Narodni dom«, das slowenische Volkshaus, in Flammen aufgehen sehen, denn die Faschisten duldeten keine Stätten, an denen, wie es die Zeitung *Il Popolo* formulierte, »ein Volksstamm ohne Kultur, fast ohne Sprache, ein geschichtsloses Mischvolk von Wanzen, die sich in unserer Wohnung einnisten«, kulturelles Selbstbewusstsein hätte zeigen dürfen. Auf diesem Platz errichtete 1943 die Gestapo ihr Hauptquartier, mit den Folterkammern im Keller, in die auch der dreißigjährige Lehrer Boris Pahor geriet. Von hier wurden zahllose Slowenen in die Konzentrationslager des Dritten Reiches deportiert.

Wir waren in der Früh losgefahren und schon gegen Mittag dieses kalten, klaren Wintertages in Triest angekommen; jetzt schaute ich aus dem Fenster des alten Hotels La Posta auf die Piazza Oberdan hinaus. Wer je in Triest war, kennt die Piazza, denn hier ist die Endstation der berühmten, in jedem Reiseführer erwähnten Straßenbahnlinie, die zum Vorort Opicina hinaufführt und den steilsten Teil ihrer Strecke als pittoreske Standseilbahn bewältigt. Das Hotel trägt die Hausnummer 1, hat eine gelbe Fassade und im Inneren einen eigenen, plüschig abgewetzten Charme. Überquert man den Platz, auf den die Autos von allen Seiten zufahren, geht man gewissermaßen auf dem Dach des Folterkellers von einst.

Die Folterstätte selbst war eingerüstet, die Banken und Versicherungsfirmen, die sich in ihr eingerichtet haben, legen Wert auf eine ordentliche Fassade. Am hintersten Ende des Gebäudes, an der entlegensten Ecke des Platzes ist, unter einer Arkade fast verborgen, eine Tafel angebracht: In italienischer Sprache wird an die Tortur erinnert, der in diesem Haus nach der »occupatione tedesca« so viele zum Opfer fielen. In seinem Buch empört sich Pahor darüber, dass die Italiener von Triest selbst an diesem Ort den Slowenen ihrer Stadt keine zweisprachige Tafel zubilligen mochten, obwohl »diese höllische Institution doch vor allem unseren Leuten aus Triest und dem Karst zugedacht war«. Unsere Leute – damit meint er die Slowenen, die einst die bäuerliche Bevölkerung des Hinterlandes von Triest gestellt hatten und deren nur langsam sich entwickelnde bürgerliche Schicht zu Beginn des 20. Jahrhunderts unter den gewaltigen, oft gewaltsamen Druck der Assimilation geriet. Gehe er über die Piazza, schreibt Pahor, empfinde er vor der italienischen Gedenktafel »das Gefühl erniedrigter Würde, ähnlich jenem damals, als ich unter dem Straßenbelag gefangen war, über den ich jetzt schreite«. Denn das Unrecht, das den Slowenen in Italien widerfuhr, ist niemals benannt, staatlich anerkannt und gesellschaftlich geächtet worden. Das demokratische Italien von 1945 hat sich von den Verbrechen des Faschismus losgesagt, aber nicht von der fortgesetzten Entrechtung, die die Slowenen von Triest seit jeher erleiden mussten; und die Politiker der italienischen Regierungsparteien von heute behaupten ohnedies, dass der Faschismus seine guten Seiten hatte und erst die von außen, von Nazideutschland oktroyierte Verfolgung der Juden aus ihm etwas Übles gemacht habe.

Es ist fünfzehn Uhr, als Boris Pahor das Hotel betritt, ein kleiner, drahtiger Mann, der 96 Jahre alt ist und die paar Stufen ins Foyer mit leichten Schritten heraufspringt. Er trägt eine rote Krawatte, einen hellblauen Pullover, ein graues Sakko und einen grünen Lodenmantel, aus dem er sich nicht helfen lässt und den er im jetzt leeren Frühstücksraum schwungvoll über einen Stuhl am Nebentisch wirft. Er wirkt zierlich, aber nicht gebrechlich, und die Augen hinter den dicken Brillen mit der altmodisch breiten Fassung funkeln so wie vor 23 Jahren, als er mir im monströsen Palace Hotel von Portorož erklärte, wie er sich die Zukunft Europas und seiner kleinen Nationen und Nationalitäten vorstelle. Aus der Schüssel an der Rezeption hat er sich ein in Papier gewickeltes Bonbon mitgenommen, das er in der nächsten halben Stunde raschelnd in seinen zarten, vom Alter marmorierten

Fingern drehen wird, bis es ihm auf den Boden fällt, von wo er es aufhebt, endlich aus dem Papier wickelt und mit den Worten: »Entschuldigen Sie meine fortwährende Kindischkeit« in den Mund steckt. Sein Deutsch ist gut, manchmal fehlen ihm die Wörter, dann holt er sie sich aus dem Französischen, das er im Gymnasium gelernt und dessen Kenntnis er, wie er schrieb, im Konzentrationslager Struthof im Elsass perfektioniert hat.

In seinem Buch erzählt er nicht nur von den Greueltaten der deutschen und österreichischen Nationalsozialisten, auf die sich jene Hinweistafel an der einstigen Gestapozentrale beschränkt, sondern auch davon, mit welcher Brutalität den Slowenen und Kroaten ihre Sprache und Kultur von den italienischen Faschisten ausgetrieben werden sollte. Er beschreibt Schulstunden, die achtzig Jahre zurückliegen, so einprägsam, dass die Stickluft der Angst im Klassenzimmer zu spüren ist, und er sieht wieder jene zehnjährige Mitschülerin, die vom uniformierten Lehrer an ihren Zöpfen am Garderobehaken aufgehängt wurde, weil sie in der Pause mit den Freundinnen in ihrer aller Muttersprache gesprochen hatte. Julka hieß sie, aber seitdem die Faschisten regierten, musste sie Giulia genannt werden. Niemals, sagt Pahor jetzt und greift mit der greisenfleckigen Hand nach dem Unterarm meiner Frau, niemals haben sich die Italiener dafür entschuldigt, uns wie Untermenschen behandelt zu haben, und alle Verbrechen, die sie selbst uns zugefügt haben, wälzen sie einfach auf die Deutschen ab, als deren Opfer sie sich gerne sehen.

Pahor hat ein eigenartig verschmitztes Lachen, es ist fast unhörbar, aber seine hellwachen Augen im schmalen Gesicht beginnen dann zu leuchten. Neuerdings seien die Italiener den italienischen Slowenen gegenüber offener, aber nur weil es jetzt einen slowenischen Staat jenseits der nahen Grenze gebe, der noch dazu Mitglied der Europäischen Union geworden ist: »Sie sagen sich, wenn diese Bauern einen eigenen Staat bekommen haben und sogar in denselben Club wie wir aufgenommen wurden, dann werden sie schon keine Barbaren mehr sein. Wir haben ihnen ja schließlich auch lange genug abendländische Kultur beigebracht. Ja, diese abendländische Kultur habe ich selbst zu spüren bekommen.«

In zwei großen Prozessen haben die Faschisten 1941 versucht, die Intelligenzia der slowenischen Barbaren in Triest auszulöschen. Zum Tod verurteilt wurden junge Männer und Frauen, Studenten die meisten, Lehrer und Arbeiter. Pahor entging damals durch einen Zufall der Verfolgung und stand nicht vor Gericht, was in ihm das quälende Schuldgefühl weckte, seine gefolterten und hingerichteten Freunde im Stich gelassen zu haben. Zwei Jahre später wurde er nach Dachau, von dort nach Struthof und schließlich nach Bergen-Belsen verfrachtet. Was es heißt, die Orte des Todes zu überleben, hat er in seinen Romanen »Nekropolis« und »Der Kampf mit dem Frühling« ausgelotet. Lange nachdem er sie geschrieben und in kleinen slowenischen Verlagen veröffentlicht hatte, wurden sie in den neunziger Jahren des 20. Jahrhunderts von internationalen Großverlagen entdeckt und in Frankreich, Deutschland, England und den USA herausgebracht. Erst nachdem Zeitungen in Paris und New York über einen Autor aus Triest namens Boris Pahor berichteten, hat auch Triest zur Kenntnis genommen, dass es ihn gab. Bis heute hat sich tatsächlich kaum ein italienischer Schriftsteller für seine slowenischen Kollegen, die in derselben Stadt leben und schreiben, interessiert, geschweige denn für sie eingesetzt und ihnen zu Übersetzungen ins Italienische verholfen. Die rühmliche Ausnahme bildete Fulvio Tomizza, der allzu früh verstorbene, große und großzügige Erzähler, der in seinem Roman »Das Liebespaar aus der Via Rossetti« an die im Widerstand ermordeten Stanko Vuk und Danica Tomažić erinnerte, stets den Austausch mit den Slowenen und Kroaten im Karst und in Istrien suchte und auch auf jenem Kongress zugegen war, auf dem ich Pahor kennen lernte. Nun endlich, da seine Bücher durch die Welt gingen und ihr Verfasser schon näher bei hundert als bei neunzig ist, kehren sie dorthin zurück, wo sie entstanden: Erstmals erscheint auf Italienisch eine Werkausgabe seiner Schriften, »jetzt«, sagt er, »da ich es nicht mehr brauche, beginne ich sogar Geld zu verdienen mit den Büchern, die ich vor einem halben Jahrhundert geschrieben habe«. Und für die Werkausgabe ist gar der berühmteste Triestiner angetreten, ein Geleitwort zu verfassen, fügt er nach langer Pause hinzu, und da ist es wieder, sein lautloses, verschmitztes Lachen.

Wir gehen hinaus auf den Platz, es ist bitterkalt, und Pahor entschuldigt sich, dass er sich eine so »alberne Mütze«, eine dicke braune Wollmütze, auf das Haupt und über die Stirne zieht. Der Verkehr braust auf vier Spuren dahin, Pahor, der zwischen mir und meiner Frau geht, hängt sich bei uns ein und führt uns, tänzelnden Schrittes, des Verkehrs kaum achtend, wie traumwandlerisch zwischen den Autos auf die andere Seite des Platzes hinüber. Rechts drüben steht das mächtige, eingerüstete Gebäude der Banken und Versicherungen, das er als Erstes anstrebt, um uns darauf aufmerksam zu machen, wie klein und unauffällig die Tafel ist, die an die Opfer des Faschismus erinnert, und wie groß jene, mit der sich die noblen Unternehmungen, die hier ihren Sitz haben, selbst bewerben. Daneben befindet sich ein hübsches lindgrünes Verwaltungsgebäude und daneben, schon auf die linke Hälfte führend, ein weißes Haus mit auffallender, konkaver Rundung, in dem die Regionalverwaltung von Julisch-

Venetien ihren Sitz hat. Nach links beschließt ein massives Gebäude die Piazza Oberdan, das an der einen Ecke, nahe den Haltestellen, Harry's Bar beherbergt, in der die Leute auf ihre Busse warten, und am anderen das Museo Civico del Risorgimento, im dem alle Dokumente und Devotionalien, die mit Triest und dem Kampf um die italienische Einigung zu tun haben, gesammelt und präsentiert werden.

Für die Slowenen Triests war die Einigung Italiens keine gute Sache, und selbst wenn es für sie nicht allzu viel Grund gibt, die österreichisch-ungarische Monarchie zu verklären, fanden sie in ihr doch wesentlich bessere Möglichkeiten vor, ihre Sprache zu pflegen und eine gewisse kulturelle Autonomie zu behaupten. An dem Tag, an dem die Monarchie auch formell abdankte und ihre Stadt mit ihrem Hinterland zur italienischen Provinz wurde, hatten sie nichts zu feiern, denn die Rechte, die ihnen die Monarchie der vielen unterdrückten Völker zugestand, hat ihnen die Demokratie der einen italienischen Nation sofort aberkannt. Er sei sieben gewesen, sagt Pahor und deutet eine Straße hinauf, als er mit seiner jüngeren Schwester ansehen musste, wie das slowenische Kulturhaus von den faschistischen Schwarzhemden angezündet und die Feuerwehr daran gehindert wurde, den Brand zu löschen.

Wir entfernen uns ein paar Schritte von der Piazza Oberdan, Pahor erklärt uns, wo das alte jüdische Ghetto lag, in dem Umberto Saba aufwuchs, der große italienische Dichter, den zu lesen er uns empfiehlt, weil kein anderer das jüdische Triest so präzise und poetisch erfasst habe wie dieser Antiquar und Dichter betörend schöner Verse und historischer, philosophischer, lebensweiser Miniaturen. In der Via del Monte, die nicht mehr zum Ghetto gehörte, obwohl in ihr eine der drei Synagogen von Triest stand, war Pahors Vater aufgewachsen, den er uns als traurigen, von den politischen Verhältnissen gebrochenen Mann schildert. Zu Zeiten der Monarchie war er k.u.k. Polizeifotograf gewesen, ein angesehener Mann, in der italienischen Ära wurde er als Slowene sofort aus dem Staatsdienst entlassen, sodass er, der dafür nur geringe Begabung besaß, seine Familie als Besitzer eines armseligen Marktstandes am Hafen ernähren musste.

Es war langsam dunkel geworden, Boris Pahor sagte, er müsse nach Hause in die Hügel fahren, denn seine Frau sei schon alt, über achtzig sogar, habe es am Herzen, und er dürfe sie nicht mehr so lange alleine lassen. An der Piazza Oberdan, direkt vor dem Gebäude, in dem er gefoltert worden war, bestieg er federnden Schrittes den Bus mit der Nummer 42; er winkte heraus und deutete uns, die Mützen ordentlich über die Ohren und die Stirne zu ziehen.

Abends, mit unseren Reisegefährten Ria und Robert in einem kleinen, hübschen Lokal in einer Gasse unweit der Piazza Unità, von der Pahor gemeint hatte, sie sollte nicht so genannt werden, sondern wie sie früher hieß, nicht Platz der Einheit oder der Vereinigung, sondern – einfacher, weniger ideologisch – Piazza Grande. Als wir den Raum betreten, werden wir von einem riesenhaften, schwabbelig dicken Kellner mit strahlendem Lächeln begrüßt, er winkt uns zu, als wären wir Freunde, und eine Sekunde später, als er sich schlenkernden Armes umwendet, hat er der jungen Kellnerin alle Teller mit dem Abendessen einer ganzen Tischgesellschaft vom Tablett gewischt. Die Aufregung ist groß, aber nicht bösartig, die Gäste, die jetzt neuerlich auf ihr Abendessen warten müssen, sind besorgt, alle eilen sie herbei, die Kellnerin zu trösten, die den Kellner tröstet, der sich die Haare rauft. Wir rühmen unser Gespür, das uns in dieses sympathische Theater des guten Italien hat eintreten lassen.

Ein paar Minuten später, der Wein steht kaum vor uns, beginnt zwei Tische weiter eine nicht mehr junge Frau mit streng blond gefärbtem Haar, clownartig überschminktem Gesicht und einem Verehrer, der noch ein paar Jahre älter als sie ist und noch ein paar Jahre jünger als sie aussehen möchte, zu brennen. Die Enden des Seidenschals, den sie locker um den Hals gewunden hat, sind über die brennende Kerze geraten, als ihr der Verehrer von der anderen Seite des Tisches die Hände reichte, sie sachte ein wenig über den Tisch zog, über den er sich selber beugte, um ihr tief in die Augen zu blicken. Wir sehen, was kommen wird und wie es kommen muss, doch wer wagte es, ein Liebespaar, das eben beim Vorspiel brennenden Begehrens angelangt ist, zu stören, solange es noch nicht wirklich brennt? Erst als dies geschieht, springt Robert auf, um den Krug Wasser, den er schon umfasst hielt, über den Schal und damit unumgänglich auch über den Hals und die Brüste der Dame zu leeren, die den Bruchteil einer Sekunde vorher gemerkt hat, dass es nicht nur die Hitze der Leidenschaft ist, die um ihren Hals züngelt, und sich im funkelnden Auge ihres Begleiters jäh nicht das Verlangen, sondern das Entsetzen abzeichnete. Es ist nicht viel geschehen, die Dame, deren Bluse nass an ihrem dadurch plötzlich dürr wirkenden Leib klebt, wird von ihrem verdatterten Galan geküsst und geküsst und von der Kellnerin, die vorher noch das Unglück des Abends gepachtet zu haben schien, in einen hinteren Raum geführt, und Robert erhält zwei kräftige Schläge der Anerkennung auf die Schulter, den einen von dem Verehrer, der wohl Schuld an allem trägt, denn ihm wäre es obgelegen, darauf zu achten, dass seine Geliebte nicht vorzeitig völlig entflamme, die andere vom Kellner, der mit rundem Mund im runden Gesicht anerkennende Worte zu formen scheint, die nicht zu verstehen sind, denn alle rufen durcheinander, und als die Dame in einem weiten schwarzen T-Shirt, das vielleicht zur Garderobe der Kellnerin gehört, die im Lokal Arbeitskleidung trägt, zurückkehrt, eine zerbrechliche alte Prinzessin jetzt in einem viel zu großen Leibchen, beginnt der ganze Raum zu klatschen. Ja, man könnte Triest schon lieben.

In der Wiener *Presse* wird berichtet, dass auf der italienischen Insel Lampedusa 1300 Insassen des Flüchtlingslagers ausgebrochen und mit dem Ruf nach Freiheit und der Aufforderung an die Bewohner »Helft uns« in den Hauptort gezogen seien. Nun haben die Bewohner der Insel mit den Flüchtlingen, von denen alle paar Tage neue in erbärmlichem Zustand an Land gespült werden, natürlich keine große Freude, und auch dass ihre Insel in aller Welt nur mehr deswegen bekannt ist, weil von so vielen afrikanischen Tragödien an einer von Europas Außengrenzen berichtet wird, stimmt sie nicht gerade glücklich. Gleichwohl wird des Weiteren berichtet, dass die Kolonne der ausgebrochenen Flüchtlinge in der Stadt da und dort von den Einheimischen mit Beifall empfangen wurde und viele Familien ein paar Flüchtlinge ins Haus einluden, um mit ihnen zu essen, zu trinken, zu reden und sie kennen zu lernen.

Wenn in Österreich Nachrichten wie diese vermeldet werden, ist es immer interessant, sich jene über das Internet schnell verbreiteten Leserkommentare anzuschauen, die man Postings nennt und die so etwas wie anonyme Leserbriefe im Zeitalter der digitalen Beschleunigung sind; Leserbriefe also, bei denen eine doppelte Selbstzensur außer Kraft gesetzt ist, denn weder steht man in der virtuellen Welt mit seinem bürgerlichen Namen dafür gerade, was man schreibt, noch nimmt man sich die Zeit, die es früher brauchte, um Briefpapier hervorzuholen, die Füllfeder aufzumachen und sich die Sache, zu der man sich äußern möchte, ein wenig zu überlegen.

Nach fünf Stunden sind bereits Hunderte Postings eingelangt und fast in jedem wird von den österreichischen Lesern verlangt, man möge die Flüchtlinge unverzüglich wieder einsperren oder sie lieber gleich mit nassen Fetzen in die Flut zurücktreiben, aus der sie widerrechtlich an Land gestiegen waren. Die per E-Mail übermittelte Empörung ist interessant genug: Selbst wenn jene, die mit den Flüchtlingen unmittelbar zu tun bekommen, sich auf deren Seite schlagen, ficht das die Empörung der Österreicher, die sich zu ihrem unzensurierten Wort melden, nicht an. Sie schmähen die Flüchtlinge unbesehen als Verbrecher, Vergewaltiger, Scheinasylanten, obwohl gar keine Gefahr besteht, dass sie diese jemals zu Gesicht bekommen werden. Es fehlte nicht viel und in den österreichischen Postings wären die Bewohner von Lampedusa dafür geschmäht worden, dass sie sich vom Elend der Flüchtlinge erweichen ließen.

Dabei sprechen wir von Italien, nicht zu vergessen. Dem Land, das vergangenes Jahr Gesetze erlassen hat, die man nicht anders denn als faschistisch bezeichnen kann, etwa jenes, das eine einzige ethnische Gruppe, die Roma, zur kollektiven Abgabe ihrer Fingerabdrücke zwingt. Wir sprechen von einem Staat, der in der Diskriminierung bestimmter Bevölkerungsgruppen, für die das allgemeine und gleiche Recht außer Kraft gesetzt wird, schon wesentlich weiter gegangen ist als Österreich. Aber Staat und Gesellschaft sind nicht dasselbe, gerade nicht in Italien. Und so wählen die Italiener zwar jene Parteien, die die menschenverachtenden Gesetze erlassen, für die Italien, ein Gründungsmitglied der Europäischen Union, rechtens längst aus dieser ausgeschlossen hätte werden müssen, doch sie sind mit der von ihnen selbst gewählten Regierung trotzdem nicht zu verwechseln. Die Flüchtlingsgesetze, so viel ich an ihnen zu kritisieren habe, sind in Österreich noch immer besser als im Italien

Berlusconis. Aber ich mag mir nicht vorstellen, was geschieht, wenn sich die achthundert Asylwerber von Traiskirchen unerlaubt aus dem Flüchtlingslager entfernen, in den Ort oder gleich Richtung Wien ziehen und dabei lauthals an die Österreicher appellieren: Helft uns!

Schon wieder einer, der es gnadenlos hält mit der Kunst. Der Direktor des Museums für angewandte Kunst in Wien, der uns vor fünfzehn Jahren, als er noch in seinen mittleren Jahren stand, schon einmal mit einer Ausstellung über »Die Tyrannei des Schönen« behelligte, einer exquisiten Huldigung an Stalin als eines der großen Gesamtkunstwerke des 20. Jahrhunderts – eine Ausstellung, wie sie kein Stalinist je zusammengestellt haben würde, sondern nur ein Dandy zuwege bringt –, dieser Museumsdirektor als alternder Mann also versucht es noch einmal und kündigt »Blumen für Kim Il-Sung« an, eine Ausstellung, die er in Kooperation mit der Nationalgalerie von Pjöngjang vorbereitet. Die Ausstellung ist seiner liebsten Obsession gewidmet: der Kunst, die den Terror überbietet, um ihres eigenen Anspruchs wegen, höher als jede Religion, das humanistische Gefasel, die Menschenrechte zu stehen. An Ausstellungen, die den Heldenkult des einsamen Führers und die ekstatische Hingabe deliranter Massen feiern, hat es in Österreich auch wirklich schon viel zu lange gemangelt. »Kunst denkt in Unmöglichkeiten«, dichtet der Museumsdirektor, ein kleiner Kim Il-Sung im beschränkten Reich seiner Imagination, »und ihre Vision ist …« – ja was wohl? – »ihre Vision ist gnadenlos.«

Sieht man den Mann, der im Fernsehen oft zu sehen ist, erkennt man ihn daran, dass er genau so aussieht, wie man ihn sich vorgestellt haben mag: Er ist ein schöner älterer Herr mit kurz geschorenem weißem Haar, stets in Seide von edlem Schwarz oder Dunkelblau gewandet, den Schal lässig um die Schulter geworfen, ein eleganter Mann mit sonor dröhnender Stimme. Es hat in der Politik einen wesentlich gefährlicheren Typus von Dandy gegeben, den es in die revolutionären Umwälzungen des 20. Jahrhunderts verschlagen hat, Enver Hoxha zum Beispiel, einen Mann, der stets im Seidenschal vor die Brigaden der Bauern und Arbeiter trat; auf Ideen, wie er sie verfocht, dass nämlich getrost zwei, drei Generationen für den Sieg der reinen kommunistischen Lehre verfeuert werden dürfen, wäre ein Bauer oder ein Arbeiter nie verfallen, wie auch den Massenaufmarsch von Hunderttausenden Proletariern, die zuvor stundenlang in der Kälte warten mussten, ehe sie losmarschieren durften, niemals diese selbst als schön empfinden konnten, sondern nur überspannte Dandys, die sich in ihrer politischen Berauschung selbst aus der Fassung der Vernunft gedreht haben.

Jede Wette, der Museumsdirektor wird die Kunst im Alter immer radikaler haben wollen, bis er endlich im seidenen Pyjama so siech sein wird, dass er von der Schönheit des Atompilzes schwärmt. Richtig gnadenlos, da kennt er nichts.

Wir waren übereingekommen, Veit Heinichen und seine Gefährtin Ami Scabar, die auf dem Hügel über Triest in der Erta di Sant' Anna ein legendäres Lokal führt, nach alten Rezepten kocht und die Weine der Region anbietet, erst am Abend vor der Heimreise zu besuchen. Ich konnte voraussehen, dass ich an diesem Abend dem Vitovska, Malvasia und Refosco so zusprechen würde, dass mich anderntags die Anzeichen einer Grippe matt und reizbar machen würden, immerhin ist der Mensch ein Wesen, begabt für die Planung seines Tuns und sei es für die vorsätzliche Berauschung. Heinichen hatte viele Jahre für deutsche Verlage gearbeitet, ehe gleich sein erster Roman um den Kommissar Proteo Laurenti so erfolgreich war, dass er sich in dessen Stadt, in Triest, ansiedeln konnte. Für die Entdeckung des slowenischen Autors Boris Pahor hat er mehr geleistet als alle italienischen Autoren von Triest zusammen. Der deutsche Zuwanderer, der Triest verfallen ist, war es, der als Erster in großen italienischen Zeitungen, sobald sie ihm, dem Zugereisten und anfangs gänzlich Unbekannten, zugänglich wurden, über den greisen Autor Artikel geschrieben und also getan hat, was kollegiale, politische und menschliche Pflicht jener gewesen wäre, die immer schon in dieser Stadt lebten.

Während wir all die einfachen und raffinierten Köstlichkeiten verzehrten, die Ami auftischte, und die ersten Flaschen tranken, die Veit unverweilt öffnete, fiel mir auf, dass er unruhiger war, als er es ohnedies zu sein pflegt, und gegen Mitternacht klärte er uns auf, dass morgen ein wichtiger Tag in seinem Leben sei. Morgen würde in der Samstagsausgabe des *Piccolo*, der Tageszeitung von Triest, sein Artikel erscheinen, der ein einziger Befreiungsschlag war und mit dem er die Souveränität über sein Leben wiederzuerlangen hoffte. Seit vielen Monaten wurde er von einem Mann – oder einer Gruppe – in Triest verfolgt, auf eine Weise, gegen die sich zu wehren nahezu aussichtslos schien, von Leuten, die aus dem Dunkeln, aber für die Öffentlichkeit agierten, die namenlos blieben, aber gewiss in der guten Gesellschaft keine Namenlosen waren. Alle paar Monate erschien ein neues Blatt, hundertfach verteilt an Haushalte, adressiert an Redaktionen von Schmierblättern und akademischen Journalen, hinterlegt in Museen, Parks, Supermärkten, auf dem behauptet wurde, dass dieser Deutsche, der sich in seinen Kriminalromanen erfrechte, hinter die Kulissen von Triest zu schauen, ein verurteilter, aus Deutschland geflohener Pädophiler sei, vor dessen gefährlichem Tun Triest gewarnt werden müsse.

Veit erzählt, dass er sich seit langem wie unter Observation fühlt, denn der anonyme Denunziant, der ein exzellentes Italienisch schreibe und ein Mensch von Bildung sein müsse, wisse stets genau Bescheid, ob er sich gerade in Triest aufhalte oder irgendwo auf Lesereise befinde. Die Polizei, an die er sich wandte, ist mit der kriminaltechnischen Untersuchung von Papier und Druck und allen Nachforschungen nicht weitergekommen, die Staatsanwaltschaft ermittelt, aber sie ermittelt auch wieder nicht, denn der Rufmord heißt zwar nicht zufällig so und ist ein Mord am Ruf, an der Integrität eines Menschen und somit ein Mordanschlag auf dessen Persönlichkeit, aber sie hat schon für andere Ermittlungen, die wichtigeren Fällen gelten, zu wenig Personal. Nachdem er so lange nur reagieren konnte, stets gewärtig, dass in Triest wieder eine neue Folge der Denunziationsblätter auftauche, hat Veit sich nun entschlossen, sich aus Eigenem an die Stadt und ihre Bewohner zu wenden. Über den Skandal, von dem getuschelt und gezischt wurde, soll ab morgen gesprochen und debattiert werden; der ohne jeden Hauch von Beweisen oder Indizien Verunglimpfte tritt hervor und sagt: Schaut her, um mich geht es! Und darum, dass ich offenbar einigen Leuten so lästig geworden bin, dass sie mich moralisch erledigen und aus dieser Stadt vertreiben wollen. Veit ist aufgeregt, aber erleichtert, dass die Sache nun eine öffentliche wird, und er weiß, dass er das Richtige tut, aber sich gleichwohl selbst gefährdet, denn vom Schmutz, mit dem man beworfen wird, bleibt etwas hängen, auch wenn die Empörung über diesen Schmutz in den Medien einhellig sein wird.

Der Vertrauliche. Immer hat er einem etwas zu erzählen, das er nur mir oder diesem und jenem höchstpersönlich gesagt haben will. Nur meinetwegen oder ihretwegen erzählt er die Geschichte, die er schon hundertfach erzählt hat. Das Publikum, an das er sich mit seinen vertraulichen Mitteilungen wendet, ist riesig, aber es setzt sich aus lauter Einzelnen zusammen, denen er, was er öffentlich verlautbart, als Geheimnis anvertraut. Er ist der öffentliche Geheimnisträger, der, immens fleißig unterwegs, seine Mauer der Verschwiegenheit mit sich trägt.

Seit ein paar Tagen lese ich staunend und beständig versucht, eine Art von lachendem Lesen auszubilden, in einem der merkwürdigsten Bücher, das ich kenne, in »Leben und Meinungen Dr. Samuel Johnsons«, einem durch die Epochen fortwirkenden Dokument der geistigen Gefolgschaft, mit dem der schottische Edelmann James Boswell dafür sorgte, dass sein Führer durch die Welt der Ideen, der gelehrte, griesgrämige, unterhaltsame Samuel Johnson, seinen Tod nun schon bald 250 Jahre lang überlebt. Johnsons Autorität in literarischen Fragen war einst so unangefochten, dass in der englischen Literaturgeschichte seine Zeit, die zweite Hälfte des 18. Jahrhunderts, noch immer als »Zeitalter Johnsons« bezeichnet wird, doch die Bücher dieses Mannes finden längst keine Leser mehr außerhalb elitärer akademischer Zirkel, die sich daran erfreuen, dass sich kein unbefugter Leser in sie verirrt. Boswells Aufzeichnungen jedoch, die den verehrten Meister gerne bei seinem eigenen Wort nehmen und so die hinreißende Beredsamkeit des mürrischen Engländers lebendig erhalten, lesen sich frisch und werden von jeder Generation neu entdeckt.

Boswell war 22, als er den aus der Ferne schon lange scheu verehrten Johnson bei einem Buchhändler in London endlich kennen lernte, das war 1763; Johnson, in nachlässigem Aufzug, eine etwas schmuddelige Erscheinung, doch ganz geistige Präsenz – »Der schlampige Aufzug war vergessen, sobald er den Mund aufmachte« –, war damals 53, und in den nächsten 21 Jahren, bis zu seinem Tod, würde sein junger Verehrer und Freund gewissenhaft von ihm aufzeichnen, was er bei Tisch und beim Spaziergang, in der Weinstube und im Theater sagte, über die neueste englische Literatur, die Religion, die Angelegenheiten des Staates und des Individuums. Das Beste, was Johnson literarisch zuwege brachte, ist kein von ihm geschriebenes, sondern dieses gesprochene Buch, in dem Boswell seine »Meinungen« und damit auch das Leben dieses Menschen rettete, der aus viel krankem, unmäßig gemästetem Fleisch und sonst vornehmlich aus seinen Meinungen bestand. Vieles, was Johnson einst sagte, nebenhin und geistreich gerade beim Trinken von Alkohol, dem er reichlich zusprach, zählt zum festen Bestand an geflügelten Worten, den das Englische hat, aber es wurde einst für den Tag und die Gelegenheit gesprochen und wäre ohne Boswell, der von jedem Treffen nach Hause eilte, um es sogleich in sein wachsendes Lebensbuch einzutragen, schon anderntags verloren und vergessen gewesen.

Es ist gut, dass die Geldwäscherzentralen in Liechtenstein, der Schweiz und Österreich unter Aufsicht geraten und ein wenig von dem preisgeben müssen, was sie »Bankgeheimnis« nennen und das seine Verfechter so bebend vor Ergriffenheit aussprechen, als würde es sich um das Beichtgeheimnis handeln. Es ist ja auch eine Art von Beichtgeheimnis, denn die Unsummen, die bisher der Geheimhaltung unterlagen, sind entweder durch Verbrechen angehäuft oder mit verbrecherischem Vorsatz an den nationalen Finanzämtern vorbei ins Ausland transferiert worden.

Auch nicht schlecht sind aber die Auftritte und Ausritte eines deutschen Politikers, der im benachbarten Ausland den Revolverhelden spielen möchte, wenn er die seinem Staat entzogenen Steuern zurückverlangt. Peer Steinbrück hat eigentlich sagen wollen, Deutschland müsse Druck ausüben, damit die Banken in den erwähnten Ländern auf ihr unheiliges Bankgeheimnis verzichten. Da er aber nicht nur deutscher Finanzminister, sondern auch texanischer Kavallerieoffizier ist, hat er tatsächlich gesagt, wenn es gelte, Indianer zur Vernunft zu bringen, müsse man die Kavallerie aufmarschieren lassen, und gerade weil man sie aufmarschieren lasse, brauche man sie dann oft gar nicht mehr einzusetzen. Man fragt sich natürlich, wie das die Indianer verdient haben? In deren Gebiete die Kavallerie häufig aufmarschiert ist, um sie die Vernunft zu lehren, auf ihren Grund und Boden zu verzichten und sich dafür das pure, das beschädigte Leben irgendwo in die Wüste oder ins Reservat zu retten; und die leider, da sie sich nicht immer in diese Vernunft von deutschen Sozialdemokraten und amerikanischen Kavallerieobersten fügen wollten, mitsamt ihren Kindern und Kindeskindern zusammengetrieben und massakriert werden mussten.

Steinbrück, kein sprachlicher Tollpatsch, sondern einer der versiertesten Rhetoriker der deutschen Politik, muss man ernst nehmen, gerade wenn er sich lächerlich macht: Wenn der Internationalist den Maßanzug ein wenig öffnet, zeigt sich fast immer, dass darunter ein nationalistischer Haudrauff verborgen ist. Steinbrück, dem ich genügend Argumente beibringen könnte, Liechtenstein, die Schweiz und Österreich mitsamt ihrem Bankenwesen anzuprangern, spricht diese Länder mit seiner Reiterattacke geradezu frei, denn die amerikanische Kavallerie war bekanntlich dazu da, den Indianern ihr Land zu rauben, und was diese schützen wollten, gehörte ihnen, sodass ihr Widerstand gerecht, der Kampf gegen sie aber ein Verbrechen war.

Ein anderer Finanzminister, der österreichische, hält derweilen im Parlament seine Budgetrede. Auch bei Josef Pröll geht die Zunge im Mund dorthin, wo der Zahn schmerzt. Der

Christ, der er sein will, gerät ihm sprachlich so schlecht wie Steinbrück der Internationalist: »Wir werden diesen Weg nicht gehen, denn es ist genau der Weg, der uns wie das Amen im Gebet in die Krise führt.« Na hallo.

Boswell und Johnson: Die Konstellation ist eine literarische, geradezu verblüffend, dass es noch keinen Roman, kein Theaterstück über die beiden gibt. Hier der junge, bewundernde, keineswegs einfältige, doch sich mit der Rolle des Bewunderers und gewandten Archivars bescheidende Boswell – dort der griesgrämige, gleichwohl großherzige, grantige, von der Gicht und allerlei Beschwerden geplagte Dr. Johnson, der nicht müde wird, sich selber als verkommenen Faulpelz zu tadeln, ein Mann, der eben dabei ist, ein riesenhaftes literarisches Werk zu verfassen und der offenbar ein Schnellschreiber war, der sich vom Exzess des Schnellschreibens dann tagelang im Wirtshaus oder bei der privaten Lektüre auf dem Sofa erholen musste.

Boswell definiert sich selbst tatsächlich durch Johnson, es ist sein Lebensstolz, dass er ihm, dem Berühmten und Unnahbaren, nahe sein durfte, dass es ihm erlaubt war, die Geistesblitze, mit denen Johnson von seinem Olymp herab selbst ein müdes Gespräch erhellen konnte, zu zählen und mit seiner Billigung über zwanzig Jahre lang die geistige Bilanz von Johnsons Gesprächen und Monologen zu ziehen. Boswell lebt sein Leben auf diese Pflichten und Freuden des Chronisten hin. Aber dennoch ist Johnson mehr von ihm abhängig als umgekehrt. Nichts würde sich von Johnson erhalten haben ohne seinen Boswell, der ihm als intellektueller Schatten folgt, und was sich von seinem literarischen Werk erhalten hat, das ist dank Boswell auf uns gekommen.

Zwei Generationen später versuchte in Deutschland Eckermann dasselbe mit Goethe, auch Eckermann war ein gescheiter Mann, längst nicht jener devote Unterläufel, für den man ihn lange hielt. Aber Goethe wäre auch ohne Eckermann Goethe und als dieser den kommenden Generationen interessant gewesen. Der alternde Goethe hatte Eckermann vieles zu verdanken, und er hat es ihm wahrscheinlich nicht gedankt, ein Olympier, identifizierte er sich mit dem Weltenlauf selbst, sodass er es gewiss für nichts als angebracht hielt, dass das Schicksal ihm einen getreuen Eckermann sandte. Johnson hingegen wäre nicht mehr ohne diesen Boswell.

Sein Buch ist erschienen. Dass er sich des Ereignisses kaum erfreuen kann, zeigt ihm, wie wenig er sich von den Dingen, die er als falsch erkannt hat, wirklich zu entfernen weiß. Dass er bei jedem neuen Buch neuerlich über Wochen von Düsternis umfangen ist, hängt mit dem Zaudernden seines Wesens zusammen. Er kokettiert damit, nicht mitzuspielen, aber in Wahrheit spielt er doch mit, allerdings mittelmäßig, unbeholfen, halbherzig. Ein paar Einladungen, das Buch an illustren Orten zu präsentieren, schlägt er aus, weil er schließlich zu Höherem berufen ist als dazu, sich selbst zu vermarkten, aber nach ein paar Tagen der Gereiztheit sagt er ein paar anderen Einladungen postwendend zu. Beim einen Redakteur, der ihm auf den Anrufbeantworter spricht, ruft er gar nicht zurück, als wäre er Weltmeister in der literarischen Königsdisziplin der medialen Verweigerung, beflissen folgt er jedoch der Anordnung des nächsten, sich anderntags an einem bestimmten Ort zur Abnahme eines fünf Minuten langen Interviews einzufinden, von dem am Abend 27 Sekunden gesendet werden, für die er sich 27 Tage lang schämt.

Es ist dieselbe Melodie, die seit der Kindheit in ihm fortklingt, und alles ist im Grunde wie damals vor 45 Jahren, als Roland, sein Gefährte aus dem Haus, an verregneten Sommertagen an der Tür klingelte und fragte, ob er mit ins Hallenbad kommen wollte. Er wollte nicht mit, aber er wollte auch nicht nicht mit, und darum blieb er entweder zuhause, verzagt, weil er nicht doch mitgegangen war, oder er ging mit, in wachsendem Missmut, nicht die Stärke gehabt zu haben und zuhause geblieben zu sein.

Das Zaudern ist eine Todsünde gegen das eigene Leben, eine Sünde, die oft tatsächlich mit dem Tod bestraft wird. Zwei starke Trinker: Der eine trinkt zügig, ausdauernd und ohne schlechtes Gewissen, weil er weiß, dass ihm das Trinken das Leben erleichtert und vielen Stunden einen eigenen Glanz gibt. Der andere trinkt mit dem ständigen schlechten Gewissen, dass er seine Gesundheit damit schädige, und kann es, voll böser Vorahnungen, trotzdem nicht lassen. Der eine wird trinkend steinalt, dem anderen wird die Leber mit vierzig steinhart, und mit einer Leber aus Stein wird er ins Grab geworfen, das schon ausgehoben auf ihn wartet, seitdem ihm als Jüngling zum ersten Mal Alkohol gereicht wurde und er sich schuldbewusst in dessen berauschende Wirkung verliebt hat. Es gibt Dinge, die muss man ohne Wenn und Aber tun. Oder sie ohne Wenn und Aber lassen. Bei solchen Dingen ist die unreine Vermischung, das Zaudern beim Tun, das Hadern beim Lassen, das Gift, das die Seele und den Leib schädigt. Alles, was gegen das rechte Maß verstößt, muss man reuelos tun, sonst wird man vor der Zeit dafür mit dem Tod bestraft.

Milo Dor war schon über 75, aber noch vital, ein lebensweiser Erzähler, kräftig zupackend beim Trinken, genussvoll beim Rauchen, als er in einem Wiener Wirtshaus unvermittelt aufblickte, mich nach seiner Gewohnheit, mit dem Gesprächspartner auch körperlich in Verbindung zu treten, am Arm stupste und sagte: »Stell dir vor, der ganze Raum ist bis zum Plafond mit Schnaps gefüllt. Den habe ich in meinem Leben ganz alleine leer getrunken. Und weißt du, letzten Monat war ich im Spital, zur Untersuchung. Was soll ich sagen? Alles kaputt, nur die Leber wie von einem Gymnasiasten.«

M. hat mich abwechselnd immer geärgert und bezaubert. Keinen kannte ich, der sein hohes Selbstbewusstsein, das manche für Verwöhntheit, andere für Arroganz hielten, bereits als Fünfzehnjähriger auf nichts bezog, das er besonders gut konnte oder sich an Wissen und Fertigkeiten angeeignet hatte, sondern auf etwas, das er eines Tages zustande bringen werde. Es war der Vorschuss auf kommende Triumphe, den er allen gegenüber, selbstsicher auch im Umgang mit den Gymnasialprofessoren, in Rechnung stellte. Keiner wusste, was aus ihm werden würde, aber die meisten nahmen an, dass es schon etwas Bedeutendes sein würde.

Über die Jahre, in denen M. mit mir und den Gefährten unserer Jugend erwachsen wurde, in die mittleren Jahre, in die schmerzlich komische Pubertät des Alterns kam, hat er sich die Vorschüsse, die er eingefordert und in Form eines ihm rätselhaft zufallenden Respekts erhalten hatte, nie verdient, die Werke, wissenschaftliche oder künstlerische, die Taten, soziale oder politische – man hatte ihm ja immer alles Mögliche zugetraut –, waren allesamt ausgeblieben, und den Pfeil der Begabung, den er kühn ins Weite schoss, er hat ihn nie eingeholt. Aber selbst jetzt noch, mit Mitte fünfzig, geht M. stolz und in seinem Selbstbild unangefochten von der mediokren Stellung, mit der er sein Geld verdienen muss, durchs Leben. Manche, die ihn für arrogant hielten, halten ihn jetzt für gescheitert. Aber das ist er nicht.

Er ist der Mensch, der an dem Bild von sich und seinen Ansprüchen, die er rechtens an die Welt zu stellen hat, festgehalten hat und der, auch wenn ihm das wenige, was er wirklich probierte, glänzend missriet, gleichwohl nicht den geringsten Kompromiss machte. Seine Freunde, die ihn früher bewunderten, bedauern mittlerweile seine Frau, die sich Besseres verdient hätte, als ihr Leben an der Seite eines ewigen Talents hinzubringen, das nie die Probe aufs Exempel machte. M. hielt an sich und dem, der er sein wollte, fest, auch als die anderen, böse zufrieden darüber, erkannten, dass er gerade der nicht geworden war, den er ihnen schon zu einem so frühen Zeitpunkt als sein wahres Ich präsentiert hatte. Er allein ist unangefochten in dem Entwurf, den er von sich hatte, und seinem Bild des Jünglings, der unterwegs zu den Gipfeln ist, hat er in den Jahren allenfalls ein paar schön melancholische Züge hinzugefügt.

Nie hört man ihn sein Los beklagen, sich über Vorgesetzte beschweren oder über Zurücksetzung jammern. Er ist der vollkommen reulose Mensch, keine seiner frühen Eskapaden sind ihm heute peinlich, keine seiner stolzen Ankündigungen von einst möchte er lieber nie bekannt gemacht haben. Er ist der Einzige von uns, der den Illusionen seiner Jugend die Treue gehalten hat, selbst wenn sich gerade an ihm erwies, dass es Illusionen waren. Doch eben darin hat er sie auf seine Weise sogar wahr werden lassen. Er, der gebrochen sein müsste, geht aufrecht, er, dem so vieles missglückte, scheint niemals bedrückt zu sein, ein Träumer, der träumend das Leben liebt.

Je älter wir zusammen werden, umso weniger ärgere ich mich über ihn, der mir die prächtigste Zukunft ausmalte und in einer sehr bescheidenen Gegenwart lebt, und umso stärker empfinde ich den Zauber, der von ihm ausgeht. Und manchmal gestehe ich mir heimlich, er ist der Mensch, der ich gerne geworden wäre.

K. hingegen ist der Meister der Selbstkritik. Sie bei allem, was er tut, so mitleidlos üben zu können, ist sein größter Stolz. Keinen darf es geben, der seine Fehler und Schwächen schärfer erkennte und unnachsichtiger beurteilte als er selbst. Und obwohl er manches zuwege gebracht hat, das die Mühe lohnte oder immerhin von redlichem Eifer zeugte, ist nichts darunter, das er nicht selbst schlecht geredet hätte.

Boswell hatte eine Gabe geschmeidiger Anpassung, die mich geradezu österreichisch anmutet. Hofmannsthal unterzeichnete eine Karte, die er an Arthur Schnitzler schickte, bekanntlich einmal mit »Herzliche Grüße, Dein Arthur«. So innig fühlte er sich ein in den, an den er schreibend dachte, dass er sich sogar bei etwas Mechanischem wie der Unterschrift geradezu für diesen selber hielt.

Boswell mag Ähnliches widerfahren sein. Seine Hingabe an Johnson war so groß, dass er sich nicht nur dessen Meinungen aneignete, sondern auch seine Eigenschaften und Eigenheiten anzunehmen drohte. Dass er sich auf jeden Menschen, den er treffe, so einzustellen vermöge, dass ihn dieser, »solange ich da bin, gar nicht als fremd empfinden kann«, hat Boswell in einem seiner Tagebücher vermerkt. Ach, diese Tagebücher! Er hat zeitlebens welche verfasst, manchmal mehrere zur selben Zeit, in die er die Dinge eintrug, die verschiedenen Sphären seiner Existenz zugehörten. Wie der Genfer Lehrer Frédéric Amiel hat er nicht so sehr für das Tagebuch, sondern im Tagebuch gelebt, das Tagebuch kann ja das Leben nicht nur aufzeichnen oder ihm die Richtung weisen, sondern es ersetzen, es wird dann zum Leben selbst, das anders als schreibend nicht gelebt wurde. Die Nachwelt ist herzlos mit Boswells Tagebüchern verfahren, wiewohl sie damals schon wusste, wer dieser Boswell war und dass sie ihm das literarische Werk des großen Dr. Samuel

Johnson verdankte. Gleich nach seinem Tod wurden seine Aberdutzend Folianten mit handschriftlichen Aufzeichnungen zum Altpapier geworfen.

Boswell war schon Jahrzehnte tot, als einem englischen Literaturliebhaber auffiel, dass die Ware, die er in einem Laden erstanden hatte, in altes Papier eingewickelt war, das beschrieben war. Er erkannte, dass es sich um eine originale Handschrift Boswells handeln musste, forschte nach und kam endlich in den Besitz eines Teils der Tagebücher, von denen Tausende Seiten bereits als Packpapier über den Ladentisch gegangen waren. Es ist eine lange Geschichte, reich an Käuzen, fast nur an Käuzen, die sich um Boswells verstreutes, auf Dachböden gelagertes Werk verdienstlich machten und sich gegenseitig misstrauisch aus dem Feld zu schlagen suchten, um nur ja nichts von dem hergeben zu müssen, was sie selber aufgetrieben, aufgefunden hatten. Bis heute sind die Briefe und die Tagebücher Boswells noch immer nicht zur Gänze publiziert.

Im Fernsehen ist ein Sprecher der Wiener Wirtschaftskammer zu sehen, den es sichtlich freut, dass er eine Wirtschaftskrise zu beklagen hat. Alle paar Jahre wieder hat er seinen Auftritt und offenbar ist er einzig für dieses eine Thema zuständig, als würde es seine ganze Persönlichkeit ausfüllen und sein Leben selbst bedeuten. Vor zehn Jahren sah ich ihn das erste Mal, er beklagte, wie unfrei die Österreicher von Staats wegen gehalten würden, weil es den Einkaufszentren verboten war, die Geschäfte länger als bis achtzehn Uhr offen zu halten. Er wollte nichts anderes, sagte er treuherzig, als dass die Leute am Freitag abend so frei sein müssten, bis 21 Uhr einzukaufen. Bald darauf waren sie so frei. Vor fünf Jahren sah ich ihn, als er das Schicksal der Österreicher beklagte, dass sie nicht Samstag bis achtzehn Uhr einzukaufen die Freiheit haben. Sie haben sie längst. Jetzt, in der Krise, da es erste Staatsbürgerpflicht ist zu konsumieren, beklagt er die Unfreiheit der Österreicher, die sonntags vor verschlossenen Einkaufszentren stehen und folglich nicht wissen, wo sie beten sollen. Er wird immer für die Freiheit kämpfen, und es wird immer die Freiheit sein, länger einkaufen zu dürfen, und so richtig frei wird Österreich für ihn erst sein, wenn sieben Tage die Woche 24 Stunden lang eingekauft werden kann, denn Freiheit ist ihm etwas, das er anders als mit den Zeiten von Ladenschluss und Ladenöffnung nicht denken kann, und dass der Mensch verkaufen und einkaufen kann, ist ihm die einzige Eigenschaft, an der er ihn vom Tier zu unterscheiden weiß.

Und wenn, was ist daran so schlimm? Warum gerätst du darüber in Rage? Niemand zwingt dich, mitzumachen. Besorge dir deine Sachen ruhig während der Öffnungszeiten, wie sie vor vierzig Jahren gültig waren, und nähre redlich dein gutes Gewissen. Aber lass die anderen shoppen, wann sie wollen, und erspare dir den pfäffischen Selbstgenuss deiner Ressentiments.

In der Zeitung liest er etwas, das ihn spontan empört. Ein britischer Wirtschaftsprofessor findet, dass die Bevölkerung zu viel spare, anstatt, was sie verdient, in den Konsum zu stecken und so die Wirtschaft anzukurbeln. Der Ökonom plädiert dafür, dass an jedem letzten Tag im Monat bei einer staatlichen Lottoziehung eine Ziffer ausgelost werde und alle Geldscheine, die auf diese Ziffer enden, ihre Gültigkeit verlieren. Das heißt, zehn Prozent des Geldes, für das die Leute einen ganzen Monat arbeiteten, soll an dessen letztem Tag entwertet werden. Negative Zinsen nennt der Professor das, und der Zweck ist die fiskalische Nötigung, die mit sich selbst so knauserige Bevölkerung zur restlosen Verwertung dessen zu bringen, was sie verdient. Wer am Monatsletzten in der Gefahr steht, ein Zehntel seines sauer verdienten Geldes in der verpflichtenden Staatslotterie einzubüßen, der wird sich Mühe geben, alles auszugeben, das er hat.

Empört erzählt er davon beim Abendessen seiner Frau, die seine Empörung nicht teilt und ihn ansieht, als wäre in ihm endlich doch der Spießer erwacht, von dem sie immer schon fürchtete, dass er in ihm schlummere: »Genau nach dieser goldenen Regel«, sagt sie, »haben wir doch immer gelebt.«

Schon hat er wieder Gelegenheit, Kriminalromane außer Haus zu bringen und mit diesem, seinem zweiten heimzukehren:

Ab Mittag um halb eins saßen drei Herren in einer Nische des Steirereck, verzehrten das leichte Menü und tranken dazu Weißwein aus dem Piemont, die Flasche vielleicht um einen halben Grad zu kalt serviert. Die drei, Ende dreißig der jüngste, Mitte fünfzig der älteste, hatten etwas zu besprechen, sonst hätten sie das Geldverdienen nicht unterbrochen, obwohl sie, recht besehen, auch Geld verdienten, indem sie es beim Mittagessen ausgaben. Es ging um eine interessante Variante von Geldverschiebung zwischen drei Bankinstituten, bei dem Investitionen in Immobilienprojekte auf dem Balkan eine Rolle spielten und eine begrenzte Anzahl von Leuten binnen Monatsfrist ein paar Hundert Millionen verdienen sollten, von denen natürlich ein Teil wieder zu den Erfindern des Projekts zurückfließen musste.

Kaum hatte der mittlere der drei den ersten Bissen vom Saibling an Mangomus gemacht, stöhnte er leise auf und blickte, zuerst verwundert, dann hasserfüllt, zu seinen beiden Geschäftspartnern. Dann stand er auf, wankte, die Hand um den Hals gekrampft, zum Klavier, wo er über die Tasten stürzte, die in eindrucksvoller Dissonanz erklangen, und krachte auf den Boden.

Das Mangomus hatte er auf das hellblaue Hemd mit dem weißen Kragen erbrochen, Schaum quoll ihm aus dem Mund, die Augen starrten weiß, als hätte er sie wenden lassen. »Blausäure«, sagte der Haubenkoch, nachdem er sich über die Leiche gebeugt und an dem aufgerissenen Mund geschnüffelt hatte, »Blausäure, aber nicht aus unserer Küche.«

Eine Sendung, die es auf den Titel bringt: »Die Küchenschlacht«. Dort dürfen Amateurköche, angefeuert, aufeinandergehetzt und benotet von so genannten Starköchen, gegeneinander antreten und um die Gunst der Köche und des Publikums braten, garen, filetieren. Das Wichtigste ist nicht, dass sie kochen, sondern dass sie sogar kochend in einen Konkurrenzkampf ziehen und keine Tätigkeit mehr ausüben können, ohne sich in einem Kampf zu befinden und sich in ihm zu bewähren. Die Küchenschlacht eben, nicht um Genuss geht es, sondern um die Schlacht, ums Siegen, zu dem natürlich auch das Verlieren gehört, und darum, dass der Wettkampf, die Schlacht, als das natürliche menschliche Verhalten in jeder nur denkbaren Situation eingeübt wird, selbst bei so friedlichen und sinnlichen Tätigkeiten wie dem Kochen.

Die Küchenschlacht tobt täglich im öffentlich-rechtlichen deutschen Fernsehen. Zur selben Zeit werden in den Privatsendern bereits ganz andere Schlachten geschlagen. Zum Beispiel dass drei Mädchen, die Arbeit suchen, von einem Coach darauf abgerichtet werden, sich als Konkurrentinnen zu verstehen, die einander bei der Bewerbung ausstechen müssen: durch besseres Make-up, flottere Kleidung, sportlichere Figur, durch Gewissenhaftigkeit und Biederkeit, durch einen wohlgefällig geformten Charakter, an dem jeder Chef, wie hässlich, unzuverlässig, dumm er auch selber sei, seine reine Freude haben kann. Keine Rede davon, dass junge Menschen den Anspruch hätten, eine Arbeit zu erhalten oder gar einen Beruf zu erlernen, der es ihnen angetan hat. Nein, um in einer lumpigen Kleinstadtbäckerei eine Lehrstelle zu ergattern, müssen sie sich drei Wochen lang durch Trainingsprogramme schleifen und bei der täglichen Zurichtung zum folgsamen und adretten Lehrlingstier filmen lassen.

Bei der täglichen Schule der Beschämung, die Freundin im Kampf um den Traumjob einer Bäckereigehilfin auszustechen, werden sie von der Kamera verfolgt. Wenn ich mich nicht täusche, empfinden sie dies nicht als Strafverschärfung, sondern als Belohnung. Oder gar als Chance? Vielleicht werden sie es auf diesem Wege nicht bloß zur Bediensteten eines Bäckermeisters bringen, sondern auch einem Regisseur der Porno- oder Sozialpornobranche auffallen? Die Küchenschlacht, die Tanzschlacht, die Ausbildungsschlacht, die Berufsschlacht. Das Fernsehen ist immer dabei, wenn sich die Chance bietet, das Schlachten anzuheizen. Das hat aber nicht mit der Barbarisierung der Gesellschaft zu tun, nur mit der Verbesserung des Unterhaltungsangebots.

In diesem Sinne ist auch Peer Steinbrück erfolgreich bemüht, das Unterhaltungsangebot der deutschen Regierung fortwährend zu verbessern. Diesmal sagt er, er hoffe, dass sich Länder wie Luxemburg, die Schweiz, Liechtenstein, Österreich und Ouagadougou steuerpolitisch eines Besseren besinnen werden. Das hoffe ich auch, sieht man von Ouagadougou ab, denn erstens ist Ouagadougou kein Land, sondern eine Stadt, was ein deutscher Minister aber nur wissen müsste, wenn er zufällig auf den Posten des Außenministers gesetzt worden wäre, und zwar die Hauptstadt des afrikanischen Staates Burkina Faso, eines der ärmsten der Welt. Und zweitens hat die OECD bestätigt, dass Burkina Faso niemals auf einer ihrer einschlägigen Listen jener Länder aufgetaucht ist, die den internationalen Anlegern Steuerbetrug erleichtern oder Geldwäsche ermöglichen. Nein, gegen Burkina Faso spricht nur eines, es ist arm, bitterarm. Warum gerät es dann auf Steinbrücks Liste der reichen europäischen Steuerschurken? Wenn ein aufgeklärter Europäer einen europäischen Staat verächtlich dem Abschaum auf Erden gleichsetzen will, dann widerfährt es ihm wie von selbst, dass er diesen auf eine Stufe mit einer zentralafrikanischen Hungerrepublik stellt. So viel Weltläufigkeit muss sein. Und die betroffenen europäischen Finanzminister reagieren auch gerade so empört, wie es ihnen zukommt: eine Infamie, dass man die heimischen Finanzbetrüger mit hungrigen Negern in einen Topf wirft.

Hauptsache Schlacht. Im ORF wird aus Cannes berichtet, man sieht den österreichischen Regisseur Michael Haneke, wie er sich mit einigen anderen Regisseuren angeregt unterhält. »Beim Empfang trifft Haneke auf fast alle seine Kontrahenten.« Dass ein Regisseur, wenn er nicht gerade darauf wartet, dass in fünf Minuten der Oscar-Preisträger für die beste Regie bekanntgegeben wird, in einem anderen Regisseur keinen Konkurrenten, sondern einen Kollegen, einen Mitstreiter, einen Freund sehen könnte, der sein Leben der gleichen Sache gewidmet hat, dem Film, dieser Gedanke ist der Moderatorin fremd. Es können Künstler, die sich treffen, nur Konkurrenten sein. Über den vortrefflichen Roman des pakistanischen Autors Mohammed Hanif, »Eine Kiste explodierender Mangos«, lese ich in einer Literaturkritik den rühmenden Satz: »Dem Großmeister John le Carré ist hier ein beachtlicher Konkurrent erwachsen.« Genau, warum schreibt man denn? Doch nicht um sich gegen die Kommerzialisierung des Lebens zu wenden oder wenigstens in der Literatur eine Ahnung von Freiheit und Schönheit zu behaupten! Nein, Schriftsteller wird man, weil man einem anderen, berühmteren Schriftsteller anfangs ein beachtlicher Konkurrent sein und ihn endlich besiegen und der berühmtere von beiden werden möchte. Wieder ein Konkurrent weniger, und dann noch einer. Bis alle anderen k.o. geboxt in der Ringecke liegen. Ach, es ist ein gnadenlos Ding um die Kunst.

Richtig ist, dass der pakistanische Autor Mohammed Hanif das Genre des politischen Thrillers, zu dessen Großmeistern John le Carré gehört, um ein wichtiges und witziges Buch bereichert hat. Immerhin ist es etwas anderes, ob man als Pakistani einen sarkastischen Roman schreibt, frech und böse, voll unverstellter Verachtung für die korrupte Staatsbande und die frömmlerischen Menschenfeinde, oder ob man, als Kritiker des britischen Imperialismus, politisch und literarisch auf die angelsächsische Tradition aufbauen kann wie John le Carré.

Dass dieser Roman überhaupt erscheinen konnte, ermahnt mich, nicht von »der islamischen Welt« zu sprechen, als gälte es einen monolithischen Block, ein einheitliches Reichsgebilde oder geschlossenes religiöses Territorium zu charakterisieren. Von allen Ländern, in denen der Islam sich zur Staatsreligion verhärtet hat und in denen dem religiös verformten Staat auch noch eine radikalislamistische Opposition gegenübersteht, ist Pakistan gewiss einer der düstersten Fälle. Die korrupte Elite hält es, je nach Lage der Dinge, mehr mit der militärischen Aufrüstung, für die sie sich von den Amerikanern bestechen lässt, oder mit der religiösen Aufrüstung, mit der sie sich den Frieden mit der islamistischen Opposition wieder für ein paar Jahre erkaufen will. Deren größte Leistung besteht in der Zerstörung von öffentlichen Schulen, der Vermummung von Frauen und dem wohlorganisierten Schaffen von Märtyrern, die zu solchen werden, indem sie Dutzende von Menschen, die gar keine werden wollten, mit sich ins Paradies reißen. Aber dennoch, trotz der autoritären politischen Verhältnisse, trotz der fatalen Rolle, die das vor allem gegen Demonstranten sehr mutig kämpfende Militär spielt, und trotz der Mullahs, die jederzeit an jedem Ort gegen die Ungläubigen oder die auf die falsche Weise Gläubigen losschlagen können – dieser Roman durfte in Pakistan erscheinen, und er ist dort zum Bestseller geworden. Sein Verfasser, der einst zum Piloten der pakistanischen Luftwaffe ausgebildet wurde, lebt in Karachi, und nicht im Versteck, sondern als freier Mann, der auch die Freiheit genießt, keinen Leibwächter zu brauchen, um zu überleben.

Wer erinnert sich noch an Zia ul-Haq? Vor dreißig Jahren war er auch bei uns mitunter im Fernsehen zu sehen. Ein schwergewichtiger Mann mit messerscharf gezogenem Mittelscheitel, einem enormen, kühn gezwirbelten Schnurrbart und einem Grinsen, das wie für die Ewigkeit auf seinem Gesicht gefroren schien. 1977 hatte er sich als Oberkommandierender der größten muslimischen Armee der Welt an die Macht geputscht und seinen Vorgänger hinrichten lassen. Mittlerweile ist er bei uns schon fast wieder vergessen, aber damals war er einer unserer Lieblingsdespoten. Seine Armee wurde mit amerikanischer Hilfe zur Atommacht aufgerüstet und er selbst vom CIA als Pate jener afghanischen Dschihadisten eingesetzt, die die Welt seither nicht mehr losgeworden ist. Zia ul-Haq war an vorderster Stelle dabei, als aus frommen Muslimen, die sich in den Krieg gegen den Kommunismus schicken ließen, Gotteskrieger wurden, die ihre Waffen gegen die spendablen Ausrüster von gestern kehrten.

Was immer wir heute an schlechten Nachrichten aus Afghanistan oder Pakistan zu hören bekommen, es hat auch mit dem grobschlächtigen General zu tun. Er war es, der die Islamisierung der Gesellschaft, der sich Pakistan heute kaum mehr zu erwehren vermag, in die Wege geleitet und die terroristischen Organisationen des Nachbarlandes, die inzwischen sein eigenes Land bedrohen, großgezogen hat. Im August 1988 ist der Finsterling bei einem Flugzeugabsturz ums Leben gekommen. Bis heute ist nicht geklärt, ob es sich um einen Unfall oder ein Attentat handelte, und wie Zia ul-Hac gestorben ist, gestorben sein könnte, davon handelt rasant und hochkomisch Mohammed Hanifs Roman, in dem die titelgebende Kiste mit Mangos ganz am Ende explodiert.

Es ist eine pechschwarze, streckenweise rabiate Satire und zudem eine originelle Variante auf das Genre des Diktatorenromans, denn Zia ul-Haq war ein düsterer asiatischer Wiedergänger der Patriarchen, Despoten, Generäle, mit denen sich die Erzähler aus Lateinamerika nicht zufällig so häufig beschäftigen. Noch ist Pakistan nicht verloren, wenn ein Buch, das alle Mächte im Staat, die offiziellen und die im Untergrund für dessen Umsturz wirkenden, so höhnischer Kritik unterzieht, dort erscheinen und sein Autor unbehelligt leben kann.

Binnen einer Woche ist aus dem Winter Frühsommer geworden. Im Garten, der gerade noch gefleckt war von Schnee und Morast, grünt es heftig, die gelben Schlüsselblumen sind aus dem Boden geschossen, die einzigen Blumen außer den Margeriten und den Hortensien, die ich erkenne und deren Namen ich mir merken kann. Jedes Jahr wieder frage ich Roti, die in der Gartenkultur wurzelnde Nachbarin, wie diese und jene Blumen heißen. Sie sagt es mir im Tonfall der Vergeblichkeit, weiß sie doch, dass ich sie nächstes Jahr das Gleiche fragen werden. Es ist eine gravierende geistige Schwäche von mir, so viele Dinge der Natur nicht benennen zu können. Vermutlich weil mir als Kind für sie nicht die Augen geöffnet wurden, bleibt die Natur mir etwas Namenloses, und weil ich die Dinge nicht benennen kann, muss ich vermuten, dass mir viele von ihnen schlichtweg entgehen, dass ich sie gar nicht sehe und bemerke. L. sagte aber kürzlich anerkennend, es gefalle ihm, dass sogar in meinen Reportagen die Natur eine immer größere Rolle spiele. Das ist mir selbst nicht aufgefallen, aber wenn es stimmt, dann ist es jedenfalls ein Wunder der Natur, das sich an mir ereignet hat: ihre Erscheinungen namenlos wahrzunehmen und sie schreibend fassen zu können.

Übersetzt hat »Dr. Johnsons Leben und Meinungen« ein Fritz Güttinger, von dem ich noch nie etwas gehört hatte. Sein umfangreiches Vorwort, das bereits 1951 zum ersten Mal erschien, ist geistreich, blendend geschrieben und schlägt einige unerwartete Haken durch das Feld der deutschen Literatur. Im Internet kann ich gerade noch erfahren, dass er vor gut zwanzig Jahren gestorben ist und außer als Übersetzer und Kritiker vor allem als Filmhistoriker gearbeitet hat. Möge er einen leichten Tod gehabt haben.

Letzte Woche war noch grauer, kalter Winter, heute hat es fast zwanzig Grad. Als sie ihre Runde um den Weiher drehen, in der Ferne die dunkelblauen und grünen Gebirgszüge, die der Föhn ganz nahe rückt, bemerken sie, dass die Bäume schon damit begonnen haben, auszutreiben. Sie gehen ihrem Frühling entgegen, denn je älter sie werden, desto eher kommt er.

Teil 2

Kurze Chronik vom
Leben und Sterben im Jahr 2009

Kurz nach vier ist er aufgewacht. Er spürt, wie heftig sein Herz gegen die Rippen schlägt. Sofort schlägt es noch heftiger. So lange er denken kann, hüpft sein Herz, sobald er auf sein Pochen horcht. Peinlich, wenn ein Arzt ihm den Puls misst und ihn dann sorgenvoll ansieht, eine gründliche Abklärung, die umgehende Hospitalisierung verordnen möchte und er ihm sagen muss: Das ist gar nichts, wenn ich die Ordination verlasse und meine Gedanken auf anderes lenke, habe ich wieder das gesündeste Herz der Welt.

Als er gerade lesen lernte, hatte er am Wohnzimmertisch einmal den Novellenband eines Schriftstellers entdeckt, mit dem die Eltern befreundet waren, das Buch mit einem fahlen Mond auf dem dunklen Umschlag trug den Titel »Morgens zwischen vier und fünf«. Was ist in der Früh zwischen vier und fünf, fragte er den Vater, der die Zeitung zur Seite legte und etwas sagte, das nie in ihm erlöschen würde: »In dieser Stunde sterben im Krankenhaus die meisten Menschen, ihr Herz schlägt im tiefsten Schlaf schwächer, sie atmen langsamer, und irgendwann hören sie damit auf, es ist ganz leicht, man braucht sich vor dem Tod nicht zu fürchten.«

In dieser Nacht wachte er zum ersten Mal um vier Uhr auf, er krabbelte aus dem Bett, schaute auf die bläulich erleuchteten Fenster des Krankenhauses, das von seinem Zimmer aus zu sehen war, und dachte an die Kranken, die dort schliefen, nicht bemerkten, wenn der Tod sie holte, und die niemals wieder aufwachen würden. Seither ist er fast ein halbes Jahrhundert älter geworden, und noch immer schreckt er jede zweite Nacht auf, um aufzupassen, dass er nicht sterbe.

Der schwäbische Konzernherr Merckle hat Selbstmord verübt. Er war über siebzig, zählte zu den zehn reichsten Deutschen, hatte sich verspekuliert und einige seiner zahlreichen
Firmen verkaufen müssen, um als Unternehmer wieder li-
quide zu werden. Es ging bei dem Notverkauf nicht um sein
Privatvermögen, noch seine Urenkel werden sich, sofern es
sie danach gelüstet, die tägliche Zigarre mit Fünfhundert-
Euroscheinen anzünden können. Aber Merckle hatte die All-
macht des Patriarchen verloren und endlich die Befugnis, in
den Firmen, die er gegründet hatte, noch alleine entscheiden
zu können. Den Auf- und Ausbau des Familienunterneh-
mens scheint er als Sinn und Zweck seines Wandelns auf Erden gesehen zu haben, nicht allein als Berufung seines Lebens, sondern als dessen eigentliche Berechtigung. Wie es
sich gehört für einen Unternehmer von altem Schrot und
Korn, der noch weiß, was sich gehört, hat er die Konsequenz
aus dem Niedergang, dem auch selbstverschuldeten Verlust
gezogen und sich selbst die Berechtigung entzogen, weiterzuleben. Herrisch tritt er ab, denn das Leben gilt ihm für
nichts, wenn er nicht mehr hat, was ihm offenbar alles war.

In seinem »Buch der Umarmungen«, in dem zu blättern
immer wieder anregend ist, schreibt Eduardo Galeano einmal, dass Respekt verdiene, wer sich nach einem bösen Leben als tapfer im Sterben erweise. Er erzählt vom Ende eines
Schlächters, der im Dienste des Diktators Batista auf Kuba
gefoltert und gemordet hat, doch als ihm seine letzte Stunde
schlug, nicht den Anflug von Angst zeigte, nicht um Gnade
winselte und sich nur erbat, auch bei seiner eigenen Erschie-
ßung, so wie er es bei der von vielen anderen getan hatte, das
Kommando geben zu dürfen. »Ein ehrenhafter Tod ist es immer wert, erzählt zu werden, auch wenn es der ehrenhafte
Tod eines Mörders ist.«

Diese Anekdote hat mich bereits verstört, als ich sie zum ersten Mal las, längst aber ärgere ich mich über sie und den, der mir vom »ehrenhaften Tod« erzählt. Das Falsche an Galeanos Geschichte ist weniger, dass sie einem Mörder den unangemessenen Tribut entrichtet, und zwar einzig, weil dieser sogar bei seiner eigenen Ermordung keine menschliche Regung zeigt und nicht mit der Wimper zuckt, sondern weil sie unausgesprochen denen die Ehre aberkennt, die angesichts des Todes von Schrecken erfasst werden und vielleicht schon bei dem Schuss, der in der Ferne gellt und gar nicht ihnen gilt, aufschrecken mögen.

Die Unerschrockenheit, ist sie ein Wert für sich? Unerschrocken tun, was getan werden muss, auch wenn es ungünstige Folgen für einen zeitigt – das ist schon was, das Anerkennung verdient und von dem man gerne behaupten würde, dass man unentwegt getrachtet habe, ihm gemäß zu leben und zu handeln. Trotzdem: kein Unerschrockener werden, ein Erschrockener bleiben! »Lob der Tapferkeit« heißt der Abschnitt, in dem Galeano, vom ehrenhaften Sterben eines Verbrechers beeindruckt, zeigt, wie fest er vom Machismo im Griff gehalten wird, vom Kult der männlichen Ehre, der Schwäche nicht zulässt und als verachtenswerte Schwäche bannt, was menschengemäße, also humane Reaktion ist.

Thomas von Aquin hingegen sagte: »Das Lob der Tapferkeit hängt von der Gerechtigkeit ab.« Für eine ungerechte Sache kann man gar nicht tapfer fechten. Wenn das schon für die Zeit des Thomas von Aquin galt, um wie viel mehr für die unsere, nach all den Kriegen, in denen auch die Soldaten der angreifenden Parteien zum tapferen Krepieren abkommandiert wurden! Von den alten Tugenden ist die Tapferkeit eine der am meisten missbrauchten, und will man heute sinnvoll von ihr sprechen, gilt es sie auf den würdigen Gegenstand, ein Ziel, das es lohnt, eine Sache, die es wert ist, zu beziehen. Wer sich, die Gefahr nicht achtend, für die schlechte Sache in die Bresche wirft oder das höchste Gut, das Leben, selbst dann nicht achtet, wenn es das eigene ist, der ist nicht tapfer. Und natürlich sind jene nicht mutig, die sich als scharenweise Einzelkämpfer einer Gefahr aussetzen, die nur ihrem eigenen Kitzel, dem Kick der Selbstüberwindung, dem Stoß des Adrenalins, also ihrem Wohlbehagen dient. Wer sich, am Seil hängend, vom Brückengeländer in die Tiefe stürzt, mag tollkühn oder erzblöde sein, jedenfalls handelt er vollkommen selbstbezogen.

Wann wird man zum Schriftsteller? Vielleicht als Kind, wenn man etwas beichten will, aber keine Sünden verübt hat und sich deswegen welche erfinden muss. Der Vater ist tot, der ältere Bruder auch, und die Mutter, eine fromme Dorfschullehrerin, lebt für ihren beständigen Schmerz. Zum Ritual ihrer sittlichen Erziehung gehört das samstägliche Sündenbekenntnis; nicht die Sünde ist schlimm, sondern die Unaufrichtigkeit, und darum ist ihre Enttäuschung immer groß, wenn der kleine Sohn wieder keine Verfehlungen zu gestehen hat. Da hört dieser sich eines Samstags staunend selber anklagen, dass er im Lebensmittelladen ein Bonbon gestohlen habe: »Die Mutter ist erschüttert durch das Bekenntnis, lobt ihn aber ausdrücklich dafür, dass er bekannt hat, und nach der Betstunde, als Jesus Christus dem Sünder ganz sicher vergeben hat, schlafen beide ruhig ein.«

Das schreibt Per Olov Enquist in seinem autobiographischen Bekenntnisbuch, das er in der distanzierenden Er-Form gehalten, dem er den distanzierenden Titel »Ein anderes Leben« gegeben hat und in dem er in einen Dialog mit dem fremden Kind tritt, das er einmal gewesen ist. Es ist ein schmerzend inniges Verhältnis, in dem er mit seiner Mutter lebt, sie, eine noch junge, aber bereits dem lebenslangen Verzicht versprochene Frau, die um den verstorbenen Mann und den erstgeborenen Sohn trauert, er, der zweite, der überlebende Sohn, der den Namen des verstorbenen Bruders trägt und manchmal vermeint, er wäre dieser Bruder selber, der in ihm wie Christus auferstanden ist. Warum wird man Schriftsteller? Vielleicht weil ein solches Kind nicht weiß, wer es ist und sich Geschichten erfindet, die den Tod aufheben, den Bruder in der eigenen Person zum Leben erwecken und den Vater aus dem Himmel holen, damit er als fürsorglicher Reisebegleiter bei allen Reisen dabei ist, die sich ein Kind nur ausdenken kann.

Seit einigen Wochen wird die Welt von der Schweinegrippe heimgesucht. Nein, nicht von ihr, sondern von der Angst vor ihr. Drei Tote, die der Schweinegrippe in Mexiko in einer Woche zum Opfer gefallen sind, das ist doch eine erschreckende Nachricht gegen jene, die nicht mehr vermeldet wird, dass nämlich alle fünf Sekunden ein Kind an Hunger stirbt. Ein Bruchteil des Geldes, das die wohlhabenden Staaten für die Bekämpfung der Schweinegrippe ausgeben, und ein paar Krankheiten der armen Welt wären aus dieser geschafft.

Die Seuche, diese Angst der finsteren Jahrhunderte, ist zurückgekehrt. War sie im Mittelalter ein ständiges Memento des Todes, der einen mitten im Leben antreffen kann, und damit eine der stärksten Waffen, die die Religionen aufzubieten hatten, ist sie heute ein Probefall, an dem die Staaten ihre Macht überprüfen können, die Menschen unter der Drohung, sie würden ohne staatliche Obsorge jederzeit wieder zu Millionen den Seuchen zum Opfer fallen, auf körper- und gesundheitspolizeiliche Eingriffe vorzubereiten.

Als Kind entdeckt Enquist in der Apotheke der Mutter Magnesiumkapseln, von denen er sich fünfzehn Stück täglich unter die Zunge schiebt, weil sie dann eine euphorisierende Wirkung entfalten; dem Erwachsenen wird man deswegen die porös gewordenen Magenwände operieren müssen. Der Jugendliche zieht sich, wie Enquist in seinem autobiographischen Bekenntnisbuch mit bei ihm seltener Selbstironie berichtet, mit Reklameprospekten auf das Plumpsklo zurück, um exzessiv dem Laster der Onanie zu frönen und monomanisch immer, wenn er bei den Seiten mit den panzerartigen Büstenhaltern angekommen ist, dasselbe zu imaginieren: die voluminöse Gestalt der schwedischen Königin Sibylla mit ihrem »strengen und abweisenden Gesicht und der füligen Büste.« An nichts kann er mehr denken als »an Königin Sibyllas liederlich schwellenden Körper«. Und geradezu süchtig ist er später auch einer anderen Leibesertüchtigung hingegeben, dem Sport: Im Hoch- und Dreisprung wird er schwedischer Studentenmeister und vertritt sein Land bei internationalen Wettkämpfen. Allem, was er beginnt, ist ein unheilvoller Hang zur Sucht mitgegeben. Diese Sucht hat verschiedene Namen und findet sich gelegentlich neue Objekte; in ihrem Kern aber bleibt sie sich gleich, und er wird zeitlebens eine Sucht nur besiegen können, indem er einer anderen erliegt.

Enquist stammt aus einem kleinen, gut im Wald versteckten Dorf tausend Kilometer nördlich von Stockholm, in dem ein pietistisches Regime herrscht, dem fast alles für sündhaft gilt: der Sport, die Sexualität, das Theater und, als Urgrund des Bösen, der Alkohol. Allen diesen Dingen wird er verfallen, der Alkohol aber droht ihn zu zerstören. Er ist bereits ein berühmter Autor, dessen Stücke in aller Welt gespielt werden, der auf internationalen Kongressen auftritt, und doch gleitet er, während sich das äußere Leben unheilvoll beschleunigt, in einen merkwürdigen Dämmerzustand ab: »Er liebt es, alleine zu trinken, will nicht zusammen mit anderen trinken, er will versinken und träumen, gern von den Büchern, die er fast ganz sicher schreiben wird ...« Wenn er sich heute an diese Jahre erinnert, fallen ihm nur die langen Nachmittage ein, die er trinkend in seiner Wohnung oder in Hotelzimmern saß. Politisch zeitlebens engagiert, bereiste er 1989 als Reporter Osteuropa, wo Hunderttausende auf den Straßen gerade dabei waren, Geschichte zu schreiben. Er aber erlebte das Jahr der Revolutionen trinkend in den Hotelzimmern von Städten, die er später nicht mehr auseinanderzuhalten wusste.

Gert Jonke ist gestorben. Seinen »Geometrischen Heimatroman« las ich als Gymnasiast, staunend, dass Literatur auch so sein konnte, auf mir unbekannte Weise systematisch und frech zugleich, ein methodisches Spiel, das frei war von dem existentialistischen Dünkel, in dem ich mich damals, als ich die Literatur gerade als den mir gemäßen Lebensort entdeckt hatte, am liebsten aufzuhalten pflegte. Ich las dieses Buch mit staunender Begeisterung, aber dem hochmütigen Siebzehnjährigen, der ich war, erschien es zugleich trivial, als originelles Experiment, auf das man erst kommen musste, für das man aber nicht mit jener schwermütigen Genialität ausgezeichnet zu sein brauchte, die ich für die Essenz der Schriftstellerei hielt.

In seinen mittleren Jahren, so muss man jetzt, da er vorzeitig gestorben ist, seine Jahre zwischen 35 und 50 nennen, habe ich wenig von Jonke gelesen, umso mehr von seinen legendären Auftritten und Abstürzen gehört, und als ich ihn einmal traf und wir uns artig vorstellten und ein paar Worte wechselten, im Foyer des Salzburger Mozarteums vor einem Klavierkonzert, erschien er mir mit seinem humpelnden

Gang, zu dem ihn ein Hüftleiden zwang, und seinem feinen, mageren Gesicht als ein Schmerzensmann, den das Leid geradezu durchsichtig, federleicht gemacht hatte.

Viel Rühmendes wurde von seinen Darbietungen als Virtuose berichtet, der seine eigenen Werke mit einem hochmusikalischen Sprechgesang vorzutragen wusste, und vielleicht war es das, was mich seine Literatur nicht so schätzen ließ, wie es ihr gebührte: dass es eine Dichtung des rhapsodischen Vortrags, des Sprechgesangs ist und seine Prosa die Partitur abgibt für den, der sie zum Klingen bringen muss. Mir aber ist das stille Lesen immer das eigentliche gewesen, trotz der psalmodierenden Ingeborg Bachmann, trotz Ernst Jandl, Erich Fried, H. C. Artmann, deren Texte ich, seitdem ich sie selbst diese vortragen hörte, auch stumm und für mich immer so lesen werde, wie ich sie von ihnen im Ohr habe. Ich kann auch Elias Canetti nur mehr so lesen, wie ich ihn 1974 in Salzburg in der übervollen Aula der Universität seine »Komödie der Eitelkeit« rezitieren hörte, ein peinigendes Erlebnis, das mir in der Erinnerung von Jahr zu Jahr schauerlicher wurde, denn eine einzige Komödie der Eitelkeit war dieser Vortrag selbst, und ich bedauere es, Canetti jemals gehört zu haben. Seine Texte verdienen anderes als diese outrierende Selbstgefälligkeit des Vortrags, die mir seither immer aus den Texten aufsteigt, welche ich von ihm zu lesen versuche. Gott sei Dank habe ich Karl Kraus erst gehört, auf einer Schallplatte mit historischen Aufnahmen, nachdem ich den Reprint der *Fackel* schon gelesen und mein privates *Fackel*-Jahr mit seinen lebenslangen Folgen absolviert hatte; die hysterische Deklamation, dieser schreiende Vortrag, der nicht auf Überzeugung, sondern Überwältigung aus ist, so vielen Zeitgenossen wahre Schauder der Bewunderung verursachte und sie zu einer Masse der Gefolgschaft zusammenballte, er würde mir den Zugang zu ihm gewiss verwehrt haben.

Fünfzig Jahre haben sie einander gehasst. Herr E., früh verwitwet, wohnte mit den beiden Söhnen im ersten Stock, Herr B., mit seiner schönen Frau und der dieser wie aus dem Gesicht geschnittenen Tochter, in der Wohnung darüber. Die Söhne von E. verließen, kaum dass sie großjährig waren, die Wohnung und brachen mit dem Vater, dessen Beruf des Buchhalters sie beide merkwürdigerweise selbst ergriffen. Die Tochter von B. war sich schon als Mädchen ihres wohlgefälligen Aussehens bewusst, trieb es, als die Sitten noch streng waren, mit den kurzen Röcken so toll, dass sie ihrem Vater furchtbar peinlich war, und brachte ihm, als sie sich beruhigt und einen wohlhabenden, um fast zwanzig Jahre älteren Geschäftsmann geheiratet hatte, doch keine Enkelkinder nach Hause, so viel medizinischen Aufwand sie, da der übliche nicht gefruchtet hatte, auch auf sich nahm. B. war ein stattlicher Mann, dem über den Enttäuschungen des Berufslebens, in dem er es nie über die Position eines subalternen Beamten hinausbrachte, etwas melancholisch Massiges zuwuchs, bis er als weicher, wabbeliger Koloss in Pension ging. E. hingegen war drahtig, klein, sprang die Treppen hinauf und schien sich über die Jahre nicht zu verändern, sogar der kräftige Haarschopf, den er noch mit 75 hatte, war ihm schon mit vierzig vollständig weiß geworden.

Er sah sie fast täglich, grüßte sie stets laut und konnte sich nicht erinnern, von einem der beiden je anders als freundlich behandelt worden zu sein. Wenn er sie im Stiegenhaus traf, gaben sie fast die nämlichen Scherzworte von sich, mit denen gutmütige Erwachsene damals Kinder, die vorbeihuschten, ein wenig aufzuhalten pflegten. Anders war es, wenn er im Stiegenhaus unversehens auf beide von ihnen stieß, was alle paar Wochen einmal geschah.

E. und B. hatten, kaum dass das Haus, in dem er aufwuchs, errichtet worden war, als eine der Ersten mit ihren Familien ihre Eigentumswohnungen bezogen, und unter den 21 Parteien, die sich nach und nach kennen lernten und einander zumeist eine lebenspraktische Mischung aus Neugier und Gleichgültigkeit entgegenbrachten, waren nur sie es, die sich von Anfang an in eine exponierte Stellung begaben. Von ihnen wusste man, dass sie sich nicht ausstehen konnten, schlimmer: dass sie einander in steigendem Hass zugetan waren. Man munkelte mancherlei, aber das waren nichts als Gerüchte, und wahrscheinlich hatten die beiden über die Jahre selbst vergessen, worüber sie das erste Mal in Streit geraten waren. Denn anfangs hatten sie noch gestritten und sich im hallenden Stiegenhaus angebrüllt. Später waren sie dazu übergegangen, einander nicht zu grüßen und, jahraus, jahrein, vorsätzlich zu übersehen. Es kam vor, dass der eine gerade aus dem Haus trat, während der andere eben heimkam, dann schritten sie aneinander vorbei, grußlos und peinlich bedacht, gleichmütige Miene zu machen.

Das Kind, das er war und das Zeuge dieser Feindschaft wurde, entsetzte sich darüber, wie anstrengend es für beide sein musste, sich so zu beherrschen, denn an jemandem vorbeizugehen und ihn weder anzusehen noch zu grüßen, dazu schien es ihm enormer Kräfte zu bedürfen. Dabei schauten sie nicht einmal weg, wenn sich ihre Wege kreuzten, sie schauten sich nur nicht an, vielmehr: Sie sahen sich sogar an, aber fassten einander nicht in den Blick. Geschah es nun, dass der Zufall nicht nur die beiden vor dem Haus oder im Stiegenhaus zusammengeführt, sondern diesen auch noch ihn als dritten zugesellt hatte – ihn, der ständig vom Garten in die Wohnung im dritten Stock wieselte, etwas holte und wieder zu den Freunden auf der Wiese rannte –, dann war es ein ungeschriebenes, von ihm schwer zu befolgendes Gesetz, dass auch er die beiden, die sich nicht grüßten, nicht grüßen durfte. Freundlich, wie sie, jeder für sich, ihm gegenüber waren, hätten sie ihn beide dann zurückgegrüßt und so in Gegenwart des anderen ein Wort gesagt, eine Lebensäußerung getan und sich damit schon fast wieder in jener Gemeinschaft verfangen, die sie einander verweigerten und sich strikt verbaten. So huschte er stumm zwischen beiden hindurch, und draußen rang er, das wohlerzogene Kind, nach Luft.

E., der sportliche von beiden, der als Witwer über dreißig Jahre lang eisern Haltung zeigte und immer akkurat gezogene Bügelfalten an seinen grauen Hosen trug, starb als erster, unerwartet, ohne dass jemand im Haus etwas von einer Erkrankung gewusst hätte. Wiewohl er schon seit Jahrzehnten nicht mehr in dem Haus wohnte, war er, als er von E.s Tod aus der Todesanzeige der Zeitung erfuhr, zu dessen Begräbnis auf dem kommunalen Friedhof gegangen, zu dem sich kaum mehr als zwanzig Leute einfanden: die zwei Söhne, selbst schon Herren kurz vor der Pensionierung, ein paar Berufskollegen von früher und ein paar Greise aus dem Haus, die als junge Leute mit ihren eben erst gegründeten Familien zur selben Zeit eingezogen waren und jeder für sich ihr Leben gelebt hatten. B. stand inmitten von ihnen und doch ganz für sich allein. Er hatte im Alter die Gestalt eines riesenhaften Weibes angenommen, alles an ihm schien weich zu sein, und als er ihn verstohlen in Augenschein nahm, kam ihm vor, als würden unablässig leichte Schauer durch diesen weichen, aufgequollenen Körper ziehen, sodass er als Ganzer unmerklich schaukelte. Obwohl auch B. keine Träne vergoss – wie bei diesem Begräbnis von niemandem eine Träne vergossen wurde –, war er der Einzige von allen, der weinte. Es war ein inwendiges Schluchzen, das sich als unmerkliches Schaukeln seines fetten Leibes entlud. Er alleine hatte jemanden verloren, seinen Feind, der, während sie beide mit den Jahren den Urgrund ihrer Feindschaft vergaßen, zuverlässig als sein Feind ausgeharrt und so in seinem Leben etwas Stetes, Verlässliches dargestellt hatte.

Als er den Friedhof verließ, dachte er sich auf dem langen, schnurgeraden Kiesweg, der zum Ausgang führte, dass er auf das krankhaft gereizte Sensorium für Peinlichkeiten, das ihm den Alltag oft ungeziemend erschwerte, zuerst von B. und E. eingestimmt worden war, von B. und E., die sich hassten und ihn, das Kind, zum Zeugen machten, wie sie sich in ihrem Hass zu beherrschen wussten, ohne ihn zu verbergen. B. starb ein paar Monate später, seinem Sarg folgten ungefähr gleich viele Leute, ein ähnlicher Mann hielt eine ähnliche Rede über die beruflichen Verdienste des Verstorbenen, die auch in diesem Nekrolog als völlig unerheblich erschienen, aber da B. selbst mit seiner schwabbeligen Trauer nicht mehr unter den Trauergästen war, hat im Unterschied zum Begräbnis von E. bei seinem gar niemand geweint, auch nicht inwendig. Seine Tochter, die in einem ziemlich schicken schwarzen Kostüm auftrat, eine elegante Dame über ihre mittleren Jahre hinaus und selbst bereits verwitwet, trug an dem diesigen Vormittag mondän geformte Sonnenbrillen, hinter denen sie ihr begreifliches Unvermögen, die dem Augenblick angemessene Ergriffenheit zu verspüren, gut verbergen konnte.

Ein siebzehnjähriger Tim hat in der badischen Provinzstadt Winnenden sechzehn Menschen umgebracht, zuletzt sich selbst. Deutschland ist geschockt, und natürlich werden die Experten – Experten wofür? für Serienkiller? – zu Rate gezogen. Und die Leute fragen sich, wie eine solche Bluttat verhindert hätte werden können: mit einer Schutztruppe, die jeden Schüler beim Betreten der Schule nach Waffen durchsucht, mit einem Verbot von Computerspielen, in denen das serielle Killen am Bildschirm eingeübt wird, mit strengerer

Erziehung oder größerer Toleranz oder mit beidem … Niemand scheint sich jedoch zu fragen, was am nächsten liegt, nämlich worum es dem jungen Mörder eigentlich gegangen ist. Nur darum, möglichst vielen Mädchen und Burschen aus seiner Klasse möglichst viele Kugeln in den Kopf und in den Leib zu ballern? War das große Morden das Ziel, für das er lebte und starb? Oder ist das Morden nicht vielmehr das Mittel gewesen, auf das er gekommen ist, um etwas zu erreichen, das er anders nicht erreichen konnte, von dem uns aber unablässig gelehrt wird, es zu erreichen sei des Lebens höchster Zweck?

Was ist der höchste Wert in der medialen Gesellschaft, in der dieser Tim aufgewachsen ist? Ruhm. Ruhm ist das höchste Gut, das der Einzelne erringen kann. Aber wie? Im Nachmittagsprogramm des Fernsehens, dort, wo die Sozialhilfeempfänger vorgeführt und darin trainiert werden, Spaß an ihrer öffentlichen Demütigung zu haben, ist nur befristeter Ruhm zu gewinnen; er währt die paar Minuten, in denen die Leute sich bloßstellen, und wenn die Kamera nicht mehr läuft, sind die Gesichter der schreienden, sich anflegelnden, exhibitionierenden und weinenden Leute schon vergessen. Bei den beliebten Sendungen des Hauptabendprogramms wie »Deutschland sucht den Superstar« oder »Österreich-Starmania« ist die Halbwertszeit des Ruhmes ein bisschen länger. Wie am Nachmittag gilt er Leuten, die nichts besser können als die anderen, sie singen so gut oder schlecht, wie es Hunderttausende können, sie tanzen und hopsen, wie hart sie auch trainieren und sich kasteien, gerade so, wie es mit einiger Übung Hunderttausende vermöchten. Das ist die Demokratie, die das Fernsehen gewährt, dass jeder Beliebige befristet aus der Masse heraustreten und als Besonderer anerkannt werden kann. Demokratisch, wie es nur der Zufall mehr ist, hat es ausgerechnet diesen einen auf die Bühne geweht, ihn, der den anderen, die unten stehen oder vor dem Fernseher sitzen, in allem gleicht, nur nicht in dem Glück oder Unglück, das ausgerechnet ihn ereilt und aus der Masse gehoben hat.

Auch im so genannten Qualitätsprogramm am späteren Abend sind es lauter Leute, deren Ruhm darin besteht, zwar fortwährend im Fernsehen präsent zu sein, aber nichts zu können, was nicht jeder zweite Zuschauer auch zusammenbrächte. Die beiden dauerpräsenten Talkmaster, einen gewissen Beckmann und einen gewissen Kerner, die das deutsche Fernsehen auf allen Kanälen und zu allen Themen bespielen, wird niemand für auffallend intelligent, besonders schlagfertig, gar für brillant halten, kreuzbrave, adrette Musterknaben sind sie, beredt und bescheuert wie Zahllose andere. Ein gewisser Pocher, der in den letzten Jahren zum Comedy-Star aufgebaut wurde, würde in jeder Schikurstruppe der halbwitzigen Mehrheitsfraktion zugehören, eine halbwitzige, für Halbwitzigkeiten zuständige Nervensäge von mittlerer Reife. Er ist aber, rätselhaft genug, zu einem der drei, vier Großwitzbolde der deutschen Nation geworden. In Österreich wiederum ist das Witzigste an unseren Kabarettisten längst, wie ungeniert sie sich gegenseitig die Auftritte in ihren Sendungen zuschieben. Gleich Aufsichtsräten, die einander in immer mehr Aufsichtsratposten hieven, um sich dafür, zur wechselseitigen Dankbarkeit verpflichtet, demnächst mit weiteren Posten zu belohnen, lädt der eine den anderen in seine Sendung für einen Gastauftritt ein, welches ihm selbst wiederum in der Sendung des anderen gleiches sichert, sodass man, hat man einmal die einschlägigen Sendungen des ORF eine Zeitlang angesehen, unweigerlich den Eindruck bekommt, es gebe in ganz Österreich, diesem urwitzigen Land, insgesamt nur fünf oder sechs Kabarettisten, die rund um die Uhr und das ganze Jahr hindurch witzig sein müssen, weil sie alleine das gesamte Witzprogramm der Nation bestreiten, und das als serienmäßige Überraschungsgäste in allen Sendungen, die der ORF diesem Genre bietet.

Kurz, der Ruhm besteht nicht darin, im Fernsehen von vielen gesehen zu werden; er gründet vielmehr darauf, es so weit zu bringen, überhaupt ins Fernsehen zu gelangen. Sie alle, die Nachmittagsstars mit dem schadhaften Gebiss, die auf Durchschnittsnorm fassonierten Helden im Casting-Programm des Abends und die Hauptdarsteller im Qualitätsfernsehen (was für ein Wort), haben ihr Größtes bereits geleistet, bis sie im Fernsehen auftreten; nicht dafür, was sie tun, sind sie begabt, sondern dafür, es öffentlich tun zu dürfen.

Um den Ruhm des Superstars, den Deutschland, den Österreich, den alle Fernsehwelt sucht, ging es Tim, und er, der nichts Besonderes konnte, hat sich auf ein besonderes Terrain begeben, den ihm verweigerten Ruhm zu erlangen. Recht besehen, konnte er sogar etwas Besonderes, denn sechzehn Leute umzulegen, das bringt nicht jeder fertig. Rein technisch braucht er dafür keine Fertigkeiten, die sich nicht bei den Sportschützen ausbilden ließen, aber der Ehrgeiz, seinen Ruhm auf blutspritzende Weise zu erwerben, muss in ihm so lange geglüht haben, dass andere schon verglüht wären, bevor sie zur Tat hätten schreiten können. Tatsächlich ist Tim bereits wenige Minuten nach seiner Tat der Superstar geworden, der zu werden ihm auf einem anderen Gebiet nicht möglich war, ein Superstar, über den nicht nur Fernsehen und Presse tagelang berichten, sondern dessen Ruhm, der Ruhm eines schüchternen Buben, der an einem einzigen Vormittag weltberühmt wurde, längst über das Internet verbreitet wird und in zahllosen Chatrooms und Weblogs aufstrahlt. Sein Ruhm wird länger währen als jener der letzten Superstars, die fürs Trällern oder Hopsen gekürt wurden. Aber auch sein Ruhm wird verblassen, denn die sechzehn, die er umgelegt hat, sind das Maß, das die nächsten nehmen müssen, die den Ruhm des Killers suchen, weil sie gelernt haben, dass der mediale Ruhm das höchste Gut auf Erden ist und aus der Aufmerksamkeit besteht, die einem für gleich welche Taten entgegengebracht wird.

Anfangs merkte er es gar nicht, und als es ihm auffiel, hatte er sich schon daran gewöhnt. Die Honoratioren seiner Stadt fingen an, ihn zu grüßen, er erhielt Einladungen von Leuten, von denen er nie gedacht hatte, dass er mit ihnen ein Thema finden könnte, über das sie sich so gut unterhalten würden, wie sie es taten, Politiker boten ihm das Du-Wort an, die Stützen der Gesellschaft legten Wert darauf, mit ihm bekannt zu werden. Nicht dass er deswegen seinen Frieden mit der Welt gemacht hätte, aber dass diese ihm die Reverenz erwies, hielt er für angebracht. Genau zu diesem Zeitpunkt, als er sich an den Respekt, der ihm allenthalben gezollt wurde, gewöhnte, kehrte sie wieder, die er fast vergessen hatte, weil er einige, viele Jahre Ruhe gehabt hatte vor ihr. Nun kehrte sie machtvoll zurück und packte ihn in den unpassendsten Momenten, die jähe, die unberechenbare Angst. Ausgerechnet jetzt griff sie sich ihn wieder, die Angst, die den jungen Mann fast der Gesellschaft entfremdet und ihn irgendwann unbemerkt verlassen hatte. Sein Körper und seine Seele waren immer schon klüger als er selbst und wehrten sich gegen ihn.

Es ist mir nie gelungen, die beiden zusammenzubringen: die zwei geborenen Erzähler, denen zuzuhören größtes Vergnügen bereitet hat. Um ein guter Erzähler zu sein, muss man zweierlei haben: erstens etwas, das es zu erzählen lohnt, eine Geschichte, und zweitens Respekt vor den Menschen, die zuhören und ein Recht darauf haben, nicht gelangweilt zu werden. Sie hatten beide viel erlebt, gesehen, erfahren in ihrem Leben, das es wert war, erzählt zu werden; und sie würden es sich, höflich wie sie waren, nicht verziehen haben, ihre Zuhörer mit Dingen zu behelligen, die diese nicht für amüsant, aufschlussreich, überraschend, wissenswert gehalten hätten.

Jetzt sind sie beide, nur drei Tage hintereinander, gestorben: Paul Flora, der Zeichner und Bilderschriftsteller, in Innsbruck und Paul Parin, der Begründer der Ethnopsychoanalyse, der erst im Alter seine Geschichten niederzuschreiben und zu veröffentlichen begann, in Zürich. Der eine ist fast 87 geworden, der andere 93. Beiden war es beschieden, bis ins hohe Alter produktiv zu bleiben und fast bis zuletzt täglich das zu tun, was sie am liebsten taten und am besten konnten. Flora, der Sohn eines Südtiroler Arztes, wusste schon mit sechzehn, dass das Zeichnen seine Berufung in der Welt war. Parin, der Sohn eines slowenischen Großgrundbesitzers, wusste im selben Alter, dass er Medizin studieren und lieber Anarchist als Gutsbesitzer werden wollte.

Sie waren große Reisende, die eine nie gestillte Neugier nach der Welt verspürten, von der sie ihrem dankbaren Publikum dann erzählten – in Zeichnungen und Büchern, aber auch auf die ursprüngliche Weise, bei der man eine kleine Runde um sich schart. Weit herumgekommen, kehrten sie, je älter sie wurden, umso lieber in die kleine Welt der Kindheit zurück: Flora in den Vinschgau, durch den er mich einmal führte, um mir von jedem Ort, von jeder Burg zu erzählen, welche Bewandtnis es mit ihnen für seine Kindheit hatte; und Parin nach Novi Kloster in der slowenischen Südsteiermark, eine Fahrt, die ihn von Zürich immer durch Salzburg führte, wo er im damals herrlich heruntergekommenen Hotel Stein Logis bezog und mich und meine Frau zu einem

Abendessen einzuladen pflegte, bei dem das Essen und reichliche Trinken von Alkohol nur den Rahmen für das eigentliche Programm bildete, das Erzählen von Geschichten, die meist Goldy, Parins fast erblindete, nach seinen Geschichten süchtige Frau, mit ihrem dringend geäußerten Wunsch nach einer ganz bestimmten Anekdote, einer ihr schon bestens bekannten Episode auswählte.

Nirgends kann man inniger verspüren, wie die Zeit vergeht und sie doch in einem selbst aufgehoben bleibt, als an den Orten der Kindheit, die man im Alter aufsucht. Dass die Zeit vergeht, hat die beiden Paule nicht erschreckt, sie akzeptierten das vielmehr als Bedingung, dass sie sich ihrer Existenz und der Schönheit des Lebens bewusst waren. Während die Zeit das Gesicht unübersehbar zeichnet, den Körper formt, bleibt die Seele davon unberührt, in ihr sind alle Zeiten eines Lebens präsent. Ich glaube, Flora und Parin war auch dies bewusst, sie sprachen nicht nur gerne darüber, wie es früher war, sondern auch so, als wäre dieses Früher ein Teil von ihnen, also noch heute in ihnen und mit ihnen gegenwärtig.

In vielem waren sie sehr verschieden, in manchem einander ähnlich, aber ganz glichen sie, die ausgeprägten Individualisten, sich darin, dass sie sich vor dem Glück nicht fürchteten, sondern es für die wichtigste Aufgabe hielten, die dem Menschen gestellt ist: immer wieder das Glück zu erleben.

Von Glück spreche ich, nicht von Zufriedenheit. Wer mit der Welt, ungerecht und unfertig, wie er sie vorfindet, keinen faulen Frieden schließen will, kann nicht zufrieden sein. Glück hat wenig mit dem schalen Gefühl der Zufriedenheit zu tun, und ohne eine gewisse Widerständigkeit ist das Glück, in dem es sich der Mensch nicht wie in einer dauerhaften Bleibe gemütlich einrichten kann, gar nicht zu gewinnen. Ein Glück war es, mit beiden befreundet gewesen zu sein, die auch als Lehrmeister in der edelsten aller Künste bezauberten, in der Lebenskunst.

Ich besitze einen Behälter von den Ausmaßen einer doppelten Schuhschachtel, in die ich eine Zeit lang Zettel hineinwerfe, Notizen, Fundstücke, Ausrisse aus Zeitungen, bis er überquillt, dann muss ich ihn auf dem großen Esstisch ausleeren und die Hunderten Materialien durchsehen. Bei vielem wundere ich mich, warum ich es in die Schachtel geworfen habe, bei manchem finde ich gleich den Zusammenhang mit Gedanken, die mich damals umtrieben, sodass ich diese Aufzeichnungen oder Zeitungsausschnitte in bestimmte Mappen übersiedeln kann. Jetzt habe ich in meiner Schachtel einen von Flora mit seiner schwungvollen, leicht lesbaren Handschrift beschriebenen Zettel gesucht und gefunden, auf dem er vor einigen Monaten im Roten Salon des Hotels Sacher für mich notiert hat, was er am Nebentisch hörte, von einer vornehmen alten Dame, wie er erzählte, die mit ihrem vornehmen steinalten Gatten das Mittagessen in ununterbrochenem Schweigen eingenommen hatte, um dann beim Kaffee, laut, wie es Schwerhörige zu tun pflegen, zu sagen: »Es ist 13 Uhr 50, du benützt jede Gelegenheit, mich zu kritisieren, wenn die Leute dabei sind, bis zur Putzfrau. Überschreite dein Pouvoir nicht, bleibe, was du bist, klein und unwichtig, sonst hat mein Leben mit dir ein Ende.«

Irgendwann geht es für Per Olov Enquist nicht mehr weiter. Eines seiner Stücke hat Premiere in Würzburg – oder doch in Dortmund? –, und nach der glanzvollen Aufführung wird der angereiste Autor vom Publikum umjubelt. Drei Tage später wacht er in einem abgehängten Waggon auf dem Rangierbahnhof in Hamburg auf, ohne Erinnerung. Er will dem Alkohol entsagen und sich gegen die Selbstaufgabe wehren, aber nicht um den Preis, den die berüchtigte Minnesota-Therapie verlangt, die damals als die einzig Erfolg verspre-chende gilt, um den Preis, den Kranken an seinen tiefsten Punkt zu bringen und seine Persönlichkeit zu demolieren, damit aus ihren Trümmern ein neuer Mensch zusammenge-setzt werde.

Er hält nichts vom Neuen Menschen, weder als ideologi-sches noch als therapeutisches Versprechen, er hängt durch-aus am alten, den er in seinem eigenen, spezifisch schwedi-schen Fall als »merkwürdige Legierung aus Sportzeitung, evangelischer vaterländischer Stiftung und Volksbewegungs-sozitum« begreift. Erst beim dritten Versuch, in einem offe-nen Krankenhaus in der nordschwedischen Provinz, dort, wo er aufwuchs und seine Mutter die Abstinenzlervereini-gung leitete, schafft er den Entzug. Der Autobiograph, der davon berichtet, erkennt im Alter von 75 Jahren, wie stark die Lebensprinzipien des christlichen Dorfes noch immer in ihm, der sich in seiner Jugend »den Glauben wegstudiert hatte«, arbeiten und wirken. Der Glaube, den er nicht mehr hat, ist Teil von ihm geblieben. Der schwedische Protestan-tismus war nämlich beides: ein immer wieder erneuertes Er-lebnis der Gemeinschaft – und ein geradezu intimes Verhält-nis des Einzelnen zu Gott, von dem unablässig die Frage nach der persönlichen Verantwortung eines jeden gestellt wurde. Dass er dem Alkohol schließlich doch zu entsagen und sich in die Abstinenz zu retten vermochte, fasst Enquist in ein Wort, das er von zuhause in die weite Welt der Politik, des Theaters, der Literatur mitgenommen hat: als »Wunder der Wiederauferstehung«.

Vor einem Jahr besuchten sie im Museum für Völkerkunde in Wien die aufwendig gestaltete, klug konzipierte Ausstel-lung über den Kinderpharao Tutanchamun. Was die Ausstellung beeindruckend zeigte, war die Bedenkenlosigkeit, mit der sich europäische Archäologen über die Heiligtümer anderer Völker und Kulturen hermachten, deren sakrale Bezirke niederrissen, ihre tief in den Felsen verborgenen Grabkammern aufspürten, aufsprengten und ausplünderten. Die Ausstellung spiegelte dieses Eindringen und Erobern auch architektonisch wider, denn man schritt im Museum gewissermaßen den Weg nach, den sich der englische Archäologe Howard Carter freischlug, als er die 3000 Jahre lang vergessene Grabanlage fand: durch die große Vorratskammer, in der sich allerlei Grabbeigaben stapelten, über die Schatzkammer mit ihren ungeheuren Reichtümern, bis endlich in die Grabkammer, in der die Überreste des jung verblichenen Pharao verborgen lagen.

Als er im Museum dort stand, wo der Weg des Tutanchamun endete, in der Grabkammer, fragte er sich, ob es moralisch zuträglich sei, das zu betrachten, was von diesem Menschen übrig war, der vor 4500 Jahren nicht mit dem Wunsch gestorben war, dereinst hier zu liegen und ausgestellt zu werden. Da läutete neben ihm ein Mobiltelefon. Sein Nachbar kramte es umständlich aus dem Rucksack und bekam, als er es endlich am Ohr hatte, als Erstes offenbar die Frage zu hören, mit der fast jedes Handygespräch beginnt. Jedenfalls rief er, laut wie die Leute werden, sobald sie in der Öffentlichkeit telefonieren, in die Stille des Raumes: »Du, ich bin gerade in der Grabkammer!« Wer hätte früher solches von sich nach draußen übermitteln können? So stand er vor einem uralten Grab neben einem ganz heutigen Menschen, der nichts anderes behauptete, als dass auch die Auferstehung nur eine Frage des technischen Fortschritts sei.

Im 19. Jahrhundert wurden die ägyptischen Gräber mit ihren Tausenden Mumien von den Europäern planmäßig geplündert. Eine Zeitlang war es bourgeoise Mode, von der Ägyptenreise eine Mumie für den heimischen Salon mitzubringen, und wer sich nicht selbst die Mühe machen wollte, an den Nil zu reisen, bestellte sich die Mumie bei weniger betuchten Weltreisenden, die sich ihren Spleen mit kleinen Mitbringseln finanzieren mussten.

Der altägyptischen Religion zufolge irren die Seelen der Verstorbenen auf ewig im All umher, wenn sie, zurückgekehrt, nicht den Körper finden, der sie einst beherbergt hat. Gerade damit die Seele den Körper finde, wurde dieser ja kunstvoll behandelt und an einem bereits zu Lebzeiten ausgewählten und errichteten Platz, zu dem die Lebenden keinen Zutritt und auf den sie keinen Zugriff hatten, aufbewahrt. Der Ägyptologe Karl-Heinrich Stülpnagel hat die in akademischen Kreisen nicht gerne gehörte Frage gestellt, ob wir das Recht besitzen, uns über die religiösen Vorstellungen verstorbener Generationen hinwegzusetzen. Ob wir dem toten Körper eines Menschen Respekt bezeugen, indem wir ihn unangetastet lassen oder nicht, kann im Übrigen nicht davon abhängen, ob dieser seit zwei Tagen, einer Woche, einem Jahr, hundert oder dreitausend Jahren tot ist. Das bürgerliche Gesetzbuch kennt die Störung der Totenruhe als Delikt, die Toten selbst aber rechnen in ihm zu den Sachen, den Gegenständen.

Endlich werden die neuen Reisepässe, die zwei Fingerabdrücke und ein Foto mit biometrischen Daten enthalten, ausgestellt. Begeistert stehen die Leute auf den Passämtern Schlange, weil sie sich jetzt vom Amts wegen bestätigen lassen können, wessen sie ohne Biometrie und Fingerabdruck nicht so sicher wären, dass sie nämlich zweifelsfrei sie selbst sind. In den *Salzburger Nachrichten* ist ein strahlendes Paar in mittleren Jahren abgebildet, er Bürgermeister einer stadtnahen Gemeinde, sie seine Amtsstellenleiterin. Glücklich strecken sie dem Fotografen ihren Daumen entgegen, der von der Abnahme des Fingerabdrucks noch schwartig glänzt. Sobald vom Staat auch dieses Service zur Personenerkennung angeboten wird, werden sie sich einen Chip in die Leiste oder unter die Achsel implantieren lassen, danach dankbar in die Kamera grinsen und glücklich sein, dass sie wirklich nicht mehr verloren gehen können und die Obrigkeit immer weiß, wo sie notfalls zu finden sind.

Der Fingerabdruck, der bisher Kriminellen abgenommen wurde und künftig prophylaktisch von jedem gespeichert wird (in jedem schlummert ein Verbrecher), ist ein gut erprobtes Mittel, Personen zu identifizieren. Aber der Fortschritt sucht bessere Wege, seine Menschen zu erkennen. Fingerabdruck, Augenfarbe und dergleichen sind nur äußere Erkennungszeichen, die mit einigem Aufwand gefälscht und verändert werden können. Wer weiß, wie es funktioniert, kann fremde Fingerabdrücke an Orten platzieren, wo sie nicht hingehören, und den Verdacht auf Unschuldige lenken, die dort, wo es beweiskräftige Spuren ihrer Anwesenheit gibt, in Wahrheit niemals waren.

Für die Menschenvermesser ist es daher überfällig, unveränderbare innere Merkmale zu finden, um nicht auf die trügerischen äußeren angewiesen zu bleiben. In Japan wird mit großem Erfolg damit experimentiert, unter starkem Infrarot das Venenmuster menschlicher Hände dreidimensional sichtbar zu machen. Der Staatsbürger als Delinquent legt seine Hand auf eine Scheibe, und das starke, die Haut und äußeren Fettschichten durchdringende Licht bildet seine Venen ab, in denen des Lebens roter Saft rauscht. Angeblich rauscht er bei jedem Menschen durch ein anderes Geflecht von Adern, sodass es ein Leichtes sein wird, sieben Milliarden Menschen auf diese Weise voneinander zu unterscheiden.

Im benachbarten Südkorea haben Experten für das Unverwechselbare am Menschen jedoch herausgefunden, dass dieses nicht in der Iris der Augen, den Linien und Rillen der Fingerkuppen, aber auch nicht im Inneren der Hände, im Muster der Venen liege, sondern – im Knie. Röntgenbilder von Tausenden Knien haben erwiesen, dass kein Gelenkknorpel dem anderen gleicht und der Mensch, als Individuum betrachtet, am besten an seinem Knie zu fassen ist. Kein Wunder, dass so viele Menschen ausgerechnet das Knie schmerzt, ist es doch der Ort, an dem sie, wie an keinem anderen, ganz sie selber sind; dort sitzt ihre Seele und scheuert mitunter ihr schlechtes Gewissen.

Hoffentlich erfahren mein Bürgermeister und seine Dienststellenleiterin nichts von diesen neuen Erkenntnissen, sie würden gleich die Hosen hochkrempeln und aufzeigen, sobald ein Polizist vorbeigeht, denn an ihrem Knie wollen sie erkannt werden.

Im Fernsehen wird ein Bericht über die Schandtat fundamentalistischer Tierschützer aus England gezeigt. Sie haben die Leiche einer eben erst beerdigten Frau wieder ausgegraben, sich ihrer bemächtigt und sie an einen unbekannten Ort gebracht. Sie schänden die Leiche, erpressen die Familie und möchten damit jene einschüchtern, die achtlos Handel mit Tieren treiben. Die Verstorbene war Miteigentümerin einer Pharmafirma, in deren Labor Tiere getötet wurden, und wer sich diese Schuld aufgeladen hat, der hat es verdient, noch im Tode gestraft zu werden. Die Tierschützer schänden die Leiche nicht, weil sie sie für eine Sache halten, sondern weil sie nach dem gesucht haben, mit dem sie die Menschenwürde einer Toten am gröbsten verletzen können. In ihrem heiligen Irresein sind sie davon überzeugt, dass sie berufen sind, gerechte Strafe über den Tod hinaus zu üben.

Autokratien haben sich selten gescheut, ihre Gegner über den Tod hinaus zu strafen und zu ächten. Nach dem ersten Sklavenkrieg, in dem sich römische Sklaven aus ihrer Rechtlosigkeit erhoben und in den Jahren von 136 bis 132 vor Christus halb Sizilien unter ihre Herrschaft brachten, wurden 20 000 von ihnen, als die regulären Truppen den Aufstand doch niederwarfen, gekreuzigt; und sie hingen am Kreuz, nicht nur bis sie sich ausgeröchelt und ausgeblutet hatten, sondern bis die Verwesung ihre Leichen nach Tagen oder Wochen zu Boden stürzen ließ, wo sie den streunenden Hunden gehörten. Im Iran sind in den vergangenen Jahrzehnten Tausende Menschen für nichts als dafür, dass sie homosexuell waren, gehenkt worden, bevorzugt an hohen Baukränen, unter denen sich johlend ein zahlreiches Publikum versammelt, das die zum Sterben herbeigekarrten Delinquenten verhöhnt und es belustigend findet, wenn deren Leichen bis zum Abend im Wind schaukeln, zur Erbauung gottesfürchtiger Menschen.

Die Tierschützer aus England haben die Verstorbene aber nicht ausgegraben, weil sie aufbegehrende Sklaven strafen oder widernatürliche Feinde Gottes züchtigen wollten, sondern aus dem edlen Grund, dass sie die Tiere lieben. Und weil sie deswegen jene Menschen, die sich am Leben und an der Würde von Tieren vergehen, strafweise zu Fleisch zu degradieren das Recht und die Pflicht zu haben glauben, zu Fleisch, das ihnen weniger gilt als das von Tieren.

Als ein Halbbruder Saddam Husseins gehängt wurde, war das Seil, das um seinen Hals geknüpft war, zu lang, sodass er die Falltüre viel zu tief hinabstürzte und durch die Wucht geköpft wurde. Der Regierungssprecher bezeichnete dies nicht als Versehen oder als Fehler des Hinrichtungskommandos, sondern als »Gottes Tat«. Wir brauchen uns nicht zu wundern, dass in arabischen Staaten so viele überladene und schlecht gewartete Fährschiffe untergehen, aus mangelhaftem Material erbaute Häuser einstürzen, Fabriken mitsamt den dort gelagerten Chemikalien in die Luft fliegen. Wo Schlamperei für Gottes Tat gilt, dort sind die nächsten Unglücksfälle schon in Planung.

Der belgische Konzeptkünstler Wim Delvoye verfügt über einen guten Ruf als zuverlässiger Berserker, und er gibt sich auch redlich Mühe, ihm stets gerecht zu werden. Vor einigen Jahren hatte er eine glänzende Idee: Er kaufte ein paar Schweine, betäubte sie und ätzte ihnen exquisite Tätowierungen in die rosige Haut. Darum hört man es in europäischen Villenvierteln behaglich grunzen, gehören die tätowierten Schweine neuerdings doch zur Standardausrüstung, über die verfügen muss, wer nicht bloß einen Garten, sondern auch aufregend zeitgenössische Kunst darin haben möchte. Das tätowierte Schwein kostet 150 000 Euro das Stück, und der Absatz ist reißend, sodass sich Delvoye, als er Schwierigkeiten mit europäischen Tierschützern bekam, eine Schweinefarm in China zulegte; auf der es sicher, muss ich hinzufügen, nicht schlimmer zugeht als in den Mastanstalten Europas, in denen die Tiere nicht darauf warten, tätowiert, sondern ins Schlachthaus abtransportiert zu werden.

Da die Sache mit den Schweinen inzwischen wie von selbst läuft, hat Delvoye seine Produktpalette erweitert. In einem aufwendigen Verfahren tätowierte er auf den Rücken, den ihm ein 35-jähriger Schweizer dazu aus freien Stücken zur Verfügung stellte, die Gottesmutter Maria und einen Totenschädel. Über eine Zürcher Galerie wurde die Tätowierung an einen deutschen Sammler verkauft, der damit das Recht erwarb, dem Mann, der seine Haut zu Markte trägt, diese nach dem Tod abzuziehen, um sich so das Kunstwerk, für das er schließlich bezahlt hat, über den Tod des Kunst-Trägers hinaus zu sichern. Bis es so weit ist, darf der Besitzer sein originellstes Sammelstück dreimal im Jahr in Galerien oder Museen ausstellen, sofern er für den Transport des Kunstobjekts und seine artgerechte Haltung aufkommt. Den Preis, den das Kunstwerk erzielte, teilen sich brüderlich der Künstler, die Galerie, der Tätowierte, er beträgt merkwürdigerweise exakt die 150 000 Euro, auf die es die tätowierten Schweine bringen, die allerdings den Sammlern, im Unterschied zum tätowierten Schweizer, auch schon zu Lebzeiten und zur Gänze gehören.

Vor zehn, zwanzig Jahren geschah Unerhörtes: Die Werbung, die einst jeder Künstler, der auf sich hielt, als schändlichen Kommerz verachtete, wurde kunsttauglich und museumsreif. Nun wurde all den Newtons, und wie die am häufigsten nachgeahmten und am besten bezahlten Stars der Branche hießen, nach dem geschäftlichen Erfolg von den Museumsdirektoren, Kuratoren, Kritikern auch der künstlerische Tribut entrichtet.

Mittlerweile hat sich das Verhältnis verkehrt, und die Avantgarde, die das Neue gegen den Widerstand der etablierten Mächte erprobende Kunst, hechelt der Werbeindustrie hinterher, ohne sie, so viel Rumor sie von ihrem rebellischen Tun auch macht, je einzuholen. In der Kunst erfinden sie mit dem Gestus der Revolte noch einmal, was bereits erprobt wurde und massenwirksam praktiziert wird. Sie tätowieren dem Schwein wie dem Menschen die Heilige Jungfrau Maria auf, während sich der Mann von nebenan im Tätowierungsstudio jedwedes Motiv der Kunstgeschichte, kombiniert mit jedwedem Symbol, das er sich wünscht, in die Haut brennen lassen kann.

Im Café saß eine groß gewachsene, attraktive Frau, die zur engen schwarzen Hose eine weit geschnittene Bluse trug, deren schwarzem Stoff über der Brust und am Rücken ein großer, in seinen Formen stark abstrahierter Totenkopf von goldener Farbe aufgenäht war. Es ist unangebracht zu fragen, was die modisch adjustierte Erscheinung uns mit der Wahl ihrer Bekleidung sagen wollte. Was will ich damit sagen, wenn ich den einen Tag Blue Jeans mit Sakko, am nächsten Cordhose mit Pullover trage? Wollte uns vielleicht der Modeschöpfer etwas sagen, indem er für deren lebensfrohen Gebrauch eine Bluse mit Totenkopf schuf? Hatte es ausgerechnet den Mann der Mode gereizt, uns daran zu gemahnen, dass wir mitten im Leben dem Tod anheim gegeben sind? Das wird so wenig stimmen, wie die zahllosen Kleidungsstücke, die mit dem Konterfei Che Guevaras drapiert sind, zum bewaffneten Kampf in den Wäldern der dritten und den Städten der ersten Welt aufrufen möchten.

Mit dem Totenkopf hatten in neuerer Zeit die Punks angefangen, denen die einst verhasste Ratte, das älteste Transportmittel der Seuchen, das liebste Tier war, und die, so verquer es anmutet, indem sie sich schwarz kleideten und auf ihren schwarzen Leibchen Totenköpfe applizierten, gegen eine Lebensform protestieren mochten, die sie als verlogen empfanden. Das falsche Leben haben sie damit nicht aufgehoben, aber die Ratte zum lieben Haustier gezähmt und dem Totenkopf wieder zur Popularität verholfen. Aus den Punks bildeten sich die eleganteren Grufties, die schon ziemlich viele modische Accessoires benötigten, um zu zeigen, dass sie nichts von Mode hielten; der Totenkopf, den sie an der Halskette, auf dem Ring, der Gürtelschnalle, der täto-

wierten Haut und dem Kleidungsstück darüber trugen, war
bereits von feinerer Art als das eher grob gefertigte Zeug der
Punker. Zuletzt kam pünktlich die Avantgarde, ultimativ mit
Damien Hirsts 74 Millionen Euro teurem Totenschädel aus
lauter Diamanten. Die proletarische, oft selbstverfertigte
Variante war die erste, die modisch-industrielle für die jungen Leute mit dem kleinen Geldbeutel die nächste, mittlerweile ist der Totenkopf auf die künstlerische Luxusaus-
gabe heruntergekommen. Über Jahrhunderte das stärkste
Symbol der Vergänglichkeit, der Allgewalt der Zeit, die das
Fleisch von den Knochen schabt, ist er heute zu einer Art
von edel glitzernder Discokugel für Millionäre geworden.
Diese Funktionalisierung zum Repräsentationskitsch kassiert
die Bedeutung ein, die der Totenkopf in der Kunst- und See-
lengeschichte der Menschheit hatte, er prägt den Bildern, die
früher die Betrachter erschauern ließen, den heutigen Stempel auf und macht die Bedeutung zunichte, die das Symbol
der Vanitas hatte. Von dieser Trivialisierung wird sich der Totenkopf, wenn man so sagen darf, nicht mehr erholen, dieser
Schlag schlägt ihn in Trümmer.

Den Menschen des Mittelalters war, was die meisten der
Heutigen ersehnen, der plötzliche Tod mitten im gesunden,
im erfüllten Leben, eine Vorstellung, entsetzlich wie keine
andere. Der gute Tod war nicht der unerwartete, der unbe-
merkte, sondern jener, der ihnen noch Zeit ließ, mit der
Welt, aus der sie zu gehen hatten, ins Reine zu kommen, mit
sich, den Mitmenschen, denen man manches angetan, mit
Gott, wider den man sich versündigt hatte. Nicht gnädig im
Schlaf hinweggerafft wollten sie werden, sondern in der
Gnade stehen, ihre Sünden noch bereuen, Vergebung erhalten und die Dinge des Lebens ordnen können. Die Ars moriendi, die Kunst des Sterbens, hat auf geradezu formalisierte

Weise festgelegt, wie man am besten durch seine letzten Wochen und Tage gelange, jeder Schritt war genau geregelt, von Region zu Region ein wenig anders, aber im Kern immer gleich: Die weltlichen Dinge mussten geordnet werden, auf dass man frei von Schuld und Sünde aus dieser in die andere Welt hinübergehen könne, und dafür gab es verschiedene Abläufe, an die man sich zu halten hatte, an die man sich aber auch beruhigten Gemüts halten durfte, im Zutrauen, dass die schwere Sache, die zu Ende zu bringen war, das Sterben, so am besten zu bewältigen sei. Die zahllosen Büchlein, in denen im Mittelalter die Ars moriendi gelehrt wurde, waren Hausbücher für den alltäglichen Gebrauch, denn immerfort starb ja jemand, in der Familie, der Verwandtschaft, bei den Nachbarn.

Die Ars moriendi als Kunst des Sterbens meint heute etwas ganz anderes. Der deutsche Künstler Gregor Schneider möchte aus dem Sterben seine Kunst machen und sucht einen Todkranken, der bereit wäre oder sich gar danach sehnte, in einer Ausstellung öffentlich zu sterben. Eine Düsseldorfer Ärztin, die den Konzeptkünstler, dessen neuestes Konzept der Tod ist, dabei unterstützen möchte, hat sich bereits gefunden. Sie will ihm die Moribunden, denen die Freude an der Kunst durch ihren schlechten Gesundheitszustand nicht ausgetrieben, sondern erst so recht eingetrieben wird, aus ihrer Privatklinik zuführen. Auf der Suche nach dem Museum, das ihm die Tore öffnen und das Publikum bereitstellen würde, welches den öffentlichen Tod gerne besichtigen möchte, ist Schneider auf das Museum Haus Lange in Krefeld gekommen. Die Frage ist, wie lange sich das Sterben hinziehen dürfe, es ist wie bei dem Hungerkünstler in der Erzählung Franz Kafkas, der sich zu Tode hungert, aber sich dabei immer noch ein bisschen weiter zu Tode hungert, sodass das Publikum sich zu langweilen beginnt, das Interesse verliert und er endlich völlig unbeachtet krepiert und wie Kehricht aus dem Käfig gewischt wird. Liefert die Humanmedizinerin die Sterbenden erst ein paar Stunden vor dem berechneten Exitus an oder schon Tage oder Wochen früher, und können die Besucher dann eine günstige Wochenkarte erstehen oder müssen sie jedes Mal wieder bezahlen, wenn sie nachschauen, ob es endlich so weit ist?

Ich zweifle nicht daran, dass es Menschen gibt, die den Instinkt des Tiers und das Bedürfnis vieler Menschen, sich zum Sterben in eine unbeachtete Ecke zurückzuziehen, nicht haben, und die vielleicht glauben, sie würden, falls Menschen, viele Menschen um sie sind, womöglich mit Kamera oder Fotoapparat ausgestattet, ihr Ende hinauszögern können: Solange ich auf Sendung bin, bin ich nicht tot. Schneider wiederum besitzt internationales Renommee, das er vor allem Projekten verdankt, die er nicht verwirklichen konnte, die er auch gar nicht verwirklichen wollte, weil es ihm darum ging, sie anzukündigen und vorhersehbar von den finsteren Mächten der Zensur verhindern zu lassen. Als er die Kaaba von Mekka maßstabgetreu als schwarzen Kubus nachbauen und auf dem Markusplatz in Venedig aufstellen wollte, konnte er darauf setzen, dass weder die Venezianer ihren größten Platz monatelang mit einem schwarzen Würfel verbaut noch die Muslime der Welt ihr größtes Heiligtum in einer Kunstaktion profaniert sehen wollten. So kam es nicht gänzlich unerwartet, dass es beim Projekt blieb; dass Schneider dennoch minutiöse Vorarbeit und Pressearbeit leistete und sich folglich berühmen konnte, die Mächtigen der Welt hätten seine Kunst verhindert und ihm die künstlerische Arbeit untersagt, zeugte doch von seinem Genius.

Wie ernst er die Sache dieses Mal verfolgt, kann man den Traktaten entnehmen, mit denen er die Presse versorgt. Dass ein sterbender Mensch in einem Museum ausgestellt werde, versteht er als »ultimative Performance«, die uns »die Schönheit des Todes« lehren werde. Seltsamerweise befindet er, dass das Museum ein Ort sei, an dem »die Menschen in Ruhe sterben« könnten. Warum sollte man sie, damit sie in Ruhe sterben, ausgerechnet vor die Öffentlichkeit bringen? Auch eine andere Frage bleibt offen: Was ist der Anteil, der künstlerische Anteil des Künstlers daran, dass ein anderer stirbt? Ist nicht ein jeder Mensch der Künstler oder Dilettant seines eigenen Todes? Schneider möchte seine Ausstellungsstücke ja nicht glattweg ermorden, er will ihnen vielmehr die Würde des langsamen Sterbens im öffentlichen Ruheraum des Museums gönnen und die Schönheit des Erstickungstodes durch keine Interventionen beeinträchtigen: Wozu also ist Schneider vonnöten? Keine gute Frage, Schneider ist Schneiders wegen vonnöten und, natürlich, weil es nicht um das ordinäre Sterben, sondern um das edle Sterben als Objekt seiner Kunst geht. Nicht ganz richtig ist es auch, wenn er meint, das Museum sei ein »humaner Ort für den Tod«. Vielleicht waren Museen das früher, heute aber, im Bemühen, sich mit ultimativen Performances ein nervös zuckendes Leben einzuhauchen, würden sie ein inhumaner Ort für ihn sein. Bald schon wird sich im Museum ohnedies der Geruch der Verwesung breit machen. Wo ein Schneider als Aufschneider Karriere macht, möchte sein Kollege Karl-Friedrich Lentze nicht nachstehen, sondern ihn gewissermaßen übertöden. Er hat das Museum der Berliner Charité ersucht, im Falle seines Ablebens seine Leiche im Museum öffentlich verwesen zu lassen, und diese Vorstellung hat was, denn dann würden vielleicht endlich wieder ein paar Leute über die moderne Museumskunst die Nase rümpfen.

Das stimmt ja alles, aber warum echauffierst du dich so dar-über? Ist die Attitüde von ein paar Musterschülern der Kunstgewerbeschule, Klasse für öffentliche Erregung, nicht lächerlich bedeutungslos im Vergleich zur institutionellen Gleichgültigkeit, mit der es heute die in Pflegestationen dem Tode Entgegendämmernden zu tun bekommen? Der wahre Skandal ist doch nicht die Schläue eines Konzeptkünstlers, der mit der öffentlichen Erregung kalkuliert, sondern die Bedeutungslosigkeit, die der Masse Mensch zugemessen wird, wenn sie über das produktive Alter hinaus und erst gar, wenn sie in der pflegedürftigen Endphase ihrer Existenz an-gekommen ist.

Öffentlich zu sterben, das war der Wunsch von Jade Goody, dem Mädchen aus desolater Familie, das mit siebzehn Jah-ren in eine Staffel von »Big Brother« gelangte und rasch die populärste Insassin jenes Hauses wurde, in das sich die wech-selnden Teilnehmer der britischen Serie freiwillig sperren las-sen. Jade wurde zum Star, weil sie ein loses Mundwerk hatte und sich lustvoll zu ihren Bildungsdefiziten bekannte, nein, sich ihrer bediente. Rio de Janeiro hielt sie für einen berühm-ten Politiker, die Namen der englischen Minister konnte sie hingegen nicht sagen, und auf alles, was sie nicht wusste, war sie so stolz, dass sie es gerne hinausposaunte. Ihr TV-Auftritt war eine Revolte der niederen Klasse, die nicht gegen die so-ziale Ungerechtigkeit, nur gegen den Dünkel der gehobe-nen Stände schlug, denen diese junge Frau im Jargon der Vorstadt selbstbewusst ihre schlechten Manieren, ihr lautes und vorlautes Wesen, ihre vulgären und witzigen Sprüche entgegenhielt.
Die gehobenen Stände wagten nicht, auf die vom Fern-sehen erfundene und popularisierte Revolte mit Kritik oder gar, was sie unfehlbar noch zehn Jahre vorher getan hätten,

mit Spott zu reagieren. Zwar ist die wirtschaftliche Macht der Upper-Class unangefochten, aber ihre kulturelle durchzusetzen, darauf hat sie im Fernsehen und in der medialen Öffentlichkeit längst verzichtet, ja, sie ist mit fliegenden Fahnen ins Lager derer übergegangen, die ihr gestern als Proleten verächtlich waren. Vor den Proleten von heute braucht sie sich nicht zu fürchten, in deren Namen hat Tony Blair schon 1999 dekretiert, dass der Klassenkampf vorüber sei. Sein Ende wurde symbolisch damit besiegelt, dass im Fernsehen endlich jeder reden und sich aufführen darf, wie es ihm passt, ohne dass er befürchten muss, deswegen von arroganten Bildungsschnöseln als dumm hingestellt zu werden. Der Verstoß gegen die kulturellen Normen des Bürgertums von gestern geht einher mit der Anerkennung seiner wirtschaftlichen Interessen und seiner politischen Übermacht von heute.

So wurde Jade binnen weniger Wochen zum Star, und als sie das Big-Brother-Haus verließ, kaufte sie sich einen Schönheitssalon, ein Fitnessstudio und ließ, seltsamerweise, denn das war ein Verrat an ihrer von demonstrativer Verachtung der Bildungsgüter geprägten Erfolgsgeschichte, ihre Autobiographie schreiben, da war sie gerade erst 24. Ins Abseits geriet sie kurzfristig, als sie in einer Sendung eine Konkurrentin unvorsichtigerweise mit rassistischen Sprüchen überzog, sodass die landesweit führende Drogeriekette ihr Parfüm aus dem Regal nahm und der Taschenbuchverlag, der die Rechte an der Autobiographie erworben hatte, diese lieber doch nicht mehr veröffentlichen wollte. Jade war aber so klug, aus ihrem Bittgang zu der von ihr verunglimpften dunkelhäutigen Schauspielerin eine Prozession für das Fernsehen zu machen, und danach war sie populärer denn je.

Sie war erst 26, als sie die schreckliche Diagnose erhielt, unheilbar an Gebärmutterhalskrebs erkrankt zu sein. Mit der ihr eigenen Unzimperlichkeit nahm sie den Kampf auf, indem sie ihn öffentlich austrug. Für ihre lange Abschiedstour engagierte sie einen der erfolgreichsten und skrupellosesten PR-Manager Großbritanniens, der ihrem Sterben die große Dramaturgie verpasste. Monatelang war die Kamera dabei, wenn Jade ihre Chemotherapie hatte, wenn der behandelnde Arzt ihr die neuesten Befunde überbrachte, wenn sie im Spitalsbett, abgemagert, kahlköpfig, ihre Finger manikürte oder zu Hause ihre zwei kleinen Söhne von ihrem nahen Tod unterrichtete. Jade verdiente in ihren letzten Monaten mehrere Millionen Pfund, sie benötigte das Geld, damit ihre Söhne nach ihrem Tod versorgt seien. Einen Monat vor ihrem Tod, schwer gezeichnet, heiratete sie in einem zum Fernsehstudio umgebauten Standesamt ihren Freund, der dazu eintägigen Freigang aus dem Gefängnis erhielt, in dem er wegen diverser Gewalttaten einsaß. Die Zeremonie wurde von einem Privatsender übertragen, Elton John vergaß weder Blumen noch ein Hochzeitsständchen zu schicken, und Modeschöpfer, Stylisten, Kosmetiker wetteiferten, auch etwas von der großen Show abzubekommen, indem sie für Jades Ausstattung aufkamen. Vier Wochen später war sie tot. Auf das höchste Gut der medialen Gesellschaft, den Ruhm, hat sie es gebracht. Und ihren zwei Söhnen eine ordentliche Summe Geld hinterlassen. Das englische Gesundheitsministerium rühmt die Verstorbene, weil sie viele Frauen, die von keiner gesundheitspolitischen Kampagne je zu erreichen waren, dazu gebracht hat, sich vorsorglich auf Gebärmutterhalskrebs untersuchen zu lassen. Als sie begraben wurde, vermeinten die Londoner, einen Volkstrauertag zu erleben.

In Wien gibt es eine Abtreibungsklinik, die ihre Adresse im Ersten Bezirk ausgerechnet am alten »Fleischmarkt« hat. Die militanten Abtreibungsgegner, die jeder Frau, die in die

Ambulanz möchte, einen Spießrutenlauf bescheren, streiten nicht für meine Sache. Die Ärzte und Geschäftsführer, die glauben, ein Fest zum 25-jährigen Bestehen ihrer Klinik veranstalten zu müssen, feiern auch nicht für meine Sache. Aber am wenigsten zu tun habe ich eigenartigerweise doch mit der Sozialistischen Jugend, die den christlichen Abtreibungsgegnern mit dem Transparent kommt: »Hätte Maria abgetrieben, wärt ihr und Jesus uns erspart geblieben.« Es ist kein Vorrecht der Jugend im Allgemeinen, dümmer zu sein als notwendig, und kein Vorrecht der sozialistischen im Besonderen, sich nach Art der Faschisten mit der Vorstellung zu amüsieren, welches Leben unwert ist, das Licht der Welt zu erblicken.

Über dem Atlantik ist eine Maschine der Air France verschwunden, die Sprecher der Fluggesellschaft gehen davon aus, dass das Flugzeug in einen tropischen Sturm geriet, von einem Blitz getroffen wurde und abstürzte, nachdem die elektronische Ausstattung der Maschine ausgefallen war. Am Nachmittag erhalte ich vier Mails, berufliche Dinge betreffend, aus Wien, Paris, Salzburg und Hamburg, und jeder, der mir an diesem Pfingstmontag schrieb, erwähnte nach der eigentlichen Nachricht, wegen der er sich an mich wandte, auch dieses Unglück. Einer von ihnen ließ mich wissen, wenn es schon sein müsste, würde er es vorziehen, über Land abzustürzen als über dem Meer; selbst wenn er in hundert Teile zerrissen wäre, möchte er diese lieber auf unserer Erde verstreut als in der Finsternis und Kälte von 4000 Metern Meerestiefe liegen wissen.

Ich finde, das ist Ansichtssache, registriere aber erstaunt, wie nahe uns das Unglück geht, das sich so weit von uns entfernt ereignet hat. Das kann nicht nur damit zu tun haben, dass wir selbst immer wieder einmal in ein Flugzeug steigen müssen und es nie tun, ohne uns bange zu fragen, ob wir auch wieder auf eigenen Beinen aus ihm aussteigen werden. Angst lehrt keine Solidarität, und so würde unser Mitgefühl nur gering sein, käme es allein aus dieser Angst. Natürlich, wir können nicht anders, als uns vorzustellen, wie entsetzlich die letzten Sekunden – oder gar Minuten – für die Passagiere und die Crew waren, als das Flugzeug steil nach unten raste, wir hören das Geschrei, das Heulen, sehen die herumfliegenden Gegenstände und entdecken inmitten des krachenden, berstenden Weltuntergangs – uns selbst. Und wir wünschen den Unglücklichen das, was wir uns selbst wünschen, dass es schnell, am besten blitzschnell gegangen sei und sie kaum etwas davon mitbekommen haben. Aber nicht deswegen hat uns die Nachricht aufgewühlt, weil uns bewusst wurde, dass auch wir zu den Unglücklichen gehört haben könnten. Vielmehr ist der Flug selbst das Symbol unserer Existenz geworden.

Nie wurde mir das deutlicher als vergangenes Jahr, als wir von dem Unglück auf dem Madrider Flughafen Barajas hörten. Damals hatte der Pilot der Spanair den Start seiner Maschine kurzfristig abgebrochen. Ihm waren Bedenken gekommen, ob sich die McDonnell-Douglas MD-82 in einem Zustand befinde, der den Flug nach Las Palmas nicht zum Risiko mache. Nach einem Sicherheitscheck entschied er sich zu einem zweiten Versuch. Der Start führte für 154 Menschen nach wenigen Sekunden in den Tod. Während jener halben Stunde, da die Maschine von den Technikern einer kurzen Überprüfung unterzogen wurde, müssen sich an Bord entsetzliche Dinge abgespielt haben. Haben die Flugzeugpassagiere einmal das Flugzeug bestiegen, sind sie nämlich, was vielen von ihnen nicht bewusst ist, dem Befehl des Piloten unterstellt. Und wiewohl in Madrid einigen von ihnen die Lust am Fliegen bereits vergangen war, bevor der

Flieger überhaupt abgehoben hatte, durften sie das Flugzeug nicht mehr verlassen.

Die Frau des 45-jährigen Ramon Santana hat sich einen Tag nach dem Unglück bei Polizei und Presse gemeldet und die private SMS öffentlich gemacht, die ihr verzweifelter Mann aus dem Flugzeug, das auf der Startbahn stand, an sie geschickt hatte: »Sie lassen uns nicht raus, verdammt, sie lassen uns nicht raus, alles ist geschlossen.« Ramon Santana, ein Lkw-Fahrer, war nicht der Mann, sich folgsam in ein Unheil zu schicken, das er als solches erkannte. Aber er hatte trotzdem keine Chance: Die Türen wurden nicht wieder geöffnet, denn es musste gestartet werden, und der Mann, der nicht fliegen wollte, musste mitfliegen, in den Tod.

Der französische Ökonom Jacques Attali hat das Schicksal dieses Mannes als Menetekel auf den börsenorientierten Kapitalismus gedeutet. Selbst der Pilot wollte ja gar nicht mehr fliegen; aber die Aktionäre von Spanair, die über die halbe Welt verstreut sind und von denen keiner auf die Idee käme, auch er selbst wäre dafür verantwortlich, was in den Unternehmen geschieht, denen er seine Renditen verdankt, haben einen strikten Sparkurs verlangt und die Entlassung von 1100 der 3800 Beschäftigten durchgesetzt. Das bringt jedem der Aktionäre ein paar tausend oder zehntausend Euro im Monat mehr. Und als Pilot einer solchen Firma in profitabler Krise muss man es sich halt überlegen, ob man unbedingt durch skrupulöse, den Betrieb störende, dem Geschäft schädliche Arbeitshaltung auffallen möchte. Die Maschine noch einmal von der Startbahn zu rollen, Gangways aufzufahren, die Türen zu öffnen, nachdem der Start schon einmal verschoben worden war, hätte neuerlich Zeit und Ansehen, also Geld, Geld von heute und morgen, gekostet. Nicht dass der Pilot den Absturz für wahrscheinlich hielt, er war kein Selbstmörder, der mit einem Massenmord abtreten wollte. Aber die Konkurrenz, der Kampf um billigere Preise und mehr Passagiere, hat sich so verschärft, dass es unvermeidlich periodisch krachen, bersten, brennen muss.

Ramon Santana, denke ich, ist der Mensch unserer Tage, er repräsentiert die Epoche, sein Schicksal ist die Condition humaine, die auch für uns gilt. Nicht alle von uns möchten sich sehenden Auges in den Untergang stürzen, nicht alle verweigern sich der Einsicht, dass es so, wie es geht, mit der Überhitzung des Kapitalismus und des Klimas, mit Ungleichheit und Ungerechtigkeit, mit dem Zerfall der Gesellschaften, nicht weitergehen kann. Aber die Maschine fliegt trotzdem, und wir sitzen immer in ihr. Der Religion des Sachzwangs gilt es als die größte Sünde, den frevelhaften, ketzerischen Gedanken des Ausstiegs zu hegen. Dabei gibt es diesen Zwang gar nicht; er ist eine Erfindung von Menschen, die das, was ihren eigenen Interessen und sonst niemandem dient, als Zwang der Sachen auszugeben wissen. Aussteigen ist verboten. Aber nicht aussteigen ist tödlich.

Ein Mann des Fortschritts im Fernsehinterview: »Man muss begreifen, in welche Richtung der Zahn der Zeit geht.«

Der dritte Krimi:

Winter war weder groß noch schlank. Aber auch wenn man ihn als mittelgroß und vollschlank bezeichnet hätte, würde man ihn nicht korrekt beschrieben haben. Man konnte nicht einmal sagen, er wäre von wenig hoher, doch kräftiger Statur gewesen.

Nein, Winter war – klein und fett. Und er war tot, denn es war zweifellos ein Messer, das tief in seinem Wanst steckte.

In Südkorea trauern Millionen um den einstigen Präsidenten Roh Moo Hyun, der Selbstmord verübte, indem er unweit seines Hauses von einem Felsen sprang. Es war der Gesichtsverlust, den er als so schrecklich, ehrverletzend und kränkend erlebte, dass er seinem Leben selbst ein Ende setzen musste. Sohn kleiner Leute, war er erfolgreich gegen das Establishment angetreten, die Korruption in seinem Land zu bekämpfen, doch jetzt, da er sich schon im Ruhestand befand, wurde ruchbar, dass Frau und Sohn aus seiner Stellung Nutzen gezogen, unlautere Geschäfte gemacht und Geschenke angenommen hatten. Offenbar wusste Roh nichts davon, die Konsequenzen hatte trotzdem er zu ziehen, denn es war ihm nicht möglich, die Jahre, die ihm noch geblieben sein würden, unter dem Verdacht zu leben, der auf ihn fiel. Die Schamkultur der Japaner und Koreaner, bei denen die Beschämung, der Gesichtsverlust das ersetzt, was bei uns die Schuld ist (die aber christlich verziehen werden kann und nicht durch Selbstmord getilgt werden darf), hat ihm keinen anderen achtbaren Weg hinaus ins Freie gelassen. Ich denke an den Unternehmer Merckle, der in den Tod gegangen ist, weil er seine Macht verloren hat, und damit das, wofür er gelebt hat; Roh hat sein Ansehen verloren und damit das, wofür er gelebt hat.

Der Selbstmord gilt im Christentum als Todsünde, nicht nur weil das Leben das Geschenk Gottes ist, das der damit Beschenkte nicht einfach wegwerfen darf, sondern auch, weil der Selbstmörder die sündhafte Tat nicht mehr bereuen und für sie keine Vergebung erflehen kann. In Korea hingegen hat der Freitod traditionell ein hohes Renommee, wenn er aus einem würdigen Grund vollzogen wird. Dieser ist entweder die Gemeinschaft, von der durch die Opfertat Schaden abgewendet wird, oder der Wunsch des Einzelnen, eine

Schuld zu tilgen, die er auf sich geladen hat. Die Selbstopferung löscht, was vorher Anlass für quälende Scham war, aus dem Gedächtnis der Nachwelt, die vom Selbstmörder in Erinnerung behält, nicht was er an Üblem getan, sondern dass er sich mit einer mutigen Tat aus der Welt verabschiedet hat. Der ehrenvolle Tod …

Pater Corbinian war in vielen Ländern, darunter auch in Korea auf »Mission«, er verwendet das Wort stets ganz unbefangen, als wäre es das Natürliche und Angebrachte, den Menschen anderer Erdteile, die in anderen religiösen Traditionen stehen, die befreiende Kraft der eigenen, der christkatholischen Religion zu überbringen. Er hat mir einmal erzählt, dass es ihm überall in der Welt gelungen sei, die Geschichten des Neuen Testaments so zu erzählen, dass er verstanden wurde, nur in Korea nicht. Zum Beispiel, dass Petrus, obwohl er Jesus dreimal verraten hat, ein Heiliger, während Judas, der ihn nur einmal verraten und diese Schuld ehrenhaft durch seinen Selbstmord getilgt hat, verdammt sei. Genau umgekehrt müsste es sein, empfinden Koreaner: dass Petrus, der Verräter, verdammt und Judas, der Selbstmörder, gerechtfertigt werde.

Auch in Salzburg ist das Gesetz geändert worden, das die Bestattung in der freien, nicht von Friedhofsmauern umzäunten Natur verbot. Nun ist es erlaubt, die Asche Verstorbener bei Bäumen im Wald zu vergraben, ein paar Jahre darf der Gedächtnis-Baum eine Aufschrift tragen, die auf die Person verweist, deren Überreste hier der Natur übergeben wurden, dann muss das Hinweisschild abgenommen werden. Das ist auch richtig so. Ich gehe zwar so gut wie nie im Wald herum, aber wenn ich es täte, würde ich nicht gerne durch einen Wald aus lauter Hinweistafeln wandeln. Und es war ja auch der Wunsch derer, die so bestattet wurden, namenlos zu verschwinden, einzugehen in die Natur; im indianischen Glauben von Stadtbewohnern, dass es einen ewigen Kreislauf der Natur gebe, in den zurückzukehren Heimkehr in das namenlose, dafür ewige Leben bedeutet.

Im Zeitalter der medialen Ermächtigung hat es der Einzelne schwer, sich mit seinem persönlichen gegen das kollektive Gedächtnis zu behaupten. Als würde das Leben eines jeden sich immer schon an jenen Ereignissen orientieren, die im Nachhinein als historische Wegmarken erkannt werden, sucht die private Erinnerung gewissermaßen Halt an der öffentlichen. In meiner Generation heißen die Fragen: Was hast du gemacht, als John F. Kennedy ermordet wurde? Wo warst du, als die Nachrichten vom Militärputsch in Chile berichteten? Und seltsamerweise weiß darauf eine ganze Generation zu antworten, als gelänge es ihr gerade dadurch, sich als Generation zu behaupten. Darum müssen wir dauernd Jubiläen feiern, in diesem Jahr vierzig Jahre Woodstock, zwanzig Jahre Fall der Mauer; indem wir uns an damals erinnern, bestätigen wir uns, dass wir dabei waren in unserem Leben.

Ich suche im Fernsehen nach einem Reisejournal, einem Serienkrimi, einem politischen Magazin, aber so lange ich auch zappe, das Fernsehen gewährt mir den Wunsch nicht, der Trauerfeier für Michael Jackson zu entkommen. Heute wird scharf geschossen, aus allen Rohren und auf allen Kanälen, die Abdankung Jacksons hat etwas Terrestrisches. Dass es gelingt, die Gefühle global aufzurüsten, ist umso rätselhafter, als die Trauer keinem Menschen gilt, dessen menschliche Züge Respekt, Rührung, Dankbarkeit abverlangen würden, sondern einer medialen Kunstfigur, über deren Charakter nicht einmal zu spekulieren ist, sodass die Rührung, die weltweit erzeugt wird, gar kein Objekt mehr hat, es ist eine frei flottierende Rührung, die mit Jackson nichts zu tun hat, sondern ihn nur als Anlass benötigt. Die Veranstaltung gerät zur Zeremonie, an der die Wallfahrer von zuhause teilnehmen können. Im Zentrum der Anbetung steht der goldene Sarg – wie beim altägyptischen Kinderpharao darf auch beim amerikanischen Kinderpharao im Tod die Insignie des Protzes nicht fehlen. Um den goldenen Sarg drängen sich die Millionäre der Unterhaltungsbranche, die sich wie ihre Schläger und Leibwächter, denen sie zum Verwechseln ähnlich sehen, hinter riesigen Sonnenbrillen verbergen, und professionell gerührte Hollywood-Stars, die intellektuell so bescheidene Reden halten, dass man sie bei jeder Jahrmarktsveranstaltung vortragen und hören lassen könnte. Die Messe verbindet Rührseligkeit und Gemeinheit, Kitsch und Barbarei so, dass aus den Millionen Trauernden eine Rührmeute wird, die sich von nichts mehr rühren lässt außer von der Inszenierung ihrer Rührung. Hunderte Millionen schauen zu und weinen die Tränen, die sie um sich selbst aus Selbstverachtung und um ihresgleichen aus sozialer Verrohung nicht weinen können. Ihre Bereitschaft, das große Gefühl für eine unendlich ferne Kunstfigur aufzuwenden, ist identisch mit der Bereitschaft, das eigene Elend und das Elend anderer völlig ungerührt hinzunehmen.

Auch der europäische Sender Arte, dessen Kulturjournal seit Jahren immer schlechter wird, berichtet ausführlich über den Tod von Michael Jackson und die Hysterie, die er auslöste. Bei Arte geschieht dies mit unaufrichtiger Ironie, die es sich mit beiden gut stellen möchte: mit den Ergriffenen, über deren Ergriffenheit nur milder Spott gegossen wird, und mit denen, die es vor dieser Ergriffenheit graut und die ihrerseits milde als überhebliche Kritikaster kritisiert werden. Arte-

Kultur hat, was die von ihr gerne propagierte Kunst der Fotografie betrifft, ein Faible für jene prominenten Fotografen von fotografierten Prominenten, die ausnahmslos Prominente fotografieren und sie damit erst erschaffen, denn ohne ihr millionenfach reproduziertes Bildnis wären diese ja nicht prominent. Indem sie sich nur mehr von den approbierten Promi-Fotografen fotografieren lassen, erschaffen die Prominenten umgekehrt aber auch die Prominenz des Promi-Fotografen. So bestätigen sie einander in ihrem Status, und Arte-Kultur bestätigt beiden diesen Status und mir, dass die dem realen Kapitalismus angemessene Kunstform der kapitalistische Realismus dieser Porträts ist, für die die Kultursendung, die sich kritisch gibt, ungeniert Propaganda macht.

Da Arte-Kultur gerne Fotokunst präsentiert, freilich ohne je Fotokunst zu präsentieren, ist heute wieder einmal Robert Mapplethorpe dran, ein Fotograf, dessen Job es war, mit kalter Leidenschaft nackte Männerkörper zu inszenieren. Ich denke, was ich mir jedes Mal denke, wenn ich ihn wieder vorgesetzt bekomme: wenn schon Mapplethorpe, dann lieber gleich Riefenstahl.

Im Traum besuchten mich nacheinander alle möglichen Freunde, um sich zu verabschieden, darunter auch solche, die ich schon lange aus den Augen verloren hatte. Alle trugen sie einen Koffer in der Hand, und keiner sagte mir, wohin er fuhr, was mir aber erst auffiel, als sie bereits weg waren. Jeder von ihnen hatte einen Trenchcoat an, wie man ihn aus den Filmen der fünfziger Jahre kennt, einen altmodischen Hut in die Stirn gedrückt und einen dieser Koffer in der Hand, die man heute kaum mehr sieht, diese kastenartigen Koffer, um die ein breiter Riemen geschnallt ist, damit er auf einer langen Reise niemals aufklappe.

Vom Reisen träumen heiße vom Tod träumen, lese ich. Aus mir, der so lange an seiner Kleinstadt klebte, ist in den letzten fünfzehn Jahren ein Reisender geworden. Aber die freudige Reiseerwartung, von der so viele große Reisende erzählen, die das Reisefieber lieben – was sollte an Fieber angenehm sein? – kenne ich nicht; jedes Mal, bevor es auf die nach meiner Art lange vorbereitete Reise geht, bin ich bedrückt, und je näher der Tag der Abreise kommt, desto mehr. Immer hoffe ich auf die rettende Krankheit, die nicht zu schwer sein soll, aber schwer genug, dass mir das Reisen ärztlich verboten wird: Es ist die Krankheit, die mich vor dem Tod schützen soll.

Im Fernsehen lief eine Sendung über Krebs, ich glaube, sie hieß »Die große Galanacht des Tumors«. Die Moderatorin, der man als hervorstechenden Charakterzug eine überständige Altklugheit attestieren müsste, machte den Vorschlag, dass eine Art Krebs-Vorsorge-Pickerl vergeben werde. Wer es hat und damit nachweisen kann, dass er seinen Körper unter fortwährende ärztliche Observation gestellt hat, soll weniger hohe Beiträge für die Krankenversicherung entrichten müssen; oder vielleicht eines Tages, wenn in dem Unglückseligen doch ein Tumor zu wachsen begonnen hat, gegenüber dem aus purer Nachlässigkeit zu dem seinen gekommenen bevorzugt behandelt werden.

Es ist eine mächtige, medial vorangetriebene Bewegung entstanden, die die Krankheit als Störfall begreift, der durch individuell schuldhaftes Verhalten oder schuldhaftes Versäumnis verursacht wird. Gelenkt von der Moderatorin, verlangte ein dem Solarium entsprungener Mediziner, den Krebs endlich als psychosomatische Krankheit zu begreifen. Was er will, ist nichts anderes, als das vorzeitige Sterben für biographisch verdient zu erklären, denn der Einzelne hat sich seine Krankheit durch ungelöste Konflikte, seelische Disharmonie, durch seine Verschlossenheit oder falsche psychische Strategien erworben. Wer hat ihn geheißen, dass er unzufrieden mit sich, seinem Beruf, seinem Leben sei? Warum ist er nicht mit zwanzig, als er merkte, dass er nicht alle Tage zur Fröhlichkeit taugte, zum Therapeuten gegangen? Wieso war er so renitent, seine seelischen Knoten nicht in Seminaren lösen zu lassen, in denen andere, fleißiger an ihrer Gesundheit Arbeitende, das richtige Atmen, Sitzen, Lachen, Weinen, sich im Familienverband Her- und Hinstellen erlernten? Kein Wunder, dass er sich einen Krebs zugezogen hat. Er muss ein unglücklicher Mensch sein, denn nur Menschen, die nicht eins mit sich sind und zufrieden mit der Welt, bekommen Krebs, und Glück, das lehrt man alle Tage, ist eine Kulturtechnik, die man erwerben, in der man sich ausbilden und die man sich frisch erhalten kann, um sich selbst der Gesellschaft frisch zu erhalten.

In sechs steirischen Schulen wird es mit Beginn des neuen Schuljahres das Unterrichtsfach »Glück« geben. Damit man es mit dem Glück aber nicht übertreibe, wird es nur eine Stunde in der Woche unterrichtet werden. Zwar vermutete schon Robert Musil, dass »Dauer und Glück« nicht zusammenfinden, aber er hat es gewiss nicht so gemeint, dass für das Glück die kurze Weile einer Schulstunde ausreiche und die lange Woche über ruhig das Missbehagen regieren möge.

Eine Schule, in der für das Leben gelernt würde, hätte natürlich vom Montag um acht Uhr früh bis Freitag um vierzehn Uhr das Glück zum Ziel der Unterrichtung. Nicht in dem Sinne, dass dauernd für das Glücklichsein Reklame gemacht würde, sondern dass die Freude an Bildung und Wissen, am Lernen, die jedem Kind eingeboren ist, nicht verloren gehe, sondern gefördert werde. Nun ist die Schule aber nicht dazu da, dass die Kinder ausgerechnet dort das Glück erleben, das ihnen zu Hause ausgetrieben wird. Vielmehr sollten und sollen sie mit jenem Ernst, den wir für das Leben halten, bestimmte Fähigkeiten und Fertigkeiten erwerben, wie das Stillsitzen, das Kopfrechnen, das Bedienen eines Computers. Weil es nicht das Ziel allen Lernens ist, muss auch aus dem Glück ein eigenes Fach werden, eines neben anderen. Mittwoch von elf bis zwölf steht künftig das Glück am Stundenplan. Wehe, wer da nicht spurt! Der Kevin schaut schon wieder so unglücklich drein, der aufsässige Kerl!

Dreifaches Missverständnis: erstens zu glauben, dass das Glück eine simple Kulturtechnik sei, die sich wie das Zähneputzen, das Rechtschreiben, das Verwenden von Gabel und Messer, die Kenntnis von Microsoft Word lehren und lernen lässt. Zweitens zu meinen, dass für das Erlernen des auf eine simple Kulturtechnik heruntergebrachten Glücks eine Wochenstunde ausreiche. Und drittens anzunehmen, dass man die in der Schule erworbene (oder später in der Erwachsenenbildung nachgeholte und mit einem Diplom beglaubigte) Fertigkeit sinnvoll im Leben werde anwenden können. In den Buchhandlungen stapeln sich die Ratgeber, die das Glück im Titel führen, nein, sie stapeln sich nicht nur, sie verkaufen sich auch. Offenbar sind viele Menschen am Glück interessiert und daran, was sie falsch machen, dass es ausgerechnet bei ihnen nie für länger bleibt. Nun erfahren sie, dass sie für ihr Glück schon was tun müssen, denn ganz von alleine wird nix draus. Warum gerade jetzt so viel über das Glück gesprochen und geschrieben wird? Das hängt vermutlich damit zusammen, dass in der Leistungsgesellschaft auch das Glück eine Leistung ist, die man erbringen muss, wenn man nicht zur Plebs der Unglücksraben und Erfolglosen gehören möchte.

Die Pflicht, gesund zu sein, schließt schon aus Gründen der Vorsorge die Pflicht ein, zu lernen, wie man glücklich ist. Dass das eine Frage der Ernährung sei, dafür wirkt im österreichischen Fernsehen eine verkniffene Diätinspektorin namens Sasha Walleczek. Ihre Mission ist es, die Nation darin zu unterweisen, dass unter dem wahren Leben die richtige Diät zu verstehen ist, ja, dass das Leben überhaupt auf die gesunde Ernährung und auf die Zufriedenheit darüber schrumpfe, den Körper auftragsgemäß gewartet zu haben. Es ist skurril zu sehen, wie sich eine Gesellschaft, der man ihren Hedonismus vorzuhalten pflegt, eine Domina des Wohlbefindens hält, die den Leuten sagt, was sie essen dürfen, und die bei den Probanden, die sich fürs Fernsehen von ihr ein paar Wochen an die Kandare nehmen lassen, Hausbesuche macht, um nachzusehen, in welcher Form sich die auftragsgemäß verzehrten gesunden Speisen im Darm materialisierten, aus dem sie zur Inspektion ausgeschieden wurden.

In einer Kultursendung tritt Christoph Schlingensief auf, abgemagert, gezeichnet von einer schweren Erkrankung, mit schmalem Gesicht, doch mit dem struppigen Haar des bezaubernden Jünglings und eloquent wie je. Sein Genie war immer ein mediales, sein Erfolg der eines Egomanen des sozialen Protests, der seine vorgeblich politischen Kunstinterventionen nutzte, um seine privaten Obsessionen hemmungslos öffentlich ausleben zu können. Als von sich selbst mitgerissener Scharlatan verstand er die ästhetisch Orientierungslosen und politisch nur vage und mehr nach Weise der Schickeria Empörten mitzureißen, weil sie sich mit ihrem Applaus so angenehm in die Selbsttäuschung wegklatschen konnten. Auch dass er Asylanten in einer Wiener Performance zu seinen ureigenen Zwecken ausbeutete, hat ihm das Feuilleton, das Asylanten mehr auf abstrakte, allgemein menschliche und aus der Ferne entrüstete Weise beistehen möchte, folgsam als Akt des Protestes abgenommen, für eine ästhetisch wie politisch radikale Aktion gehalten und nicht als das erkannt, was sie war: ein rabiater, rigoros selbstbezogener, politisch verbrämter Event, in dem es zuallerletzt um die Asylanten ging.

So sah ich es bisher. Nun aber kann ich nicht anders, als vom Anblick des Mannes berührt zu sein, vom Anblick eines Todkranken, der sich den Charme des aufsässigen Buben, eines Geschwächten, der sich eine ungeheure Kraft, den Willen, der Welt nicht nur standzuhalten, sondern ihr sein Bildnis aufzuprägen, bewahrt hat. Er spricht von seiner Krankheit und vom Tod, mehr aber vom Leben vor dem Tod, er forciert sprechend das Tempo, springt durch die Zeiten seines Lebens, vom Ministranten in Oberhausen zum Regisseur in Bayreuth, springt von Gedanken zu Gedanken, und er bringt dabei selbst Peinliches und Peinigendes zur Sprache, als wäre es nicht nur sein Recht, das zu tun, sondern das Recht des Peinlichen und Peinigenden selbst, ausgesprochen zu werden. Wut, Verletzlichkeit, Angst sprechen aus seiner Suada, der ich mich weder entziehen kann noch mag. Hoffentlich schafft er es, dies wird sich, so wie ich, fast ein jeder denken, der ihn jetzt sieht, wie er tapfer in den Abgrund blickt, der sich ihm aufgetan hat, hoffentlich schafft er es und kann noch verwirklichen, was er wie eine Wette mit dem Tod an Plänen alles entwirft.

In seinem Blick aber ist der gefährliche Glanz, den fast jeder hatte, den ich über Monate hin sterben sah, dieser Glanz der Entrückten, als wären sie nicht mehr ganz da, als sähen sie bereits auf Dinge, die den Gesunden, den sie Überlebenden verborgen sind. Was, wenn meine Kritik an Schlingensiefs rastloser Interventionskunst unangebracht, verbohrt war? Vielleicht, frage ich mich, habe ich das, was er unternommen hat, bisher ganz falsch gesehen. Warum frage ich mich das? Weil er im Grunde, mit den Erfahrungen und den Mitteln des Künstlers, nichts anderes tut, als Jade Goody mit den Erfahrungen der Aufsteigerin und den Mitteln einer Frau getan hat, die im Reality-TV sozialisiert wurde: den eigenen Tod zur öffentlichen Angelegenheit, das Sterben zur medialen Sache zu machen. Ich werde also von etwas gerührt, das ich aus tiefer Überzeugung ablehne.

O. berichtet, dass zwei seiner Freunde unheilbar an Krebs erkrankt seien. Der eine, ein vitaler, beruflich sehr erfolgreicher Mann, der sich für pumperlgesund halten durfte, fiel eines Tages im Büro mit einem Krampfanfall um, wurde ins Spital eingeliefert und erfuhr, als er wieder zu sich gekommen war, dass man einen bösartigen Gehirntumor entdeckt hatte. Der andere, der die halbe Welt bereiste und ein hervorragender Tennisspieler war, bekam eines Tages leichtes Fieber und stellte überrascht fest, dass ihn vor dem Essen ekelte. Er ging zum Arzt, der ihn zum Spezialisten schickte, von dem er mit der Diagnose heimkehrte, dass ihn sein Darmkrebs binnen Jahresfrist aufgefressen haben werde.

Anfang der sechziger Jahre wurde es in den bürgerlichen Kreisen Österreichs und Deutschlands üblich, sich jüdische Witze zu erzählen. Sie waren allesamt von Salcia Landmann geborgt, die vermeintlich urjüdische Witze sammelte und von deren Buch »Der jüdische Witz« es später hieß, er habe weniger mit diesem zu tun als mit dem, was sich eine vom Anti- zum Philosemitismus bekehrte Gesellschaft als »jüdisch« vorstellen mochte. Am schlimmsten war es, wenn die jüdischen Witze von Leuten, die im Imitieren von Dialekten einen Ruf zu verteidigen hatten, auf für jüdisch gehaltene Weise mehr gemauschelt als erzählt wurden.

An einen dieser Witze, die ich als Kind in gerade dieser

Vortragsweise hörte, erinnerte ich mich kürzlich, als ich mitten in die öffentliche Propaganda der Gesundheit private Nachricht von so vielen tödlich Erkrankten erhielt. »Der Herr Grün trifft den Herrn Blau und sagt ihm: Stellen Sie sich vor, ich bin heute im Park neben dem Kohn gesessen, da trifft ihn der Schlag, er fällt um und ist tot. Und? fragt der Herr Blau. Na, wie leicht hätte er mich treffen können!«

Der Witz, ob jüdisch oder nicht, ist jedenfalls lebensweise, ein Gegengift zur Stigmatisierung der Kranken als frevelhafte Übeltäter wider ihre eigene Gesundheit. Und er sagt über die Entstehung von Krankheiten und die Mortalität mehr aus als ein Buchregal voller Gesundheitsratgeber.

Neben strengen und naseweisen Fitnesstrainerinnen praktiziert im ORF seit Jahren auch eine Ärztin als ausgebildete Volksverblöderin. Ich erinnere mich, dass sie einmal einen Psychotherapeuten zu Gast hatte, der sich auf Reinkarnationstherapie verstand, weil er glaubte, unsere neurotischen Ängste basierten auf realen Erfahrungen in einem früheren Leben. Er selbst wollte an einer Wasser-Phobie gelitten haben, die er sich nicht erklären konnte, bis er dahinterkam, dass er in einem früheren Leben Matrose und in Ausübung seines Berufes ersoffen war. Du hast Angst vor deinem Vater? Du warst in einem früheren Leben seine Tochter!

Die Reinkarnationstherapie benötige die Mitarbeit des Patienten in besonderem Maße, sei dafür aber auch geeignet, ihn praktisch von jedweder Krankheit zu befreien. So berühmte sich der Therapeut, dass sich unter seiner Anleitung eine Patientin, die an Multipler Sklerose litt, selbst geheilt habe. Wer an Multipler Sklerose dahinsiecht, ist selbst schuld daran, weil er nicht bereit ist, sich ernsthaft und mit der gebotenen Radikalität seinen eigenen Vergangenheiten zu stellen. Der Therapeut bezeichnete, was er zur besten

Sendezeit Millionen Zusehern darbot, ausdrücklich als »Wissenschaft«. Wenn der intellektuelle Papst in Rom behauptet, den Glauben mit der Rationalität versöhnen zu wollen, muss sich die Wissenschaft natürlich umgekehrt beeilen, sich mit dem Irrationalen zu vereinen.

André Gide schreibt in seinen Tagebüchern gedankenreich über Goethe und Ronsard und so viele Franzosen, von denen uns Heutigen die gelehrten Kommentare der Herausgeber verraten müssen, welche Rolle sie im geistigen Gefecht der zwanziger Jahre spielten. Gide bleibt zuverlässig auf hohem Niveau, und das heißt, dass er zuverlässig über die Niedrigkeiten des Tages in seinem intellektuellen Tagebuch erst gar nicht berichtet. Der Kommentar der Editoren ist es, akademisch zugerüstet mit Hunderten von Fußnoten, der die Unerheblichkeiten des Tages nachreicht: dass seine Nachbarin Marie van Rysselberghe, deren geistvolle Konversationen er regelmäßig protokolliert, eine Tochter hatte, die in jenem Jahr, in dem er so viel über Goethe und Ronsard grübelte, von ihm geschwängert wurde und ein Kind gebar; über sie verlor er in seinem Tagebuch kein einziges Wort.

David Rieff erzählt in seinem Buch über die letzten Tage seiner Mutter Susan Sontag, dass deren Charakter von zwei hervorstechenden Eigenheiten geprägt war. Erstens von ihrer von klein auf gehüteten Überzeugung, dass sie etwas Besonderes, Außergewöhnliches sei. Diese durchaus begründete Überzeugung hat sie als Kind wider die Enge rebellieren und sie später ihren langen intellektuellen Weg gehen lassen, unangefochten in ihrem Selbstentwurf auch in Zeiten der Krise, des Misserfolgs, der Unsicherheit. Die zweite war ihre beständige, quälende und antreibende Angst vor dem Tod. Sie selbst hielt die Todesangst nicht für ein Zeichen von

Feigheit, sondern von Intelligenz, denn nur dumme Menschen fürchten den Tod nicht. Der Tod sei ihr alle Tage präsent gewesen, als dauernde Drohung, ihr besonderes Leben, ihre außergewöhnliche Persönlichkeit vor der Zeit zu zerstören. Seine Mutter habe sich panisch vor dem Tod gefürchtet, schreibt Rieff, und diese Furcht vor dem Tod wurde, je schwächer sie selbst im Verlaufe der letalen Krankheit wurde, nie geringer. In ihren letzten Tagen habe sie im Krankenhaus unaufhörlich geweint, verzweifelt darüber, so vieles nicht mehr erleben, sehen, schreiben zu dürfen, das sie noch erleben, sehen, schreiben wollte. Es scheint, sie habe ihren Tod als empörende Vergeudung der Natur empfunden, »Tod einer Untröstlichen« hat der Sohn das Buch über das Sterben der Mutter genannt.

Was den Journalisten Tilman Jens dazu gedrängt hat, ein Buch über seinen demenzkranken Vater zu schreiben und dieses, tingelnd durch die Talkshows der Republik, zu bewerben, weiß ich nicht. Wild gestikulierend, im Studio vom Schweiß der Aufregung übergossen, radebrechend in agrammatischen Sätzen, die mehr hervorgestoßen als gesprochen wirken, hat er es dem interessierten Publikum auch nicht zu vermitteln vermocht. Vielleicht war der Vater, Walter Jens, so übermächtig, dass er sich wenigstens als 55-jähriger mit einem arg verspäteten Vatermord von ihm zu befreien hoffte; vielleicht aber ist es tatsächlich sein Anliegen, das unbeachtete Sterben ins Leben hereinzuholen und dem Vater, der in die dunkle Welt des Vergessens entschwunden ist, Gerechtigkeit widerfahren zu lassen, eine Gerechtigkeit, die nicht dem imposanten Intellektuellen, dem berühmten Staats-Rhetor der Bundesrepublik gilt, der in besseren Zeiten verfügt hatte, im Falle einer unheilbaren Krankheit sterben zu wollen, und der nun, schwach, der Hilfe bedürftig, seiner selbst entrückt, den Tod fürchtet und keineswegs von seinem Leiden erlöst zu werden, sondern weiterzuleben begehrt.

Mir war dieser einige Jahrzehnte schier omnipräsente Walter Jens, der zu jeder deutschen Wurst seinen Senf beizusteuern pflegte, nicht sonderlich sympathisch. Wenn ich ihn sah und hörte, kamen mir oft Zweifel, ob der beredte, bis ins Alter rhetorisch voll austrainiert wirkende Redner tatsächlich jener Freigeist und fröhliche Grenzgänger war, als der er sich präsentierte, oder nicht doch das Schwadronieren um jeden Preis sein Metier war. Ein Intellektueller, der sich stets in der Nähe der Macht umgetrieben hat, war er selbstherrlich davon überzeugt, dass diese schon alleine deshalb humanisiert werde, weil sie sich ihn als Ratgeber und Einflüsterer wünschte. Als Sachwalter der Aufklärung, der Demokratie, des Fortschritts, des großen nationalen Pustekuchens hat er sich zweifellos verstanden. Jetzt plaudert sein Sohn aus, dass der Mann, der aus dem Stegreif über alles und das Gegenteil davon Reden zu halten wusste, ohne sich je in seinen weit ausgelegten Sätzen zu verlieren, sich nicht mehr erinnern kann, wer die Menschen sind, die ihn betreuen, ihn waschen, pflegen, trösten, wenn er sich wieder vor dem Tod zu fürchten und zu weinen beginnt.

Das Monument Jens hatte gipserne Züge von angemaßter Bedeutung, aber der Sturz des Monuments macht mich nicht froh. Aus dem Sohn, der keinen Satz korrekt zu formulieren weiß und wie ein Berserker mit der Syntax kämpft, spricht unüberhörbar der Vater, zur Karikatur verformt. Die Leidenschaft, die beim Vater so beherrscht war, eine Technik der Rede mehr als ein Zug des Charakters, aus dem Sohn springt sie gequält, und die selbstverliebte Eloquenz des Vaters, seine grandiose Gebärde, beim Sohn wird sie als schweißtreibende Schwerarbeit kenntlich: Tilman Jens sitzt da, schwitzend und stammelnd, von der Anstrengung gezeichnet, sich zu konzentrieren und zu überzeugen, groggy wie ein Boxer nach der elften Runde, und so spricht er über den Vater, den so elegant wie mühelos formulierenden Redner, dem stets die Freude, mag sein die eitle Freude am Auftritt anzusehen war, nicht die Mühe, Überwindung, Qual, die sich sein Sohn aufgeladen hat, um vom kranken Vater zu berichten, der nicht mehr weiß, wer er selbst ist. Mehr als den Vater, von dem er sich befreien muss, um selbst leben zu können, beschädigt dieser Sohn sich selbst.

Mein Bruder Adalbert, der damals sechzehn war, erklärte mir am Abend, bevor er ins Krankenhaus musste, mit verächtlicher Miene, warum kein Gott sei und sich die Menschen ihn erfunden hatten. Über diese selbstbewusste Aufkündigung des Glaubens geriet ich, vier Jahre jünger, in ein inneres Zittern, das sich erst nach ein paar Jahren legte. Dann aber machte ich mir die Auffassung des älteren Bruders, dass nirgendwo im Himmel oder in den Dingen ein gütiger Gott walte, der uns im Tode heim zu sich holt, geradezu fanatisch zu eigen: Wie hätte ich, ein aufgeklärter Jüngling, stolz darauf, dass er sich den Dingen und ihrer Tragik stellt, auch einen solchen Unsinn glauben können, dass vor aller Zeit schon immer ein Gott zugegen war, der sich in seiner Langeweile den Spaß erlaubte, eine Welt zu erschaffen, und der sich darüber freut, wenn die Menschen ihm für diese Schöpfung und ihren Platz darin dankbar sind!

Vergangene Woche waren wir zu einem Abendessen geladen, und der Zufall wollte es, dass mir mein Platz an der Tafel gegenüber von Professor T. zugewiesen wurde, einem kauzigen Naturwissenschaftler, dessen Ruhm über die akademischen Kreise hinauszudringen beginnt und der als Koryphäe seines Faches gilt. Auf meine Frage hin, die mehr der Konvention halber sein Forschungsgebiet betraf, erklärte er mir bei Suppe und Fisch das Folgende: In der Zeit, als noch keine Zeit war, gab es eine stecknadelgroße Materie, also ein Pünktchen auf einem nicht vorhandenen I-Buchstaben, und in diesem Pünktchen auf dem fehlenden vorgalaktischen I verdichtete sich aus unbekanntem Grund die Energie auf so unerhörte Weise, dass es sich zuerst blähte und blähte und dann platzte, sodass sich innerhalb eines Billionstels von einer Sekunde Energie in Materie verwandelte, die mit unvorstellbarer Geschwindigkeit in alle Richtungen auseinanderzusausen begann und sich aus dem geplatzten Pünktchen auf dem inexistenten I die Sonnensysteme, Milchstraßen, Nebel der Gestirne und dergleichen mehr bildeten, von denen es Abermilliarden in einem Raum gibt, der wegen der Wucht der seinerzeitigen Detonation der Stecknadel noch immer am Wachsen ist, aber eines Tages wieder ineinanderstürzen und mit dem Raum auch die Zeit vernichten wird. Ich zerteilte, derweilen mir T. dies mit hinreißender Beredsamkeit darlegte, den Fisch, nippte am kalten Wein, der ausgezeichnet war, und dachte mir: Aha!

T. weiß die Dinge so faszinierend darzulegen wie Pater Petrus, der im Religionsunterricht der Volksschule die andere, die lächerlich veraltete Version der Weltentstehung gegeben hatte. Gegen das, wovon mich T. unterrichtet, dachte ich mir, ist die Lehre, über die ich als Jüngling bitter lachen lernte, dass nämlich Gottvater durch eine Jungfrau zu seinem eigenen Sohn wurde, mit dem und einem dritten, dem Heiligen Geist, er eins und trotzdem dreifaltig ist, ja nachgerade phantasieloser Murks gewesen, nicht zu sagen: Quarks. Nur wer richtig religiös ist, wird bereit sein, die neue Glaubenslehre anzunehmen, ohne aufzumucken.

Das mit dem Atheismus ist ja ganz in Ordnung. Wenn nur die Atheisten nicht wären. Die in reifem Alter noch so stolz auf ihren Atheismus sind, wie ich es als Jüngling war, der nur ein paar Jahre vorher in der Kirche Mülln täglich bei der Frühmesse ministriert hatte. Im Fernsehen bläht und bläht sich ein Mann in meinem Alter, der dem Verein, um nicht zu sagen der Kirche »Gottlos« vorsteht und mit quengeliger Stimme wie ein juveniler Trotzkopf sagt: »Immerhin gibt es für die Evolution, wie Darwin sie beschrieben hat, wissenschaftliche Beweise, und für Gott und das ewige Leben gibt es keine wissenschaftlichen Beweise!« Was für ein Argument! Als ließe sich bei den wichtigen Dingen naturwissenschaftlich beweisen, dass sie die wichtigen Dinge sind – Gerechtigkeit, Liebe, Schönheit, Freiheit. Was ist dieser Präfekt der Unglaubenskongregation doch für ein Simpel, und ausgerechnet mit ihm soll ich meinen Atheismus teilen! Wie es die Österreicher drängt, sich für alles einen Verein zu suchen, selbst für das Nichts-Glauben, denn auch den Atheismus wollen sie nicht alleine praktizieren.

Ein ehrlicher Mann. Er sagt, was er denkt. Aber er denkt ja gar nicht. Also sagt er, was er nicht denkt. So klingt es auch.

Der vierte Krimi:
Als Louis Carnot am 21. April des Jahres 1955 in einem Vorort von Nantes geboren wurde, war er noch nicht einmal einen Tag alt. Dieses Schicksal teilte er mit Fréderic Richteu, der am 26. September 1960 das Licht der Welt erblickte, allerdings unweit von Dijon im Burgund. Damit hat es sich aber schon fast mit den Gemeinsamkeiten der beiden, denn als Carnot, von einem Besuch bei seiner Geliebten, einer gewissen Isabelle Mantilla, auf dem Weg zu seiner Wohnung im 20. Pariser Arrondissement vor einer Bar auf Richteu traf,

der an jenem Abend des 20. August 2009, einem schwülen Donnerstag, den er in einigen heruntergekommenen Cafés entlang der Avenue Simon Bolivar zugebracht hatte, ziemlich schlechter Laune war, war Carnot 54 Jahre und vier Monate alt, während Richteu noch einen knappen Monat vor seinem 49. Geburtstag stand. Diesen beging er in ziemlich schlechter Laune im Untersuchungsgefängnis von St. Denis, während sich Carnot gewundert haben würde, mit welcher Innigkeit Isabelle Mantilla, die zweimal die Woche auf den Friedhof Montmartre hinausfuhr, auch zwölf Wochen nach seinem jähen Tod um ihn trauerte.

Spätabends lese ich gerne ein paar Seiten in den Tagebüchern von Gide. Ich habe ihn schon durch seine Jahre 1923 bis 1927 begleitet und weiß immer noch nicht, ob der Mann mir sympathisch wird oder nicht. Es stellt sich natürlich die Frage, ob es sinnvoll ist, Bücher zu lesen, um dahinterzukommen, ob ihr Verfasser sympathisch war. Was ich sagen will: Ich komme ihm, der Bilanz seiner geistigen Tage zieht, getreulich berichtet, mit wem er über was gesprochen hat und welche Lektüren ihn gerade beschäftigen, nicht hinter den Charakter. Der verbirgt sich hinter lauter Bekenntnissen. Indem er viel von sich berichtet, entzieht sich Gide denen, die ihm hinter die Schliche kommen wollen. Und wenn es gar keine Schliche sind? Vielleicht verbirgt der Mann in seiner einschüchternden Bildung, mit seinem imposanten Freundeskreis, mit seiner wachen Energie gar kein Geheimnis, und gerade das wäre es, was ihn uns rätselhaft erscheinen lässt?

1953 hat der österreichische Bergsteiger Hermann Buhl als erster den Nanga Parbat bestiegen. Vier Jahre später ist er in den Tod gestürzt. Fast alle meine Schulfreunde kannten das

Buch »Im Banne des Nanga Parbat«, in dem ein Expeditionsteilnehmer von den Heldentaten des Extremkletterers, eines Waisenkindes und störrischen Einzelgängers, berichtete. Heute wurde ein Film über ihn im Fernsehen gezeigt, und ich fragte mich, ob dieser Buhl früher so bekannt war wie heute Reinhold Messner. Die Helden der populären Kultur von einst mit den massenmedialen Prominenten von heute zu vergleichen ist schwer. Er war berühmter und weniger berühmt zugleich. Die Massenmedien hatten vor fünfzig Jahren noch nicht jeden Winkel der Welt ausgeleuchtet und noch nicht jeden Erdenbürger als ihren Konsumenten entdeckt. Einen legendären Bergsteiger, Fußballer, Schlagersänger kannten damals, obwohl sie Berühmtheiten waren, viel weniger Leute, als sie heute selbst nachrangige Mitarbeiter der Unterhaltungsbranche kennen. Messners Gesicht haben Abermillionen schon, fast hätte ich gesagt, millionenmal gesehen. Von Hermann Buhl gibt es nur ein paar Aufnahmen und Filmdokumente. Aber der Klang, den dieser Name in mir erweckt, in mir, der ich nie ein Bergsteiger war, nur eben ein Kind der fünfziger Jahre, wird in fünfzig Jahren jener von Reinhold Messner in keinem erwecken, der jetzt ein Kind ist. Nicht weil Messner ein weniger großartiger oder irrwitziger Bergsteiger wäre als Hermann Buhl. Aber um zum Mythos zu werden darf die Person nicht restlos ausgeleuchtet, nicht vollständig dargeboten werden, muss sie im Halblicht bleiben. Das kann heute keiner, denn entweder spielt er mit, dann wird er, auf mehr oder weniger lange Frist, ausgeleuchtet und dargeboten, bis sich seine Persönlichkeit in der medialen Rolle verschlissen hat wie ein altes Fahnentuch, das zu lange im Wind hing; oder er entzieht sich dem, dann bleibt er aber so unbekannt, dass sich daraus kein Mythos formen kann.

Meine Kindheit ist lange vorbei, aber deswegen glaube ich

nicht, es könne keine mehr geben, die noch den mythischen Glanz kennte. Nur muss dieser heute anderswo gefunden werden, denn bei den Figuren, die in der Öffentlichkeit in Ansehen stehen, kann er sich nicht mehr einstellen, sie sind medial leer gesaugt, da bleibt kein Rest.

Ich schaue aus dem offenen Küchenfenster in den Abend hinaus. Zügig fährt ein Radfahrer vorbei, auffallend aufrecht, als würde er sich gar nicht über die Lenkstange beugen. Er ist einer von den zwei-, dreihundert Menschen, die man in seiner Stadt jahrzehntelang vom Sehen kennt, ohne ihren Namen, ihren Beruf zu wissen und ohne sie je zu grüßen. Man sieht sie irgendwann mit kleinen Kindern, die dann größer werden und mit denen man sie eines Tages nicht mehr sieht, sie altern mit uns, und eines Tages sehen wir sie nicht mehr, weil sie aufs Land übersiedelt sind oder auf den Friedhof, und nur selten erinnert man sich dann noch an sie, die jetzt fehlen und von denen man mit einem unbestimmten Gefühl des Verlusts spürt, dass sie fehlen, obwohl die Seite mit ihrem Gesicht in unserem inneren Fotoalbum selten und nur zufällig aufgeschlagen wird. Sie gehören zu unserer Stadt, sie machen diese Stadt eigentlich aus, aber da es eben die Stadt ist und nicht das Dorf, sind wir nicht gezwungen, uns näher mit ihnen zu beschäftigen. Schon war der Mann mit seinem grau gewordenen Haarwirbel unter mir vorbeigefahren mit dem sirrenden Geräusch, das die Mountainbikes erzeugen, und mit einem Mal spürte ich eine innige Verbundenheit mit ihm, es war, als fahre etwas von mir, dem grau Gewordenen, mit ihm in die Vorstadt hinaus.

Seit einiger Zeit fragt er sich häufig, wie alt die Männer sein mögen, deren Wege die seinen kreuzen. Befremdliche Erfahrung, wenn seine Frau dabei ist und er seine Frage an sie stellt: Fast immer soll der Mann, der ein paar Jahre älter war, ein paar Jahre jünger als er sein.

Er verschätzt sich bei seinem Alter nicht bloß, weil er eitel ist, jünger sein möchte und sich an sein Gesicht gewöhnt hat, sondern weil er nicht nur aus dem besteht, der er jetzt gerade ist. Er ist nicht nur der Mann Mitte fünfzig, der darüber staunt, dass er bereits Mitte fünfzig geworden ist, er ist auch der Vierzigjährige, der geradezu begeistert von so viel Reife sein erstes graues Haar entdeckte, und er ist der Dreißigjährige, der im selben Jahr zum ersten Mal Vater wurde und sein erstes Buch veröffentlichte, und der Achtzehnjährige, der die Matura bestand und sich nicht die geringsten Gedanken darüber machte, was jetzt aus ihm werden solle, und er ist auch der Vierjährige, der an einem traurigen Regentag am Fenster stand und dem zum ersten Mal die Zeit bewusst wurde, die so endlos langsam an diesem langweiligen Nachmittag verging, und die vor einigen Jahren begonnen hat, immer rascher zu vergehen. Er ist alle seine Lebensalter zusammen, und deswegen ist es kein Wunder, dass er sich immer jünger einschätzt, als es die anderen tun, die nur den vor sich haben, den sie sehen, nicht die zahllosen, die er in sich hat.

Mit 55 Jahren grübelt Gide unablässig über die Frage, wie weit es ihm bereits gelungen sei, auch »wirklich zu jener Person zu werden, die ich auf mich genommen habe«. Das Tagebuch soll ihm der Ort der Überprüfung sein: Das moralische Kunstwerk, das es zu schaffen gilt, ist nämlich der Einzelne selbst, der sich dem Bild, das er von sich entwirft, über Krisen anzunähern hat, bis er in einem geistigen Reinigungsprozess jener geworden ist, den er sich intellektuell vorausgedacht hat. Im Kommentar der Editoren liest man, in einer geradezu kühnen professoralen Volte, dass sich für Gide diese Frage auch daran entschied, wie weit es ihm gelingen würde, »die seinerzeitige Pathologisierung und Kriminalisierung der Homosexualität, aber auch die derzeitige der Päderastie« zu überwinden. Der Mensch zu werden, zu dem man sich berufen fühlt: ein edles Ziel. Für den im puritanischen Großbürgertum aufgewachsenen Gide bedeutete es nicht nur, zugleich in einer bürgerlichen Ehe zu leben, mit der vierzig Jahre jüngeren Tochter der bevorzugten Gesprächspartnerin und Nachbarin ein Kind zu zeugen und seinen homosexuellen Neigungen nachzugehen, sondern auch, dass sich diese vorwiegend auf Jugendliche richteten, mit denen geschlechtliche Beziehungen zu unterhalten schon damals gesellschaftlich geächtet war und noch heute strafrechtlich geahndet wird. Die Professoren von heute rechnen es Gide hoch an, dass er die »Pathologisierung der Päderastie« überwunden habe. Allerhand, was sich in den Fußnoten honoriger Universitäts-Romanisten verbirgt!

Den befristeten Ruhm medialer Berühmtheit zu erlangen, muss nicht jeder unbedingt John Lennon erschießen, einen Anschlag auf eine Schule verüben oder seine Familie ausrotten. Daher ist die Familie Heene, der die Amerikaner einige spannende Stunden mit etlichen hochdramatischen Minuten verdanken, zwar vielleicht nicht zu verstehen, aber durchaus zu rühmen. Richard und Mayumi haben als liebende Eltern ihren sechsjährigen Sohn vorsorglich in sein Zimmer gesperrt, ehe sie einen Heliumballon in die Luft gehen ließen, die Fernsehstationen und darauf auch die Polizei verständigten, dass ihr Ballon sich aus seiner Verankerung gerissen und ihren kleinen Falcon, der unerlaubt in den Korb des Ballons geklettert war, mit sich auf die ungewisse Reise über Seen, Berge und Täler genommen habe. Alle Stationen unterbrachen ihr Programm und zeigten Bilder vom Himmel über

Colorado, durch den einsam ein Ballon zog, mit einem einsamen Kind im sanft schaukelnden Korb darunter. Nach ein paar Stunden wurde das Helium knapp, der Ballon sank, und endlich landete er unsanft auf einem Gemüseacker, den die Reporter stürmten. Allein, von Falcon gab es keine Spur. War das Kind in seiner Angst aus dem Ballon gesprungen? Nein, so ungezogen war dieser Falcon nicht, der brav in seinem Zimmer ausgeharrt und ferngesehen hatte, bis die Eltern ihn holten und überglücklich, dass er sich nur im Haus versteckt und nicht verbotenerweise mit dem Ballon davongemacht hatte, in die Arme schlossen. Große Rührung allenthalben, die Tränen des Wiedersehens warfen fast so gute Bilder ab wie jene, die geweint worden wären, wenn die Kameras die Eltern an den Ort hätten begleiten dürfen, an denen verstreut die Glieder ihres zerschmetterten Kindes lagen.

Nach zwei Tagen kam alles auf: Richard und Mayumi wollten mit Falcon als glückliche Familie in der Reality-Serie einer überregionalen Fernsehanstalt mitmachen dürfen, und wahrlich, es haben Eltern ihren Kindern schon Schlimmeres angetan um weniger edler Ziele wegen. Der Ruhm war kurz, aber weltumspannend, denn auf allen Kontinenten wurde in den Nachrichten vom glücklichen Ausgang eines Dramas mit verzweifelten Eltern, einem verlorenen Kind und einem Ballon berichtet, der aus heißer Luft bestand.

Als Falcon im Ballon gemächlich über Colorado trieb, zog in rasender Geschwindigkeit ein Meteorit über Lettland, der so schnell war, dass man seiner Bahn mit freiem Auge kaum folgen konnte. Als er in die Erde der lettischen Provinz krachte, haben die Fensterscheiben noch im fernen Riga gezittert. Davon erfuhren nicht nur die Letten, die Balten, die Europäer, sondern im Zuge eines aufklärerischen Gegenaustauschs der wichtigen Nachrichten auch die Amerikaner, die sich über so viel unerwarteten Verkehr im Luftraum über der Erde nicht wundern mochten. Der Meteorit, der Lettland, das die Welt nicht kennt, auf einen Einschlag berühmt machte, war die Erfindung eines privaten lettischen Mobilfunkunternehmens, das so auf seine neuen, noch günstigeren Tarife aufmerksam machen wollte. Das Unternehmen wurde vom lettischen Minister für Infrastruktur ausdrücklich gelobt, war ihm doch gelungen, was den Letten in ihrer schmerzensreichen Geschichte weder in den Jahren der Unterdrückung noch in denen der Auflehnung gelungen war, der Welt nämlich Kenntnis zu geben davon, dass es ein Land dieses Namens im Nordosten Europas gibt.

Das ist ein merkwürdiges Phänomen, dass es der Fiktion bedarf, um die Menschen von einem Faktum zu überzeugen, dass also gerade die Lüge taugt, uns von einer Wahrheit zu unterrichten.

Es gibt Erfindungen, die werden sträflich unterschätzt. Das sind Dinge, an die wir uns so rasch gewöhnt und so vollständig angepasst haben, dass wir sie gar nicht mehr für Erfindungen, sondern für natürliche Eigenschaften der Dinge oder gar von uns selbst halten. Eine solche Erfindung ist die kleine quadratische Schachtel mit vier Tasten, die der Wiener Robert Adler 1956 in den USA konstruiert hat. 1938 aus Österreich vertrieben, ist der geniale Tüftler und Bastler vor einigen Jahren hochbetagt in Idaho gestorben. Kaum einer kennt seinen Namen, und doch hat er unser aller Leben beeinflusst.

Indem er auf die Tasten seiner Schachtel drückte, konnte er auf seinem Fernsehapparat mittels eines Signals aus Ultraschallwellen von einem Programm auf das nächste schalten. So erfand er die erste Fernbedienung, noch ehe in Europa der Fernseher zu einem alltäglichen Gerät geworden war. Ich bin überzeugt, dass die Fernbedingung unsere Kultur mehr verändert hat als der Fernseher selbst. Adlers Erfindung ermöglichte das, was heute allgemeiner Brauch geworden ist, das permanente Hin- und Herschalten zwischen verschiedenen Programmen, ohne dass wir uns dafür aus dem Lehnstuhl bequemen müssten. In den beschwerlichen Zeiten, als die Fernbedienung noch kein reguläres Zubehör des Fernsehapparates war, wählte man ein bestimmtes Programm aus, stellte den Sender ein und hielt mehr oder weniger konzentriert bis zum Ende der Sendung durch. Das ist heute, da wir nicht erst eine Entscheidung treffen, uns erheben und zum Fernseher bewegen müssen, um den Kanal zu wechseln, nicht mehr der Fall.

Eine amerikanische Studie besagt, dass der prototypisch an diese adaptierte Zuseher rund zwanzigmal in der Stunde die Fernbedienung verwendet. Das heißt, das ihn nach etwa drei Minuten nahezu jede Sendung zu langweilen beginnt und er von der Anstrengung, das Gesicht des einen Moderators anzuschauen, so erschöpft ist, dass er sich beim Betrachten des nächsten erholen muss. Das bedeutet auch, dass die Sendungen im Fernsehen heute keinen rechten Beginn und kein echtes Ende mehr haben, alle zusammengenommen ergeben sie ein Stückwerk, das der Konsument zur eigenen Zerstreuung selbst zerhackt hat und sich erst in zerhackter Form einverleibt. Paradoxerweise ist dieses Stückwerk fragmentarisch und endlos zugleich, sodass kaum einer mehr sagen kann, was er am Vortag gesehen hat, aber am Abend wieder in lauter Sequenzen von Bildern, Filmen, Serien gerät, die er schon zu kennen meint.

Die Tätigkeit selbst, die man dabei ausübt, nennt man Zappen, das Wort ist aus der amerikanischen Pionierzeit auf uns überkommen: Knallten sich Revolverhelden im Sekundentakt ab, hieß es, sie würden »zapped«. Die Konnotation des Abschießens schwingt in der Kulturtechnik des Zappens fort. Die Fernbedienung ist die Waffe, die wir gegen den Bildschirm richten, damit er zurückschießt auf uns.

Fernsehen und Internet werden gerne für den Verlust, den die Bildung an Ansehen erfuhr, verantwortlich gemacht. Das Fernsehen ist eine Angelegenheit der Massen, aber deswegen nicht schon demokratisch, denn sie nimmt die Massen dort, wo sie ihm verfügbar sind. Wer anderes verlangt, dem wird von den Gestaltern des Fernsehens elitärer Hochmut, intellektueller Dünkel vorgeworfen und der Stempel des Bildungsspießers aufgebrannt, der anderen Leuten weisen möchte, was sie für unterhaltsam oder anregend zu halten haben.

Das Internet bietet mehr Möglichkeiten und birgt vermutlich auch mehr Gefahren. Der analphabetische Fernsehzuschauer ist denkbar und vielfache Realität; wer im Internet navigieren möchte, muss hingegen immerhin zu lesen imstande sein. Vermutlich bedeutet Lesen im Internet aber nicht mehr das, was wir bisher darunter verstanden haben, das Schaffen eines eigenen geistigen Raumes durch die Schrift, ja die Ausweitung dieses Raumes im Schreiben und Lesen. Der digitale Leser zerhackt den Textkörper, mit dem er es zu tun bekommt, aber er muss immerhin das intellektuelle Besteck haben, ihn zu zerlegen.

Im Salzburger Stadtteil Taxham ist ein Mann gefunden worden, der seit sechs Monaten tot war und vor laufendem Fernseher in seinem Fauteuil langsam verwest ist. Die Kriminalisten schließen von der aufgeklappten Programmzeitschrift auf dem Tisch auf den Todestag: die archäologischen Beweisstücke der Gegenwart.

Samantha Orobator hätte sterben sollen, noch ehe sie die 27 Jahre erreichte, die Jade Goody beschieden waren. Aber so wie diese dem Sterben zu trotzen versuchte, indem sie es in die Öffentlichkeit verlegte, wusste Samantha sich zu retten, indem sie etwas zuwege brachte, das so geheim war, dass selbst die Polizei es nicht verhindern konnte. Im Winter war die Britin in Laos mit einer großen Menge Heroin aufgegriffen worden und ab diesem Zeitpunkt dem Tod geweiht, denn auf Drogenhandel steht in Laos unabänderlich die Todesstrafe. Nach Monaten der Haft im Frauengefängnis von Phontong hat sie sich zum Prozessbeginn jedoch guter Hoffnung gezeigt, dergestalt, dass sie ein Kind erwartet. Schwangere dürfen in Laos nicht nur nicht hingerichtet, sondern auch nicht zum späteren Vollzug der Todesstrafe verurteilt werden, sodass Samantha ein Urteil zu lebenslanger Haft beschieden war, das nach einigen Jahren in eine bedingte Entlassung umgewandelt zu werden pflegt. Niemand weiß, wie es in einem Gefängnis, in dem nur Frauen einsitzen, zur Empfängnis kommen konnte. Immerhin wird vermeldet: Ein Gefängniswärter sei entlassen worden, nicht unter dem Verdacht, sich an der Gefangenen vergangen, und auch nicht unter dem, der Barmherzigkeit wegen mit ihr den Akt vollzogen zu haben, der neues Leben erschafft und zugleich das der werdenden Mutter rettet, sondern als Bote, der unerlaubte Fracht zugestellt hat. Vermutet wird, dass ein unbekannter Wohltäter seinen Samen in einem Behältnis, in dem die Samenzellen einige Zeit überleben können, dem Wärter übergeben hat, der es, an den Vorgesetzten vorbei, zu der Todgeweihten schmuggelte, sodass sich diese in ihrer Massenzelle den doppeltes Leben spendenden Stoff einverleiben konnte. Dass es offenbar gleich beim ersten Versuch glückte, zeigt, wie sich mitunter das Leben gerade unter der Drohung des Todes zu behaupten versteht. Ich denke an B., eine Bekannte, die jahrelang vergebens schwanger zu werden versuchte und es, nachdem sie die Hoffnung bereits aufgegeben hatte, sogleich wurde, kaum dass ihr jüngerer, noch unverheirateter Bruder bei einem Unfall starb und es alleine sie mehr gab, die für das Fortleben der Sippe sorgen konnte.

Es gibt Länder, in denen die Sitten anderes vorschreiben als in Vietnam oder Laos, wo das werdende Leben die Mutter vor dem Tod schützt. Im Iran dürfen Schwangere, nicht aber Jungfrauen hingerichtet werden. Darum ist es dort der fromme Brauch, dass Mädchen und junge Frauen, die für Verbrechen, die andernorts nicht einmal als Vergehen gelten, zum Tode verurteilt wurden, in der Nacht vor der Hinrichtung von den Milizionären der islamischen Revolution oder den Gefängniswärtern vergewaltigt werden. Da Vergewaltigung aber eine Sünde ist, wird sie in der Todesnacht, die damit zur Hochzeitsnacht wird, ehelich vollzogen, dadurch nämlich, dass die Todgeweihten gegen ihren Willen mit den Vergewaltigern verheiratet werden. Eine Menschenrechtsorganisation, die über eine schreckliche Serie von Hinrichtungen im Iran informiert, berichtet auch, dass sich viele der Mädchen mehr vor dieser Ehe als vor dem Tod fürchteten. Als Jungfrauen wäre ihnen gemäß der Lehre iranischer Religionslehrer zudem das Tor zum Paradies offen gestanden, sodass die Vergewaltigung nicht nur das fromme Vorspiel auf ihre Ermordung bedeutet, sondern den Religionswächtern auch insofern eine rühmenswerte Tat ist, als sie die vergewaltigten, hingerichteten Mädchen über den Tod hinaus schändet und schädigt und das Paradies vor ihnen verschließt.

Amir Hassan Cheheltan war einer der bekanntesten Schriftsteller des Iran, als er 1998 zum ersten Mal auf eine Todesliste geriet. Damals wurden einige Autoren, Kritiker, Ver-

leger entführt und später, wie die Dichter Mohammad
Mokhtari und Mohammad Djafar Puyandeh, erdrosselt oder
erschlagen am Stadtrand Teherans aufgefunden. Cheheltan
gelang die Flucht nach Italien, von wo er, als sich die Gesellschaft zu liberalisieren schien, sogleich in den Iran zurück-
kehrte. Seit einem Jahr lebt er in Berlin, wo sein erstes Buch
auf Deutsch erschienen ist, »Teheran Revolutionsstraße« be-
titelt, dessen Lektüre qualvoll ist.

Schahrsad, eine hübsche, lebenslustige junge Frau, ist das
Unglück beschieden, dass sich zwei fromme Männer in sie
verlieben. Der eine, Fattah, ist Arzt und verdient sich sein be-
trächtliches Schwarzgeld als Hymenoplastiker: »Im Unter-
geschoß eines Spitals in einer verwinkelten Gasse im Stadt-
zentrum vernäht er die Jungfernhäutchen von Mädchen,
um die Ehre der Familie wiederherzustellen.« Der andere,
Mustafa, hat keine einträgliche Geldquelle und versieht als
routinierter Folterknecht gegen geringes, aber sicheres Ein-
kommen seinen täglichen Dienst im Gefängnis Evin. Fattah
ist ein Jungfrauen-Macher, er schafft aus sittenlosen Mädchen wieder anständige muslimische Frauen, die erst in der
Hochzeitsnacht defloriert werden. Der sadistische Arzt fühlt
sich als Wohltäter, denn eigentlich haben diese Mädchen
Schande, wenn nicht den Tod verdient, er aber stellt ihre
Unschuld wieder her, freilich um dabei selbst kräftig zu verdienen. Als Schahrsad vor ihm auf dem Opferstuhl liegt und
er sie nach seiner Art ausgiebig beschimpft hat, widerfährt
ihm etwas Ungewöhnliches. Er verliebt sich, was für ihn bedeutet, dass er sie, die er gerade wieder zur Jungfrau gemacht
hat, unverzüglich heiraten und entjungfern möchte. Und
weil sie beides nicht will, bleibt ihm, da seine Leidenschaft
nicht abkühlt, nichts anderes übrig, als sie zu vergewaltigen.

Für Schahrsad schwärmt aber nicht nur der Arzt, der nebenbei für den Geheimdienst tätig ist, sondern auch Mus-

tafa, der rangniedere Scherge des Systems. Der einfältige, rohe Kerl weiß nichts von seinem hochgestellten Rivalen, aber er ahnt, dass das Mädchen, das er zu seiner Frau zu machen, also zu entjungfern wünscht, in Gefahr steht, ihm von einem anderen geraubt zu werden. Deswegen kommt ihm wie selbstverständlich die Idee, seine Braut dort zu verbergen, wo die zivilen Mächte keinen Zutritt haben, nämlich im Gefängnis Evin. Es ist ein grandioses Bild für das eingesperrte Leben in der Islamischen Republik, dass eine Frau im Gefängnis verwahrt wird, damit sie ihre Unschuld bewahre – für einen Mann, den sie nicht liebt, der sich aber zu ihrem Gefängniswärter macht, weil er glaubt, dass er sie liebe und daher über ihre Sittsamkeit zu wachen die Pflicht habe.

Wenn zwei Männer dieselbe Frau lieben, kann sie nicht überleben. Und nach Evin werden die Menschen verfrachtet, die sterben sollen. In den letzten Wochen sind Hunderte, die sich gegen die Wahlfälschung erhoben, in diesem Verlies mitten in der Hauptstadt verschwunden. Cheheltan macht aus den beiden verliebten Mördern keine absonderlichen Monster, sondern zeigt vielmehr, wie religiöse Dogmen und Phrasen in den Repräsentanten des Regimes jedwedes Gefühl von Recht zersetzt haben. Dass sie etwas Verwerfliches tun, käme den beiden gar nicht in den Sinn, denn gefallene Mädchen zu foltern oder vermeintliche Ketzer zu massakrieren ist ihr persönliches Recht und ihr religiöser Auftrag.

Die Anhänger des um den Sieg betrogenen Präsidentschaftskandidaten Moussawi ziehen durch die Straßen von Teheran und skandieren: »Gott ist groß.« Aus einer solchen Revolution kann nichts Rechtes werden, ist das Erste, das ich mir denke. Und als die Demonstranten zu ihrem zweiten Kampfruf wechseln – »Es gibt nur einen Gott!« –, frage ich mich schon, gegen wen sie, diese mutigen Menschen, eigentlich auf die Straße gehen und ihre Freiheit, ihr Leben riskieren: Wollen sie die Ungläubigen massakrieren, die Atheisten das Fürchten lehren, die religiös Wankelmütigen einschüchtern? Was muss das für eine Gesellschaft sein, in der die miteinander auf Leben und Tod Streitenden die gleichen Losungen rufen, sich der Diktatur des nämlichen Gottes unterstellen und einander damit drohen, dass dieser und sein Zorn groß seien! Andererseits wagen die Hunderttausende gegen die Mullahs und ihre Schlägerbrigaden gerade aufzubegehren, indem sie sich auf jenen Gott beziehen, den diese fortwährend im Munde führen. Es ist also ein Kampf im Gange, der dem reaktionären Regime Allah entreißen möchte, die stärkste Waffe und das letztgültige Argument der Mullahs.

Friedrich Engels hat in seiner Schrift über den deutschen Bauernkrieg geklagt, die Bauern hätten über die Fürsten und Grundherren obsiegt, wenn sie nicht so fromm und darum dumm gewesen wären, kurz, es wäre eine Art von Bauernkommunismus aus ihrer Rebellion entstanden, hätte nicht die Religion ihnen Schranken auferlegt, die zu überwinden sie nicht fähig waren. Das war erstaunlich unhistorisch gedacht von Engels, denn dass die Bauern sich erhoben, ja, dass in ihnen überhaupt der Gedanke wachsen konnte, sich gegen die edlen Herren und wohlgeborenen Leuteschinder zu erheben, verdankten sie den Bibelkundigen unter ihnen; aus der Bibel erfuhren die Getretenen und Geschundenen, dass sie Ebenbilder Gottes seien und ihre Bedrücker mithin nicht nur ihre, sondern auch die Feinde Gottes waren, die zu bekämpfen rechtens, ja gottgefällig war. Nicht ihre Begrenzung war die Religion, sondern ihre Rechtfertigung, die einzige, auf die sie damals kommen konnten.

Vielleicht liegen die Dinge im Iran heute ähnlich, sodass in einer Gesellschaft wie dieser die Massen erst für einen Aufstand zu gewinnen sind, wenn sie zuvor überzeugt wurden, dass sie es sind, die den wahren Glauben verteidigen, den die Mullahs als gotteslästerliche Frevler beschmutzen? Angenehmer wäre es mir schon, wenn die Leute in Teheran sich nicht mit dem Schrei »Gott ist groß« prügeln ließen, sondern mit der Forderung nach Pressefreiheit, Gleichberechtigung der Geschlechter, Trennung von Staat und Religion, Freibier und Love Parade auf die Straßen gingen. Aber das Volk, der dumme Michel, tut auch im Iran nicht, wozu ich ihm geraten haben würde.

Ein Film über Bangladesh, eine junge Analphabetin, scheu und würdevoll, gibt auf die Frage, ob sie Träume habe, nach langer Pause zur Antwort: Wer soll denn sonst träumen, wenn nicht wir Menschen?

Jade Goody, die aufsässige Prinzessin der britischen Unterschicht, inszenierte ihr Sterben öffentlich, Christoph Schlingensief, der liebste Rabauke des Kulturbürgertums, hat sich offenbar entschlossen, es ihr auf seine Weise und in seiner Welt gleichzutun. Öffentlich gestorben ist aber auch die schöne, tapfere Neda Soltani, die in Teheran auf dem Karekar-Boulevard von einem Scharfschützen der Basij-Milizen abgeknallt wurde. Der kurze Film ihres Sterbens ist über Facebook und You Tube innerhalb weniger Stunden in die Welt hinaus gegangen, Abermillionen haben seither gesehen, wie die Frau am Boden liegt, Blut, immer mehr Blut aus ihrem Körper quillt, wie sich ein paar Leute schreiend und hilflos um die Sterbende bemühen, darunter, wie man erfahren wird, ein Arzt und der Vater der 27-jährigen Studentin, ja, selbst wie ihr Blick zu flackern beginnt und schließlich erlischt ist auf dem wackeligen Video zu erkennen: Es ist die Live-Übertragung des Sterbens, die unzählbar oft wiederholt wird.

Bei fotografischen Kriegsreportagen muss man sich unweigerlich fragen, ob die Szenen gestellt sind und was auf ihnen wirklich zu sehen ist, denn bei den Bildern von Gefechten, auch von Getöteten, Massakrierten, ist es erst der Untertitel, die Bildlegende, die uns wissen lässt, was wir vorgesetzt bekommen und glauben sollen. Das Foto selbst verrät nicht, welche Kriegspartei in einen Hinterhalt geriet oder welche siegreich eine feindliche Bastion eingenommen hat. Die 37 Sekunden, die das Video vom Sterben Nedas dauert, haben hingegen etwas unabweisbar Authentisches, eine unmittelbare Präsenz, die jene der klassischen Medien überbietet. Ich gerate beim Betrachten der Szene in grauenhaften Widerstreit mit mir: Das Sterben zu zeigen, es auszustellen, habe ich immer für eine Schandtat gehalten, angetan nicht dazu, Ehrfurcht vor dem Leben zu wecken und dem Toten die Ehre zu bezeugen, sondern beides zu entwerten, die Würde des Lebens und die Würde des Toten, um damit ein Geschäft, heiße dieses religiöse Belehrung, vaterländische Propaganda oder mediale Inszenierung, zu treiben. Die Übertragung vom Sterben der Neda Soltani aber lässt mich zweifeln: Wird ihre Würde verletzt, indem sie in ihren letzten Zuckungen gezeigt wird – oder wird ihr, die als eine von vielen Hingeschlachteten nach dem Willen des Regimes anonym, ohne Gesicht und ohne Namen bleiben sollte, nicht durch das Video die gebührende Achtung, Beachtung zuteil?

Gute Literatur, lese ich staunend, ist mit dem Tod identisch. Gute Literatur, lese ich weiter, ist nicht nur mit dem Tod, sondern mit einer Art von Adel identisch: »Und dieser Adel besteht im Willen zur Nicht-Existenz.« Wer das sagt? Ein überspannter, in den Tod vernarrter Philosoph, der sich danach sehnt, ins große Schlachten ausreiten zu dürfen und dabei Viva la Muerte zu brüllen? Der delirante Dichter Josef Weinheber, der »Adel und Untergang« dichtete, als er sich über den Führer ausgeschrieben hatte? Ernst Jünger, kurz bevor er beschloss, lieber doch keinen 103. Geburtstag mehr zu feiern? Nein, es ist viel trauriger. Denn die das sagt, ist die verehrungswürdige Ilse Aichinger, eine Dichterin, die zurückgezogen, dem Getriebe fern und fremd, die Worte bedachtsam, zögernd zu setzen pflegt.

Vor ein paar Jahren hat sie in einer Serie von kurzen Texten, die wöchentlich im *Standard* veröffentlicht wurden, begeistert die Werke, nein, eher einzelne Sätze E. M. Ciorans kommentiert, eines der großen Stilisten der französischen Literatur, der seine Idolatrie des Todes in aphoristischer Eleganz und Prägnanz zu feiern wusste. In seiner Jugend hatte Cioran als Anhänger der faschistischen Eisernen Garden in Rumänien die Menschenverachtung, die zur Propaganda für die Menschenvernichtung taugte, nur wenigen Gruppen vorbehalten, namentlich den Juden. Auf auffallend bequeme (und so gut wie nie kritisierte) Weise hat er die eigenen Verfehlungen zu bewältigen versucht, indem er nach 1945 mit der Verachtung, die er vorher den Juden vorbehielt, nunmehr das ganze verfehlte Menschengeschlecht bedachte.

Merkwürdig, aber dieser Rassismus, der der Menschheit selbst gilt, ist bei feinsinnigen Geistern wohlgelitten. Natürlich wird sich heute niemand mehr dafür hergeben, Ciorans frühe Tiraden für geistvoll zu halten, etwa wenn er, überschäumend vor Hass, 1936 vor »dem Juden« warnte: »Wir können ihm nicht als Mensch begegnen, weil der Jude zuerst Jude ist und dann ein Mensch.« Dass er, von seinem Antisemitismus vermeintlich geläutert, nach 1945 den Men-

174

schen selbst zum verhassten Juden auf Erden machte, finden seine zahllosen Verehrer bis heute hingegen très chic. Andere mochten vor den Gefahren des Atomkriegs gewarnt haben, Spießer des Überlebens, die sie waren, der Aristokrat des Todes, Cioran, hatte Edleres im Sinne: »Einer, der zu schwach ist, um dem Menschen den Krieg zu erklären, sollte nie vergessen, für das Hereinbrechen einer zweiten Sintflut zu beten, die radikaler sein müsste als die erste.« Die erste hat immerhin eine Handvoll Lebewesen auf der Arche Noah überlebt. Für Cioran, der einst verlangte, dass die Juden nicht als Menschen betrachtet werden sollten und später meinte, dass die Menschen insgesamt den Tod verdienten, waren das eindeutig zu viele. Es gibt einen Adel, der ist mit dem Willen zur Nichtexistenz identisch. Wie traurig, so einen Satz nicht von Cioran, sondern von Ilse Aichinger zu lesen.

Emil Cioran ist im Oktober 1933 mit einem Stipendium der Humboldt-Stiftung nach Deutschland gekommen: »Ich fühle mich in Berlin sehr wohl und bin von der hier herrschenden Ordnung begeistert«, schreibt er einem in Bukarest gebliebenen Freund. Er sieht, wie die Nationalsozialisten mit Gesetzen und Schlägerbanden ihre Gegner drangsalieren, und jubelt darüber in einem Artikel: »Der Führer-Mystizismus ist voll gerechtfertigt, es ist Hitlers Leistung, dass er den kritischen Geist einer ganzen Generation ausgemerzt hat.« 1936, aus dem Zentrum der neuen Welt nach Hause, an einen geschichtsverlorenen Rand Europas zurückgekehrt, veröffentlicht er eine Erweckungsschrift, die seine traurige Nation aus der Lethargie reißen soll. Vier Jahre später, als in Bukarest die Eisernen Garden Jagd auf Juden machen und im Blutrausch Monarchisten, Liberale, Sozialisten auf der Straße der Großstadt, in den Dörfern, überall, wo sie ihrer habhaft werden, massakrieren, war er das schärfste publizistische Schwert der rumänischen Gardisten. Seine politische Theologie der Macht lautete: »Damit ein Volk sich den Weg in die Welt bahnt, sind alle Mittel gerechtfertigt. Terror, Mord, Bestialität und Heimtücke sind nur im Niedergang kleinlich und unmoralisch … wenn sie jedoch den Aufstieg eines Volkes fördern, sind es Tugenden. Alle Triumphe sind moralisch.«

Der das geschrieben hat, rasend vor Begeisterung über die eigene Raserei, gilt heute als Denker von heiliger Nüchternheit, als luzider Stilist, dem jeder Überschwang nur eine Gelegenheit war, diesen zu denunzieren. Seine verstreute Gemeinde verehrt ihn als unbestrittenen Weltmeister in der literarischen Disziplin der Bitternis, als Propheten des Zweifels, der rücksichtslos gegen sich selbst jede Gewissheit in Frage stellte. Sein Ruhm nährt sich von der biographischen Legende des weltabgewandten Ketzers, der nicht anders konnte, als jedes Dogma in die ätzende Lauge des Skeptizismus zu tauchen und festzuhalten, wie es sich unter seiner kalten Beobachtung zersetzt. Stellvertretend für uns, die wir diesen Blick nicht wagen, verzärtelt durch ein schäbiges Leben und falscher Tröstungen bedürftig, soll er in Büchern wie »Die verfehlte Schöpfung« oder »Vom Nachteil, geboren zu sein« mutig in die tiefsten Abgründe des Menschen geschaut haben.

Auf der Neutorstraße, hundert Meter von unserer Wohnung entfernt, ist vor einer Woche an einem trüben Tag gegen zehn Uhr früh eine 49-jährige Frau von einem Lastkraftwagen erfasst und getötet worden. Der Unfall ist unbegreiflich, denn der Lkw fuhr im Schritttempo, und alle Verkehrsteilnehmer richteten ihre Aufmerksamkeit auf diesen, der aus der schmalen Seitengasse nur herauskonnte, weil die Autos auf der Hauptstraße in beiden Richtungen anhielten und ihm Platz für das schwierige Manöver des Einbiegens boten. Obwohl der Lkw dabei von zwei Dutzend Zeugen – Fußgängern, Auto- und Radfahrern, Angestellten und Kunden des Supermarktes gegenüber – beobachtet wurde, hat keiner die Frau gesehen, die mit Walking-Stöcken unterwegs und womöglich in eine Trance des Ausschreitens geraten war. Ihr Schädel wurde von einem der großen Räder zerquetscht. Die Leute, die an der Unfallstelle vorbeikamen und mir davon berichteten, standen unter Schock. Sie erzählten, dass im Umkreis von einigen Metern alles mit Blut und Gehirnmasse bespritzt war. Und sie kritisierten, dass die Leiche fast zwei Stunden auf der Straße lag und die Plane der Polizei sie nicht ganz bedeckte. Andrerseits, auf meine Frage hin: Keiner beneidete die Polizisten, die diesen verunstalteten Haufen Fleisch, der wenige Minuten vorher noch ein Mensch in der ganzen Fülle seiner Eigenheiten war, mit seiner Geschichte und seinen Plänen, seiner Familie, seinen Gedanken und Gefühlen und mit seinem zerbrechlichen Körper, unter dem Auto hervorholen und bedecken mussten. Und die am Abend mit ihren Kindern Spaghetti essen und nett und aufmerksam sein sollen.

War das ein- und derselbe Autor: der nationalistische Aktivist, der eine Diktatur ersehnte, die sein Land aus der Rückständigkeit in eine glänzende Zukunft zwingen werde – und der rigorose Weltverneiner, der mit allen Illusionen, den politischen, sozialen, philosophischen und religiösen, aufräumte? Ja und nein. Der eine hieß Emil Cioran, wurde 1911 als Sohn eines orthodoxen Popen in der Nähe von Sibiu/ Hermannstadt geboren und hat in einem schwelgerischen Rumänisch fünf Bücher und zahllose Artikel verfasst, von denen seine Verehrer in Frankreich, Deutschland oder den

USA lange nichts wussten und noch heute lieber nichts wissen wollten; der andere nannte sich E.M. Cioran, schrieb nach 1945 seine Bücher auf Französisch, in einem meisterlichen, schlackenlosen, an den großen Stilisten des 18. Jahrhunderts geschulten Französisch, und hat bis zu seinem Tod 1995 nur immer so viel von seinen Jugendsünden eingestanden, als ihm gerade wieder nachgewiesen zu werden drohte. »Die Verklärung Rumäniens«, jenen nationalistischen Exzess von 1936, hat er 1990 auf der Höhe seines Ruhmes als kompromissloser Wahrheitssucher noch einmal auflegen lassen und dabei stillschweigend die gegen die Juden gerichteten Tiraden einfach gestrichen. Bei anderen nennt man das Verdrängung, Opportunismus, Vertuschung, Cioran aber buchen es seine Bewunderer als Verwerfung der eigenen Irrtümer gut. Auch im antifaschistischen Kanon sind manche eben gleicher als gleich.

Ist das, was Cioran nach 1945 geschrieben hat, Teil einer geglückten Selbstheilung des Autors, eine fortgesetzte schmerzhafte Auseinandersetzung mit der eigenen Verblendung? Während des Krieges war Cioran ins von der Wehrmacht besetzte Frankreich gekommen. Für seinen französischen Biographen Patrice de Bollon vollzieht Cioran die entscheidende Wende, als er nach 1945 beschließt, nicht ins kommunistisch gewordene Rumänien zurückzukehren, sondern in Frankreich zu bleiben und die Sprache zu wechseln. Vernachlässigen wir die unbewusste französische Großmannssucht dieser These, die aus anderen Gründen einiges für sich hat: Der Wechsel der Sprache bedeutete für Cioran vor allem, dass er zur Literatur künftig ein distanziertes, kühles Verhältnis haben würde. Das Französische würde er nie wie selbstverständlich schreiben. Für einen Charakter, der stets von seinen Stimmungen mitgerissen zu werden drohte, war der Wechsel in eine Literatursprache, die nicht seine Muttersprache war, ein Akt der Selbstdisziplinierung. Cioran war Mitte dreißig und sich völlig im Klaren, dass der Sprachwechsel ein lebenswendender Entschluss war. In der »Tentation d'exister« schrieb er: »Wer seine Sprache verleugnet und eine andere annimmt, verändert seine Identität, ja sogar seine Enttäuschungen. Als heroischer Verräter bricht er mit seinen Erinnerungen und in gewissem Grad mit sich selbst.«

Ciorans deutscher Biograph, Bernd Mattheus, sieht sich hingegen nicht vor den Zwang des französischen Kollegen gestellt, den überspannten rumänischen Jüngling Emil von dem zur Vernunft bekehrten französischen Philosophen E. M. Cioran abzugrenzen. Mattheus sieht nicht die scharfe Zäsur im Lebenswerk des Autors, sondern dessen innere Zusammenhänge. Er tut dies aber offenbar in der Überzeugung, dass die politische Verstrickung Ciorans seinem künstlerischen und philosophischen Werk nichts anhaben konnte, dass es sich gewissermaßen jenseits davon entfaltete und jenseits davon gelesen zu werden verdient.

Der deutsche Fußballtormann Robert Enke hat Selbstmord begangen. Eine Woche lang wird in den Stadien und im Fernsehen getrauert; und nicht fehlt es an öffentlich bekundeten Vorsätzen, künftig Versagensängste oder Depressionen von Leistungssportlern nicht mehr zu tabuisieren, sondern auch in der Hochleistungsgesellschaft respektvoll über Leistungsschwächen zu debattieren. Wie sollte das gehen? Leistung, hohe Leistung, die höchste Leistung zu erbringen, das ist im Profisport doch keine störende Zutat des Geschäfts, sondern dessen Essenz! Stärker, schneller, besser zu sein als die anderen, unerbittlicher sich selbst und gerissener den Konkurrenten gegenüber, das ist es, was im kommerzialisierten Sport nicht anders als in der Hochleistungsgesellschaft von jedem Spieler, Mitspieler erwartet wird. Man reibt sich die Augen, wenn man all die ergriffenen Manager sieht, wie sie sich befristet zu Bußpredigern wandeln und Einsicht, Umkehr, Solidarität verlangen. Am Wochenende wird endlich nicht mehr getrauert, sondern wieder gespielt in der Bundesliga, und der Reporter der Sportschau, der sich die Tränen aus den Augen gewischt hat, rückt die Dinge, ganz der Experte von früher, ins Lot: »Der Trainer musste die letzten Materialreserven aus der Spielerkiste holen.«

Ein tödlicher Unfall beschäftigt uns anders als eine tödliche Erkrankung (oder gar ein Selbstmord, der uns immer tragisch, aber oft konsequent erscheint, als würde er zu dem, der sein Leben so beendet hat, gehören). Der Unfall ist immer das gänzlich Fremde und Zufällige, das mitten in unser Leben tritt. Die Frau, die in der Neutorstraße starb, könnte noch leben, hätte sie ihre Wohnung nur eine Sekunde später oder früher verlassen. Hätte sie der Nachbarin nicht nur zugenickt, sondern ein Wort mit ihr gewechselt. Sie würde noch leben, wenn der Lenker des Lastkraftwagens in der Früh seine Zähne ein bisschen länger oder kürzer geputzt hätte oder die erste Ampel des Tages auf Rot statt auf Grün geschaltet gewesen wäre … Der Unfall lässt uns die Bodenlosigkeit unserer Existenz erfahren, wir spüren dann, dass wir stets am Abgrund stehen.

Tatsächlich hat Cioran nach 1945 kein antisemitisches Wort mehr geschrieben. Aber was für eine Läuterung ist das, wenn er die Juden, die er vordem nicht als Menschen wahrzunehmen empfahl, nun gar nicht genug dafür preisen kann, dass sie ein großartiges »Volk von Einzelgängern« bildeten und die wahren »Meister der Existenz« seien? Was ist das für eine

Selbstkritik, wenn er von den Deutschen, die er bewunderte, solange der Nationalsozialismus siegreich war, nach dessen totaler Niederlage behauptete, sie seien allesamt »äußerst starrköpfige, mittelmäßige Menschen«? Und das soll eine glaubwürdige Distanzierung sein, dass der verführte Verführer, der die Rettung des Vaterlandes aus der tiefen Schmach welthistorischer Bedeutungslosigkeit durch eine Terrororganisation predigte, post festum postuliert: »Alles Unglück im Leben rührt von der Teilnahme an irgendwelchen Gruppen her«? Alles Unglück, irgendwelche Gruppen?

In Berlin wird ein 28-jähriger Russlanddeutscher zu lebenslanger Haft verurteilt, er hatte eine 31-jährige Ägypterin während einer Gerichtsverhandlung mit zahllosen Messerstichen getötet. Wie er nach der Verhaftung zu Protokoll gegeben hat, war ihm die Frau als Ausländerin verhasst und, da sie ein Kopftuch trug, als Islamistin verächtlich gewesen. Daher hatte er sie, als sie ihn auf einem Spielplatz tadelte, die Schaukel der Kinder zu besetzen, beschimpft und bedroht. Üblicherweise hat ein Rowdy für solches Gebaren nicht mit Strafe zu rechnen, er aber kam, weil ein paar couragierte Leute der Ägypterin beistanden, wegen Ehrenbeleidigung vor Gericht. Und dass eine Araberin, die er verachtet, ihn vor Gericht zwingen konnte, der er sich für einen Deutschen und mithin ein höheres Wesen hielt, hat den Mann so empört, dass er wiederum seine Ehre verletzt sah und sie sich messerstechend wiederherzustellen versuchte. Gekränkte Ehre ist einer der häufigsten Gründe dafür, Gewalt auszuüben, ungezügelte Gewalt, die kurzfristige Befriedigung gibt, nämlich den Schmerz, die Demütigung des anderen. Der Mörder kam aus dem Ausland nach Deutschland; und während des ganzen Prozesses war ihm, der das Kopftuch als Zeichen der islamischen Religionszugehörigkeit hasst, vom Gericht gestattet, sein Gesicht mit Kapuze, Sonnenbrillen und über die Nase heraufgezogenem Rollkragenpullover zu verbergen. Ein Zombie, unfähig, im Gerichtssaal etwas zu seiner Verteidigung zu sagen, hat er sich schweigend all die Tage hinter dieser Verschleierung verborgen. Das Gericht duldete es, dass er sich hinter seiner Rocker-Burka versteckte, der Deutsche aus Russland, der Religion und Ehrenkodex der Muslime hasst und daher eine Frau ersticht, aus verletzter Ehre. Es wird ihm sein Lebtag lang hinter Gittern nicht klar werden, dass er an den Fremden sich selbst verachtet und lächerlich jenem Zerrbild gleicht, das er sich von ihnen macht.

Alle paar Monate verirrt er sich im selben Hotel. Es ist riesengroß, im dritten Stock befindet sich eine Bar, in der um einen niedrigen Tisch in der Form einer überdimensionalen Niere etwa zehn Männer sitzen, die mit ihren Stühlen so weit vom Tisch gerückt sind, dass er sich kaum an ihnen vorbeizwängen kann. Im großen Speisesaal, der sich an die Bar anschließt, bedienen zahlreiche Kellner in weißer Jacke ganz wenige Gäste, die unendlich weit voneinander entfernt zu sitzen scheinen. Aus dem Speisesaal gelangt er in einen Konzertsaal, der menschenleer ist, auf dem Podium steht ein Flügel, dessen Klaviatur nicht geschlossen ist. Kommt er vorbei, kann er nicht anders, als behutsam, um keine der verborgenen Ordnungskräfte auf sich aufmerksam zu machen, dieselbe schwarze Taste anzuschlagen, über deren lauten, hellen Ton er jedes Mal erschrickt. Hinter der Bühne geht es Treppen hinauf und hinunter, bis er endlich in einen langen Gang gerät. Zimmer reiht sich an Zimmer, doch hat er die Nummer des seinen vergessen, vor mancher Tür verweilt er ein wenig, als würde er hoffen, dass sie zu ihm zu sprechen begänne und ihm verriete, wohin er müsse. Am Ende der

Zimmerflucht gelangt er zu einer weiteren Treppe, und da fällt ihm auf, dass er im Kreis gegangen und fast schon wieder in der Bar angelangt ist. Die Männer findet er dort vor wie vorher, wieder lassen sie ihn kaum vorbei, und im Speisesaal servieren die Kellner in weißer Jacke noch immer aus silbernen Schüsseln dampfende Suppe an die wenigen Gäste, die weit voneinander entfernt sitzen. Er kennt das Hotel schon von früheren Träumen, in denen er immer in die gleiche Irre ging; man kann sagen, er kennt das Hotel schon so gut, dass er den Weg, der ihn in die Irre gehen lässt, wie im Traum findet.

In einem Hotel ist der kranke Dichter Edmund Mach gestorben, dessen Gedichte gerade neu aufgelegt wurden, gestorben vor vierzehn Jahren, in New York, wohin er immer einmal zu Besuch fahren wollte und wo ihm, als er es mit 67 Jahren schaffte, ein schneller Tod in bester Laune glückte. Mach war einer der schizophrenen Patienten, die der legendäre Primar Leo Navratil in der Psychiatrischen Klinik von Maria Gugging bei Wien dazu anhielt, die Eigenheiten und Nöte ihrer Existenz künstlerisch auszudrücken. Am bekanntesten wurden die Maler und Zeichner unter ihnen, aber auch Ernst Herbeck, der Dichter, hatte unter Schriftstellern nicht wenige Verehrer, die sein Dichten weniger als bewegendes Zeugnis seiner Krankheit in Düsternis, Renitenz und Persönlichkeitszerfall, sondern als genuin sprachschöpferische Leistung begriffen. Der Streit, wie viel künstlerische Absicht, also wie viel Wissen und Kalkül vonnöten sein müssen, damit Kunst genannt werden kann, was doch unzweifelhaft ein Bild, ein Gedicht ist, hätte auch anhand der Lyrik von Ernst Mach geführt werden können, aber von ihr war damals noch nicht viel bekannt. In seinen Gedichten erweist sich der seit seinem 27. Lebensjahr hospitalisierte Mach als ironischer – also durchaus bewusster – und sprachschöpferischer Autor, der manche seiner originellen Wendungen und Bilder selbst als Verstoß gegen die überlieferte Sprachordnung verstand, während ihm andere offenbar als kuriose Stilbrüche geradezu widerfuhren. Er erfand neue Worte wie »quicklich« oder Wendungen wie »das gesaftete Glas« und räumte nicht ohne Koketterie ein, dass er in seiner Jugend gerne die Fräulein »umnachtet« habe. Von seiner schriftstellerischen Tätigkeit hatte er selbst eine hohe Meinung, wie er sie in seinem an den umnachteten Nietzsche gemahnenden Poem »Warum ich so gut schreibe« weniger begründete als selbstbewusst und ohne nähere Angabe von Gründen schlichtweg verfocht. Gleichwohl schrieb er nur, wenn ihm Navratil ein Thema stellte, dann aber gab ihm jedes etwas her: das Rauchen, dem er verfallen war, die Religion, die eigene Biographie, die Sexualität, das Dichten, Österreich und Amerika: »Unbarmherzig war in / Amerika ein Vergnügen / ausgemacht.«

Nach der Schule hatte Mach einige Jahre Anglistik studiert, bis er eines Tages die Kommunikation mit der Welt, repräsentiert von den auf Anpassung bedachten, um den Ruf besorgten Eltern, rigoros abbrach: »Das Redeballspiel war sehr anstrengend.« 1996 erfüllte sich ihm sein Lebenswunsch: Begleitet von seinem Arzt reiste er nach New York. Dort soll er zahlreiche Amerikanerinnen auf der Straße, im Museum, im Restaurant mit österreichischen Handküssen überrascht und entzückt haben; in der Nacht vor dem Heimflug ist er in seinem Hotelbett eingeschlafen und nicht wieder aufgewacht.

Hatte Cioran es einst mit den Eisernen Garden gehalten, die auf Pogrom aus waren, belehrte er uns später, dass die Geschichte selbst gar nichts anderes sein könne als die »Raserei von Horden«. Sehr radikal ist das, und sehr bequem; eine Art von radikaler Bequemlichkeit. Was der elitäre Mann exerziert, hat auch der ordinäre Kleinbürger, vor dem ihn graute, als die Lehre genommen, die ihm die große Geschichte geschlagen hat. Da er einmal irrte, als er für den Nationalsozialismus marschierte, galt ihm nachher Politik ganz allgemein als schmutzige Angelegenheit; weil er sich fanatisch in einem bestimmten Verein betätigt hatte, zum Beispiel in der SA, ließ er jetzt höchstens noch den Kegelverein gelten. Was er für seine Ideale hielt, war in Blut und Schmutz niedergekommen, deswegen war ihm jeder verdächtig, der noch Ideale, andere als die seinen, hatte.

Cioran formuliert es geistreicher, doch in den glänzenden Pointen seiner verknappten Rede ist oft das ordinäre Ressentiment verborgen. Man verstehe aber den Fortschritt, der darin besteht, dass einer die Erde nicht mehr von den Juden, sondern von dem Menschenabfall selbst gesäubert sehen möchte: »Was ich am meisten hasse, ist die *Gegenwart* des Menschen. Diese Parade hässlicher, degenerierter, verkrüppelter Leute raubt einem jeden Lebenswillen. *Vollgefressener Abfall.*« So was möchte man endlich einmal sagen dürfen! Spricht hier der Ketzer und Skeptiker Cioran oder der überspannte faschistische Jüngling? Ich glaube, aus dem alten spricht der junge Cioran, der seinen vulgären Antisemitismus zur elitären Menschenverachtung veredelt hat: Nicht mehr der Jude allein, »der Mensch muss verschwinden«, denn er ist der »Krebs der Erde«.

Was der Geläuterte am Ende begehrt: die Entvölkerung der Erde.

Die heftigen Magenschmerzen, die gegen Mitternacht einsetzten, ließen ihn kaum schlafen, er träumte halbwach und befand sich halberwacht unterwegs in einem kreisenden

Traum. Stundenlang dachte er träumend darüber nach, was auf seinem Grabstein stehen sollte. Nein, er dachte darüber nach, was er selbst auf seinem Grabstein gerne lesen würde.

Vielleicht: »Er liebte die geselligen und die einsamen Stunden.«

Teil 3

Nach Österreich und anderswohin

Die Maschine nach Frankfurt ging um sechs Uhr früh, gleich ihm waren die meisten Reisenden mürrisch mit sich beschäftigt, und nur knurrend erhielten die Stewardessen beim Einstieg ihren geschäftsfreundlichen Gruß zurück. In der Reihe vor ihm hatte ein jüngerer Mann die *Financial Times* mit der Titelseite aufgeschlagen: »Wachsen oder abstürzen.« Wie immer, wenn er mit dem Flugzeug unterwegs war, fragte er sich, was um Himmels willen all die anderen veranlasst haben konnte, dorthin zu fliegen, wohin auch er musste. Neben ihm, am Fenster, hatte eine mit perfekter Eleganz für die Kämpfe des Tages adjustierte Dame in ihren Vierzigern Platz genommen; nach drei Minuten sank ihr Kopf zur Seite, ein leises Röhren, eine Art umgedrehten Schnarchens, bei dem das knarrende Geräusch nicht beim Ein-, sondern beim Ausatmen erzeugt wurde, entrang sich ihrem aufgeklappten Mund, und die exakt geschminkten Lippen schienen plötzlich mürbe geworden zu sein, was die Schlafende so verletzlich aussehen ließ, wie er es der Wachen niemals zugetraut hätte.

Auf der anderen Seite des Ganges rutschte ein Mann mit aschblondem Haar und einem dünnen, blutig gestockten Rasierschnitt an der Unterlippe auf seinem Platz hin und her. Er hielt die Zeitung weniger in Händen, als dass er sich an ihr festklammerte, schon dreimal hatte er gefragt, wann das Flugzeug abheben werde. Als er ihm beim dritten Mal Auskunft gab, fuhr er ihn an, dass er selbst wisse, wann Abflugzeit sei, aber wie lange es noch bis sechs Uhr sei, das wollte er wissen, der, wie er sah, im Unterschied zu ihm eine Armbanduhr umgebunden hatte. Kurz danach begann der Aschblonde, vielleicht weil er so herzlos wenig Zuspruch von ihm erhielt, sich an niemand Bestimmten mit der fast geschrieenen Vermutung zu wenden, dass dieses Scheißflugzeug wieder eine Scheißverspätung haben werde, weil es diese Scheißlinie nie zuwege bringe, pünktlich zu starten. Die Stewardessen vorne tuschelten miteinander, und er suchte ihnen mit einem streberhaften Blick zu bedeuten, dass er im Unterschied zu dem aufgebrachten Kümmerling von den kleinen und großen, üblichen und kuriosen Ängsten, die ihn seit seiner Kindheit zuverlässig auf seiner Lebensreise begleiteten, einzig die Flugangst irgendwann verloren hatte, und zwar auf wundersame Weise so, dass er gar nicht merkte, wann und wie es geschah, und es folglich keineswegs er war, von dem sie einen Anfall oder Ausfall befürchten mussten.

Als die Maschine endlich zu rollen beginnt, zerknüllt der in seiner Erregung zum Stillsitzen gezwungene Mann neben ihm die Zeitung zu einem Ball, den er unablässig dreht und drückt. Man sieht, er versucht es mit all den Techniken, mit denen noch nie jemand seine Angst wirklich zu beherrschen gelernt hat und die zu lehren doch die therapeutische Industrie der Massenentspannung ihr Geschäft macht: Während das Flugzeug in den Steilflug übergeht, schließt er die Augen, vermutlich um auf einer Bergwiese im Engadin dem beruhigenden Gebimmel der Kuhglocken zuzuhören; er spannt die Muskeln kurz aufs Äußerste an, um sie dann zu entkrampfen – jetzt würden ihm die Knie weich werden, wenn er nicht säße, nicht hier, wo es kein Entrinnen gibt, sitzen müsste; er atmet die Luft tief ein, sodass sie noch das Sonnengeflecht in den Eingeweiden erreichen möge, und zwingt sich, sie ganz langsam auszuatmen.

Der Reisende mit der *Financial Times* hat die Zeitung weggelegt, er scheint sich für das Wachsen entschieden zu haben, die Geschäftsfrau schläft röchelnd ihren Frankfurter

Verpflichtungen entgegen, und der Mann mit dem Riss unter der Lippe ist so vollkommen eins mit seiner Panik geworden, dass er aus nichts als ihr zu bestehen scheint. Er probiert alles auf einmal, auf die Kuhglocken und auf ein verräterisches Geräusch der Triebwerke zu horchen, die Muskeln anzuspannen und die Luft auszustoßen, die Augen geschlossen und sie sicherheitshalber weit aufgerissen zu halten. Als das Flugzeug seine Höhe erreicht hat, wird er ruhig. Völlig ruhig. Er wickelt den Ball wieder auf, streicht Seite für Seite entlang, penibel faltet er sie dann, zieht alle Kanten nach, bis aus dem Ball wieder eine zerknitterte Zeitung geworden ist. Ungelesen zwängt er sie in das Netz, das auf der Rückenlehne des Vordersitzes angebracht ist. Geschafft. Einmal sieht er kurz zu ihm herüber, eine müde Gehässigkeit scheint in seinem Blick zu glimmen, vielleicht hasst er ihn ja, den Flugbegleiter seiner Panik. Ganz Weltmann, zu dem er aus den Tiefen seiner Angst wieder erwacht ist, winkt er der Stewardess und ordert eine neue Zeitung. Der Flug nach Frankfurt vergeht jetzt wie im Flug, was sollte er auch sonst tun. Nein, dieser Mann hasst ihn nicht, er kennt ihn nicht einmal mehr, schon hat er vergessen, dass es ihn gab und dass sie sich an diesem Tag, jeder aus seinem Grund und einem anderen Verhängnis, gemeinsam auf die Reise nach Frankfurt begeben hatten.

Ich fliege ins Ausland und lese in der Zeitung vom Inland, dem ich nicht entrinne. Er möchte gerne Bürgermeister von Wien werden, der rechte Parteiführer H. C. Strache, und sorgt sich, dass die Zuwanderer so schlecht Deutsch sprechen. Damit sich das ändere, verlangt er strenge Sprachprüfungen, der sich Männer und Frauen gleichermaßen zu stellen haben, »weil Staatsbürger ein Begriff ist, der beide Geschlechtsteile umfasst«.

Hoch über Niederbayern geht mir der geschniegelte Mann Anfang vierzig durch den Kopf, den ich gestern im Fernsehen gesehen habe. Ohne dass er danach gefragt worden wäre, hatte Toni Faber, Dompfarrer von Wien, der Reporterin gestanden, einige Wochen zuvor alkoholisiert Auto gefahren zu sein und einen Unfall mit Sachschaden verursacht zu haben. Er vertraue aber darauf, dass er diese Sünde mit einer Wallfahrt nach Mariazell gebüßt und ihm der Herrgott vergeben habe. Die Beichte, die abzulegen der Gottesmann zuerst ein paar konkurrierende Sünder vom Mikrophon wegboxen musste, dient einzig dazu, dass er mit ihr völlig reuelos vor der Kamera posiere. Seine Beichte ist zweifellos eine schwerere Sünde, als die Sünde eine war, die zu beichten er die Gelegenheit ergriff, sich an die Öffentlichkeit zu drängeln.

Fliegen ist unpraktisch. Die Zeit, die wir gewinnen, weil es in der Luft schneller dahingeht mit uns, bezahlen wir mit jener, die wir, seelenlos in einem Zustand vegetativen Dämmerns, in Wartehallen der Terminals oder in den Schlangen vor der Sicherheitskontrolle zubringen. Ich sitze auf einem durchgewetzten Plastiksofa in dem notorisch grindigen Flughafen Frankfurt und warte darauf, dass die Maschine nach Bukarest mit vierstündiger Verspätung doch noch aufgerufen wird. Hätte ich mich mit dem Zug auf den Weg gemacht, wäre ich wahrscheinlich schon im tiefen Ungarn unterwegs. Das ist aber nicht sicher, denn die Bahngesellschaften werden seit einigen Jahren vorsätzlich dem Sanierungs-Verfall preisgegeben, gut möglich also, dass ich irgendwo auf dem Weg in den Osten abgehängt und aufs Abstellgleis gestellt worden wäre. Dann würde ich mich jetzt im Flughafen Frankfurt zu Unrecht ärgern, wieder einmal des Zeitverlustes wegen auf das schnellste Verkehrsmittel gesetzt zu haben.

Alles wird schneller, dafür brauchen wir länger. 1991, als ich Herausgeber von *Literatur und Kritik* wurde und der literarischen Öffentlichkeit noch als Autor der jüngeren Generation galt, zwang mich meine neue Berufspflicht, viel Zeit unterwegs zu verbringen. Um in die Setzerei Rizner, in der die Zeitschrift mittlerweile das neunzehnte Jahr gesetzt wird, zu gelangen, stand ich mit Arno Kleibel, dem Verleger, stundenlang im Stau, der auf den Straßen von Salzburg kein Weiterkommen zuließ, uns aber löblich viel Zeit bot, die allfälligen Dinge der Redaktion und die zufälligen des Lebens zu besprechen. Oder ich machte mich mit dem Fahrrad auf den Weg, aus meiner Wohnung am entgegengesetzten Ende der Stadt, und geriet dabei unfehlbar in ein wolkenbruchartiges Unwetter. Wird mir heute geklagt, dass es mit dem dauernden Regen nicht mehr auszuhalten sei, pflege ich an die Jugend meiner Herausgeberzeit zu erinnern, in der das einzig bekannte Wetter das Regenwetter war. Damals musste jeder Text, der später in der Zeitschrift erscheinen sollte, vorher auch materiell als Manuskript in die Setzerei gelangt sein. War ich mit einer Erzählung, zwei Kulturbriefen, ein paar Rezensionen durchnässt in der Setzerei angekommen, überreichte ich die Manuskripte einem Herrn, der über einen grauen Haarschopf und eine feine Ironie verfügte und sich sogleich jedes Blatt einzeln vornahm.

Georg Blüthl machte mich auf orthographische Fehler ebenso aufmerksam, wie er es mir nicht verhehlte, wenn er einzelne Passagen für unlogisch, gekünstelt oder langweilig hielt. Die Manuskripte wurden auch deswegen vorher genau gelesen und für den Satz eingerichtet, wie das Fachwort lautete, weil das nachträgliche Korrigieren aufwendig war. Fiel mir erst am gesetzten Text eine Verbesserung ein oder ein Fehler auf, konnte sich leicht etwas am Seitenumbruch ändern, und dann ratterte die Satzmaschine minutenlang.

Georg Blüthl und ich starrten besorgt auf den Bildschirm, auf dem sich, spannend bis zuletzt, abzeichnen würde, wie das damalige Korrekturprogramm des Satzstudios mit meinen Vorgaben zu Rande kam. Hatten wir Pech, musste Blüthl sämtliche Silbentrennungen wieder rückgängig machen und neu durchführen, und das über viele Seiten. Er nahm es mit skeptischer Gelassenheit und erzählte mir, wie es früher war, als er seinen Beruf noch mit dem Bleisatz erlernte und Korrekturen nicht einen Knopfdruck auf der Tastatur des Computers erforderten, sondern die Lettern aus dem Setzkasten geholt und einzeln anders angeordnet werden mussten. Er erzählte es so, als würde er seinen Beruf damals für geistig anregender und schöner gehalten haben.

Den Text, der in jedem Heft ganz vorne steht, das Editorial, habe ich immer als letzten geschrieben. Die Druckerei war meist für einen Montag Mittag gebucht, ein Termin, der unbedingt eingehalten werden musste, sodass ich das Editorial in der Nacht davor zu schreiben und das Manuskript um acht Uhr früh durch den Regen in die Setzerei zu bringen pflegte, wo ich wartete, bis Blüthl den Text gesetzt hatte, damit ich diesen noch einmal lesen und korrigieren konnte. Dann durfte ich heim und mich schlafen legen, während das gesetzte und umbrochene Heft von der Setzerei in die Druckerei gebracht wurde. So ging das einige Jahre, bis das Telefax erfunden wurde oder, wenn es schon vorher erfunden war, seinen Weg bis zu mir nach Salzburg fand. Jetzt konnte ich den nächtens verfassten Text um acht Uhr früh in die Setzerei faxen, dann ein Frühstück zu mir nehmen, das in Wahrheit mein Abendessen war, weil ich mich bald nach seinem Verzehr niederlegen durfte, ich musste nur abwarten, bis Blüthl mir das nun gesetzte Editorial zurückgefaxt und ich ihm anschließend telefonisch meine letzten Korrekturen durchgegeben hatte.

Kaum hatten wir uns an diesen Fortschritt gewöhnt, wurde alles anders. Zuerst fingen die jüngeren Autoren damit an, dem Kuvert, in dem sie ihr Manuskript schickten, eine Diskette beizulegen. Ich einigte mich mit Sir George darauf, dass sich dieses Zeug nicht lange halten werde, und warf es weg. Dann aber sagte mein Setzer eines Tages Adieu, ging in Pension und verschwand, dem Gerücht zufolge nach Spanien, wo er in der Gegend von Murcia ein Haus erworben hatte. Frau Kaser, die die Zeitschrift und mich von ihm erbte, klärte mich als Erstes darüber auf, dass sich das Zeug noch länger halten werde und wie ich es für den redaktionellen Ablauf nutzen konnte. Durch den Regen fahre ich schon lange nicht mehr, und wer es darauf anlegte, könnte inzwischen eine Zeitschrift wie die meine herausgeben, ohne sein Haus je verlassen zu müssen. Frau Kaser, die ihren Beruf erst erlernte, als die Epoche des Bleisatzes schon zu Ende war, weiß Manuskripte mit aberwitziger Geschwindigkeit praktisch fehlerfrei herunterzuhämmern; nein, hämmern ist das falsche Wort für das, was sie tut, auf die Tastatur des Computers hämmert man nicht wie seinerzeit auf die der mechanischen Schreibmaschine, Frau Kaser lässt ihre Finger geradezu über die Tasten fliegen. Aber auch dazu fehlt heute meist die Zeit, denn inzwischen erscheint sogar in *Literatur und Kritik* kaum ein Text mehr, der nicht auf elektronischem Wege bei mir eingelangt und auf die nämliche Weise von mir in die Setzerei weitergeleitet worden wäre. Dort wird er von Frau Kaser nicht abgetippt, sondern aus dem Computer heruntergeladen, eingerichtet und, was Zeilen- und Seitenlänge betrifft, auf unser Format gebracht.

Das ist eine große Erleichterung. Und auch wieder nicht. Weil die Autoren wissen, dass die Übertragung ihrer Texte heute 0,04 Sekunden dauert und auch die Bearbeitung in der Setzerei längst nicht mehr so viel Zeit wie früher verlangt, schicken sie ihre Texte gerne verspätet. Weil sie vor dem Bildschirm arbeiten, übersehen sie am Ende Fehler, die ihnen auf Papier aufgefallen wären. Weil ich selbst mich willfährig der Beschleunigung ergeben habe, leite ich ihre Texte überhastet elektronisch weiter und entdecke erst bei der Fahnenkorrektur, was mir früher nie und nimmer entgangen wäre. Und weil Frau Kaser nicht nur eine hochprofessionelle Setzerin ist, sondern auch eine nachsichtige Frau, lässt sie mich bis zuletzt am Heft herumdoktern und verändert für mich am Computer probeweise die Reihenfolge der Texte. So dauert alles natürlich viel länger, weil es viel schneller geht. Dafür stand unlängst in der Zeitung, dass ich es sei, der bei einem Literaturfestival die ältere Generation vertrete. Ja, wenn es ruckizucki geht, folgt auf die Jugend unverweilt das Alter.

Ich war nach Bukarest gereist, weil ein Buch von mir ins Rumänische übersetzt worden war. Der größte Verlag des Landes hatte mich zur Präsentation eingeladen, schickte Flugtickets und reservierte für mich ein Hotelzimmer, das er großzügig eine ganze Woche buchte, sodass ich in Bukarest herumgehen, schauen, träumen und mich verlieren konnte. Die ganze Woche über versuchte ich, mit dem Verlag, mit irgendjemandem aus dem Lektorat, der Pressestelle, der Abteilung für Lizenzen Kontakt aufzunehmen, aber es gelang mir nicht; die ganze Woche über suchte ich in den Filialen, die die Buchhandelskette des Verlags in Bukarest betrieb, nach meinem Buch, aber nirgendwo war es zu finden. Die Buchhändlerinnen hatten noch nie etwas von ihm gehört, konnten auch im Computer nicht fündig werden, steckten mir aber Bonbons und kleine Naschereien in den Mund, wenn sie bemerkten, wie verzweifelt ich war. So ging ich durch Bukarest, der Verfasser eines unauffindbaren Buches, der nicht wusste, ob sein Verlag existierte, der niemanden fand, der ihm Aufklärung hätte geben wollen, und keine Ahnung hatte, was ihn am Donnerstag, wenn um achtzehn Uhr die Buchpräsentation stattfinden sollte, erwartete.

Schon am Montag war ich in das alte Leipziger Viertel geraten, das seinen Namen den Fernhändlern verdankt, die einst hier ihre Quartiere hatten. Die Straßen und Gassen waren zwei Meter tief aufgerissen, doch die wackeligen, schadhaften Bretterwege führten zu den Auslagen von Luxusboutiquen. Seit drei Jahren wurde hier nicht mehr weitergebaut, die spanische Firma, die die internationale Ausschreibung gewonnen hatte und im schönsten historischen Teil von Bukarest neue Wasserrohre und elektrische Leitungen verlegen sollte, hatte längst das Weite gesucht. Mir wurde beides erzählt, dass sie die Arbeiten sofort eingestellt habe, kaum dass sie die Millionen für die Stadtsanierung von der Europäischen Union erhalten hatte, und dass sie die Arbeiten eingestellt habe, als sie einsah, dass sie von diesen Millionen nie etwas erhalten werde, weil diese im ausgedehnten Kanalsystem der Bukarester Stadtverwaltung versickert waren. Aus den tiefen Gräben des Leipziger Viertels wächst inzwischen der Müll heraus, ein dumpfer Geruch von Fäulnis zieht sich durch das ganze Revier, in dem die internationalen Modekonzerne ihre schicken Filialen betreiben. Vor deren Eingängen ist der Bretterboden blank gefegt, keine Zigarettenkippe ist dort zu finden, aber einen Meter weiter, hinter der hölzernen Brüstung, türmen sich im Graben Abertausende aufgeweichte Plastiksäcke mit verfaulenden Speiseresten, kaputte Bildschirme, weggeworfene Kleidungsstücke.

Im Viertel zwischen der Lipscani, der Leipziger Straße, und der Gabroveni, die ihren Namen von den Stoffhändlern aus dem bulgarischen Gabrovo hat, blüht der Schick aus der

Kloake, der Reichtum hat sich eine Mülldeponie erwählt, um sich zu präsentieren. Irgendwo in diesem Geflecht räudiger Straßen, in deren prächtigen alten Häusern sich die Internationale der Modebranche festgesetzt hat, stieß ich auf die uralte Verkündigungskirche, einen Ort inniger Stille mitten in dem Trubel, dem Lärm, dem rauen Leben ringsum. Bis in die Winkel war die düstere Kirche mit Ikonen ausgemalt. Rechts bei der Tür stand ein Tischchen, darauf lagen ein paar Kugelschreiber und Papierblöcke, die Gläubigen, zumeist Frauen, darunter auch junge, die auf Stilettos stöckelten und sich geradezu in Montur für den sexuellen Daseinskampf geworfen zu haben schienen, schrieben ein paar Worte auf den Zettel und wischten mit diesem dann über einzelne Heiligenbilder, die sie schließlich innig küssten. In der Ikonostase war links eine kleine Tür geöffnet, in der ein weißhaariger Pope auf einem Klappstuhl saß. Die Gläubigen und Wundergläubigen gingen zu ihm, knieten nieder, sprachen nur einige Worte, jedenfalls nicht die langen Litaneien der katholischen Beichte, und wurden mit halblauten Gebetsformeln entlassen. Fast alle, die den Segen erhalten hatten, entfernten sich mit Tränen in den Augen.

Um die Kirche waren einige Kapellen gebaut, in denen der Toten gedacht wurde; viele Hundert dünner Wachskerzen, die in Blechbehältern brannten, erzeugten nicht nur einen betörenden Duft, sondern auch ein unwirklich flackerndes Licht und eine beträchtliche Hitze. Frauen und Männer, denen die Armut am zerschlissenen Gewand, am schadhaften Gebiss, an der ausgemergelten Statur anzumerken war, warfen hier ein paar Lei in die Opferbüchsen und entzündeten neue Kerzen. Die rumänisch-orthodoxe Kirche, die sich so bedürftig gibt, als Kirche der Armen, ist steinreich und korrupt bis hinter die Ikonostase der Nationalbank. Nach 1989, als das Regime des bizarren Nationalkommunisten

Ceaușescu zusammenkrachte, damit sich aus dessen Trümmern seine treuen Vasallen ihre kapitalistischen Karrieren zimmerten, erhielt die orthodoxe Kirche unermessliche Reichtümer zurück, die sie einst besessen hatte, und eignete sich zudem unermessliche Reichtümer an, die ihr nie gehört hatten. Dabei hat sie ihre christliche Schwesterkirche, die katholisch unierte Kirche, regelrecht ausgeplündert. Die größten Brachen der Stadt, auf denen die Baukräne stehen, gehören allesamt der orthodoxen Kirche, und wenigstens daran kann man das wundertätige Wirken des Heiligen Geistes in der Kapitale des Surrealismus ermessen.

Im Frühstücksraum des Hotels musterte er jeden Morgen verstohlen eine junge Frau mit kurz geschnittenem Haar, langen, seidigen Wimpern, die in ihrer geradezu frommen Verschlossenheit von der Welt um sich herum kaum Kenntnis zu nehmen schien. Grazil bewegte sie ihre schlanken Glieder und schmalen Finger, wenn sie nach der Tasse Tee griff oder das Buch umblätterte, das sie stets bei sich hatte. Es war ein Taschenbuch von mittlerer Stärke, und jeden Tag wuchs in ihm die Neugier, in welcher Lektüre die Frau versunken war, die ihm, wie sie saß und las, als die stille Leserin erschien, die auf alten Bildern abgebildet ist. Sie war immer schon da, wenn er kam, und bediente sich weder von den fetten Würsten, dem aufgeschnittenen Käse, den bunten Konservendosen mit Leberwurst noch von dem frischen Joghurt oder den dunklen und roten Früchten der Wälder, die reichlich ausgebreitet lagen. Sie trank nur ihren Tee, und wenn sie die Tasse zum Mund führte, spreizte sie den kleinen Finger vorschriftsmäßig ab. Es verdross ihn, dass sie das Buch stets so auf den Tisch gelegt hielt, dass er das Titelblatt nicht sehen konnte. Beim Hinausgehen wählte er unauffällig den Weg die drei Tische zwischen ihnen herum, damit er einen Blick auf den Text erhasche, von dem er aber nicht einmal erkannte, in welcher Sprache er verfasst war.

Erst am vierten Tag wurde er erlöst. Er war um eine Stunde später in den Frühstücksraum gekommen als sonst und wurde Zeuge eines abstoßenden Vorkommnisses, ertappte er seine einsame Leserin, diese schöne, unnahbar entrückte Frau, doch mit einem Mann von schwer überbietbarer Vulgarität. Der Kerl war vielleicht fünfzehn Jahre jünger als er, dafür aber sicher noch um fünfzehn Kilo schwerer. Die keusche Leserin strahlte schamlos in sein aufgedunsenes Gesicht, schmierte ihm die rotbraune Leberwurst auf das weiße Brot, und während er es vertilgte, ein schwabbeliger Herkules, das pomadisierte Haar auf einen runden Kinderkopf geklebt, in den Anzug des Parvenus gesteckt, belegte sie ihm eine zweite Scheibe mit gelbem Käse, den sie mit ein paar Scheiben grüner Salatgurke und einem Sträußchen Petersilie garnierte. Das also war das Geheimnis ihrer schönen Rätselhaftigkeit – die Zuneigung zu diesem ungeschlachten Männlein, das die ersten dreißig Jahre von seiner Mutter und dann, nach der Übergabe an eine liebende Frau, von dieser gemästet wurde. Wo war eigentlich das Buch geblieben? Da lag es ja zugeklappt neben all den Schüsseln, aus denen sie ihren feisten Prinzen versorgte, und als er den Raum nach lustlosem Verzehr des Frühstücks verließ, sah er, dass es sich um »Oceano Mare« von Alessandro Baricco handelte, also um einen Schinken, der zu der Leberwurst passte, die das italienische Muttersöhnchen in sich hineinfraß. Unerhört, dachte er, welche Leute einen im Hotel behelligen.

Um es mit Goethe zu sagen: Unterdessen war es Donnerstag geworden. Zur angegebenen Stunde betrat ich gespannten Sinnes den angegebenen Ort, und überrascht sah ich, dass sich in der Buchhandlung bereits viel buntes Leservolk eingefunden hatte. Ich freute mich, dass so viele und so viele junge Leute gekommen waren, meiner Buchvorstellung beizuwohnen, und als ich in Gedanken ein wenig herumprobierte, auf welche Weise ich diesem Sachverhalt in meiner Rede, die ich würde halten müssen, Rechnung tragen könnte, fiel mein Blick am Rande des Gewühls auf eine Tafel mit einem großen dicken Pfeil, der ins Hintere des Raumes wies und auf dem *Europeni care se sting* geschrieben stand. Mit meinem Buch »Die sterbenden Europäer« war ich hier vorne also fehl am Platze, das Gewühl hatte nicht mit mir, sondern, wie ich später erfuhr, mit einem 24-jährigen transsilvanischen Gangsta-Rapper zu tun, der zur selben Stunde seine Autobiographie signierte. Die Buchhandlung erwies sich als riesig, und je tiefer man in ihre entlegenen Abteilungen vordrang, desto stiller wurde es, doch vor jeder Ecke fand sich eine neue Tafel mit derselben Aufschrift und dem gleichen Pfeil, dass sich nämlich die Europäer, die sterben wollten, tiefer ins Innere des Hauses verfügen sollten. Endlich war ich bei einer Tür angelangt, hinter der mit dem Tod vermutlich Ernst gemacht wurde, denn auf ihr war wieder die Tafel mit der Aufschrift, aber ohne den Pfeil angebracht.

Zögernd öffnete ich sie und sah in einen Raum von der doppelten Größe eines Klassenzimmers, in dem einige Reihen von Holzstühlen aufgestellt waren und ganz hinten ein mächtiger Katheder thronte. Die Sitzreihen waren spärlich von vielleicht zwanzig älteren Herrschaften besetzt, die sich umwandten und mir, der ich der Einzige zu sein schien, den sie nicht kannten, freundlich zunickten, offenbar handelte es sich um einen Pensionistenclub oder einen Sterbeverein, der hier sein wöchentliches Treffen abhielt. Ich schaute herum, ob sich ein Vertreter des Humanitas-Verlags unter den Anwesenden befände, der mir erklärte, was nun zu tun sei, und sich womöglich sogar mit einer Begrüßung an die Anwesenden wenden würde. Es tat sich aber niemand in diesem Sinne hervor, und als nach einer Weile auch niemand von den in der Buchhandlung Beschäftigten erschien, um die Veranstaltung für eröffnet zu erklären, schritt ich tapfer zum Katheder, was mir sogleich den warmherzigen Applaus der betagten Frauen und Männer und manch aufmunternden Blick eintrug. Ich fragte mich, in welcher Sprache ich mich an die Versammelten wenden sollte, auf Rumänisch, das ich nicht konnte, auf Deutsch, das sie nicht konnten, oder auf Französisch, mit dem ich mich in den letzten Tagen durch Bukarest geschwindelt hatte.

Ich hatte erst ein paar Worte gestammelt, als die Tür des Klassenzimmers aufgerissen wurde und ein junger Mann hereinstürmte, der noch auf dem Weg zum Katheder laut auf die interessierten Greise einzureden begann. Nachdem er mich mit kräftigem Händedruck und strahlendem Lächeln begrüßt hatte, raunte er mir zu: »I am the actor, I am here to recite your poems.« Ich vernahm das erleichtert, wenngleich ich mir ziemlich sicher war, dass mein Buch keine Gedichte, sondern Reportagen enthielt. Es handelte sich bei ihm jedoch um einen findigen Kerl, der nur kurz stockte, als er das mitgebrachte Buch öffnete – ja, ein dunkelrotes Buch in rumänischer Sprache, auf dem mein Name und »Europeni care se sting« stand – und merkte, dass die Texte nicht in Strophen gegliedert waren; wie nichts machte er sich daran, statt langsam meine ungeschriebenen Gedichte in donnerndem Galopp den Beginn des Buches, der von einer Reise nach Sarajevo erzählt, vorzutragen.

Nach ein paar Minuten ging die Tür neuerlich auf, und einer jungen Frau stand der Schrecken ins Gesicht geschrieben, als sie das Klassenzimmer besetzt vorfand, das sie gleichwohl mutig durchquerte, wobei bei jedem ihrer auf Zehenspitzen ausgeführten Schritte der alte Parkettboden knarrte. Sie verschwand durch die Tür hinter dem Katheder, an dem der sich durch die rumänische Übersetzung meiner Reportage hetzende Schauspieler saß, und neben ihm ich, dem jetzt ein wenig Zeit blieb, über die merkwürdigen Wechselfälle im Leben eines österreichischen Schriftstellers nachzusinnen. Etwa eine Minute, nachdem die junge Frau durch die Tür hinter mir verschwunden war, rauschte die Spülung auf, kurz darauf öffnete sich die Tür, und was nun zu beobachten war, während der Rezitator, dem allerdings niemand mehr seine Aufmerksamkeit schenkte, unverdrossen weiterlas, könnte man als das großartige Schauspiel eines geordneten Rückzugs bezeichnen, den die Dame quer durch das Klassenzimmer antrat. Ich dachte mir, dass es zu den Vorteilen gehöre, die die Natur dem Manne gewährt, dass ich, in eine ähnliche Zwangssituation wie sie geraten, mein Wasser gewiss eher hinter einer der Regalreihen in den entlegen stillen Abteilungen der Buchhandlung würde abgeschlagen, als mich auf den martervollen Weg durch das Klassenzimmer begeben haben.

So ging die Lesung mit denkwürdigen Begebenheiten dahin, bis der Schauspieler sie abrupt mitten im Text abbrach. Er stand auf, reichte mir, fast schon abgehend, die Hand, schenkte mir noch einmal sein herzliches Lächeln und raunte mir zu, er müsse leider weg, drüben im Nationaltheater beginne gleich der zweite Akt, in dem er seinen Auftritt habe. Dass er unter diesen Umständen nicht verweilen konnte, war zu verstehen, sie erlegten nun allerdings neuerlich mir die Pflicht auf, selbst etwas für den weiteren Ablauf der Veranstaltung zu tun. In diesem Augenblick spannte ein bis dahin unerkannt im Publikum verborgener Engel namens Karin die Flügel, Karin Cervenka, die Kulturrätin an der österreichischen Botschaft, die sich entschloss, das Heft uns Unentschlossenen aus der Hand zu nehmen und eine sinnvolle Ordnung in das Weitere zu bringen. Mit einigen erläuternden Sätzen wandte sie sich an die Anwesenden, um sodann ein Gespräch mit mir zu führen, das sie souverän gleich selbst übersetzte, und endlich die Veranstaltung, als es angebracht war, auch für beendet zu erklären. Ich fragte Karin später, wo eigentlich der Verlag geblieben sei, dessen Buch vorzustellen und mittels manchen Presseauftritts zu fördern ich doch nach Rumänien gerufen worden war. Gute Frage, antwortete sie, auch uns von der Botschaft ist es noch nie gelungen, irgendwen im Verlag telefonisch zu erreichen oder zur Beantwortung unserer Briefe und E-Mails zu veranlassen. Aber es gibt ihn wirklich, so viel ist sicher. Erst gestern hat er schriftlich bei der Botschaft um einen Zuschuss für die Übersetzung Ihres nächsten Buches angesucht.

Um es mit Goethe zu sagen: Über alte Beschränkungen hinaus sind wir in die Epoche der Weltliteratur eingetreten.

Vielleicht um mich davon abzulenken, dass meine Eroberung des rumänischen Buchmarktes aufgeschoben worden war, schlug mir Karin Cervenka vor, mich am nächsten Tag zum Ort eines ganz anderen Scheiterns zu geleiten, zum berühmten Palast des Parlaments. Das Gebäude, das von fast jedem Punkt der Stadt zu sehen, aber in seinen riesenhaften Dimensionen von nirgendwo wirklich zu überblicken ist, wird von den Leuten auch Ceaușescu-Palast genannt, obwohl von ihm zu Weihnachten 1989, als der Conducator und seine Frau hingerichtet wurden, erst ein Fünftel tatsächlich fertiggestellt war. Die zur Demokratie konvertierte Staatsmacht entschied, den megalomanen Bau zu vollenden und um die läppischen vier Fünftel, die noch nicht errichtet waren, zu ergänzen. Warum sie das tat und sich die ungeheuren Kosten auflastete? Ich glaube, weil die meisten Repräsentanten der gewendeten Macht das Bauwerk schlichtweg großartig fanden, wie sich auch die meisten Bukarester, die ich jetzt, zwanzig Jahre nach dem Sturz des Despoten, danach befragte, von dem Palast geradezu national erhoben fühlten.

Das war nicht immer so, denn dem Palast des Volkes, wie er damals noch hieß, musste in den achtziger Jahren ein ganzes Stadtviertel weichen, in dem eine als unzuverlässig geltende Volksschicht verschiedener Nationalitäten lebte, rund 40 000 Wohnungen wurden zerstört, drei Synagogen und viele Kirchen abgerissen. Der ehrwürdige Patriarch der rumänisch-orthodoxen Kirche hatte gegen die Zerstörung kommunaler wie sakraler Bauten keinen Einspruch erhoben, sondern den Conducator im Nebel des Weihrauchs als Genius der Karpaten gepriesen. Die Bewohner des Stadtteils mussten umgesiedelt werden, damit das größte Gebäude Europas hier wachsen und der Bulevardul Unirii durch das dichte urbane Gedränge geschlagen werden konnte. Der Boulevard zieht fünf Kilometer schnurgerade auf den Palatul Parlamentului zu, und zwar auf obersten Befehl um einige Zentimeter breiter als die Champs Élysées von Paris, jener Stadt, in die die Rumänen stets sehnsüchtig geblickt hatten und aus der die Nation historisch ihre wichtigsten Anregungen empfing. Die Stadtfestung mit ihren 365 000 Quadratmeter verbauter Fläche ist die Stein gewordene Allmachtphantasie eines Bauern, der der Stadt, die er fürchtete, seinen architektonischen Willen aufzwingen wollte. Noch heute vermelden die offiziellen Broschüren stolz, dass im Palast die verschiedensten Epochen der europäischen Baukunst zu einem noch nie gesehenen Ganzen integriert wurden, in einer Art von dacischem Klassizismus, gegen den die Werke der Antike lächerliches Kleinzeugs waren.

Um zum Eingang des Palastes vorzudringen, muss man

eine endlose Brache durchqueren, aus der nie ein Park geworden ist und die der ängstliche Despot dem Volk wohl auch nicht zugänglich hätte machen lassen. Schon auf dieser Brache tummeln sich so viele Bewaffnete, dass man meinen könnte, im Inneren des aus weißem Marmor gefügten Palastes fürchte sich noch immer der Conducator davor, dass geschehe, was eines Tages ja auch tatsächlich geschehen sein würde, dass er nämlich aus seinem unruhigen Schlaf erwache und sich einer feigen Revolte abtrünniger Günstlinge gegenübersehe. Aber Ceaușescu hat hier gar nie geschlafen, nie amtiert, sondern nur täglich die Arbeit überprüft, die 20 000 Sträflinge, Rekruten und Arbeiter sowie siebenhundert Poliere, Baumeister, Architekten leisteten. Kommandiert wurden sie von der 28-jährigen Anca Petrescu, die sich im Inneren des Bauwerks die stupidesten Anfängerinnenfehler leistete, zum Beispiel fünfzehn Meter breite Treppenaufgänge, gedacht für Gruppenfotos mit Diktator, die zu Kehren von 180 Grad führen, welche gerade eineinhalb Meter breit sind, also lebensgefährliches Gedränge hervorgerufen hätten, wenn auf ihnen je das Spektakel inszeniert worden wäre, an dem sich der Diktator und seine Architektin berauschen wollten. Anca Petrescu wechselte nach der Hinrichtung ihres Mentors von der stalinistischen zur faschistischen Fraktion und kämpft inzwischen für die Partidul România Mare, die Großrumänische Partei, die das Vaterland den Klauen der Roma, Juden, Radfahrer, Freimaurer und Homosexuellen entreißen möchte.

Im Vorraum stießen wir auf eine Dutzendschaft uniformierter Wärter, die die Besucher aus vielen Ländern mit übertrieben gespielter Verächtlichkeit musterten und perlustrierten. Es war eine gute Idee des Bukarester Stadtmarketing, diese Truppe agieren zu lassen, als würde sie ihr Amt zwanzig Jahre früher versehen, ausgestattet mit den Befugnissen einer speziellen Abteilung des Innenministeriums. Man hat nämlich den Palast noch gar nicht betreten und ist doch museumspädagogisch schon in die Epoche seines Entstehens eingeführt, sodass man in körperliche Beklemmung, ja ins Zittern gerät, als müsse man jeden Augenblick gewärtig sein, von einem Sonderkommando ergriffen und in ein abgelegenes Verlies der Feste verschleppt zu werden.

Wer den Palast besichtigen will, der muss eine Schleuse passieren, wie sie von Flughäfen bekannt ist, sich einer weiteren elektronischen Leibesvisitation unterziehen, den Pass abgeben, sich eine Plakette anstecken, auf der bei mir stand, dass ich der »Vizitator 121« war, und darauf warten, was über ihn verfügt wird. Nach geraumer Zeit holte uns ein junger Mann mit femininen Gesichtszügen und kahl geschorenem Haupt ab, der bestimmte Teile des Bauwerks selbst noch nie betreten durfte und nicht zu sagen wusste, was sich in den fünf, tief in die Erde hinunter gebauten Etagen verbarg. Er vermutete, dass es sich um Tennisplätze und Swimmingpools handelte. Ein rumänischer Besucher vom Land hatte hingegen gehört, dass hier Flugzeuge, Hubschrauber und Panzer untergebracht waren, betriebsbereit für den Tag, an dem der Führer seinem Volk beizustehen oder vor ihm zu flüchten hatte. Der junge Mann, der über den vielen Fragen, die er nicht beantworten konnte, einen charmanten Trotz entfaltete, wusste selbst nicht recht, was er von seiner Wirkungsstätte, seinem Tun und seinen offenbar widerstreitenden Empfindungen halten sollte. Die fünfhundert Säle, Hallen und Räume des Palastes sind mit Tonnen von Marmor, Holz, Glas und Kristall aus allen Landesteilen Rumäniens ausgestattet worden, in seinen ersten Jahren verschlang der Bau vierzig Prozent des rumänischen Bruttonationalprodukts. Unserem jungen Führer, der vielleicht noch gar nicht lebte, als Ceaușescu erschossen wurde, spukte dieser unentwegt im Kopf herum, manchmal fiel es ihm auf, dann schüttelte er verärgert den Kopf und lachte verlegen. Wir standen im großen Saal, der für Musikdarbietungen errichtet wurde und in dem 1995 Yehudi Menuhin gastierte: »And Ceaușescu could not hear him.« Er schüttelte den Kopf. Wir stehen in einem Saal, dessen protzhässlicher Luster fünf Tonnen wiegen soll: »And Ceaușescu could not admire it.« Er lacht. Wir gehen auf den ausladenden Balkon hinaus, der über das Feld, über das niedergerissene, nicht mehr vorhandene Viertel, über den Bulevardul Unirii hinwegblickt: »But Ceaușescu never could stand here in front of the masses.«

Von hier hätte der weise Führer über das in der Ferne gehaltene, aus der Ferne huldigende Volk blicken sollen. Aber der Erste, dem gehuldigt wurde, war Michael Jackson, der 1992 in Bukarest ein Konzert gab und sich auf dem Balkon den Massen zeigte. Er trat vor die Hunderttausende, die sich versammelt hatten, und sagte einen einzigen, legendär gewordenen Satz, der wunderbar passte, gerade weil er nicht traf. »Good evening, Budapest«, rief Michael Jackson in den Abend von Bukarest, und man sollte ihm nicht übel nehmen, dass er auch damals ein wenig desorientiert war über die äußeren Gegebenheiten des Lebens. Denn immerhin hat er mit einem einzigen Satz ein nationalrumänisches Symbol wie nebenhin internationalisiert.

Der Heimflug führte nicht über Frankfurt, sondern über Wien, wo mit mir vielleicht fünfzehn Geschäftsleute und Beamte die Abendmaschine nach Salzburg bestiegen. In der ersten Zeitung, die ich aufschlug, las ich, dass ein Vorarlberger Landesrat der FPÖ den Direktor des Jüdischen Museums in Hohenems als »Exiljuden« bezeichnet hatte. Auf den Wirbel, der folgte, erklärte sein Wiener Boss, H. C. Strache, dass dies keine Beleidigung, sondern nur die Feststellung eines objektiven Tatbestands sei, an den erinnert worden sei, weil sich Österreich die ewige »Einmischung von außen« endlich einmal verbieten habe müssen.

Zuerst vertreibt man die Juden aus Österreich und Deutschland und ermordet jene, denen die Flucht ins Exil nicht gelang. Die als Flüchtlinge irgendwo überlebt haben, bezeichnet man dann als »Exiljuden«, denen das Recht auf Einmischung in die inneren Angelegenheiten Österreichs nicht zusteht. Dieses Recht hat bereits der Vater des jetzigen Direktors verwirkt, indem er nicht patriotisch im Lande blieb, damit man ihn ermorde, sondern das Weite suchte, um sich dereinst in Dinge einmischen zu können, die ihn nichts angingen.

Hoch über der Wachau fiel mir da der Schriftsteller Richard Bermann ein, ein Wiener, der nach Deutschland ging, in der Weimarer Republik als Reporter, Feuilletonist, Romancier, Reiseschriftsteller sehr erfolgreich war, 1933 vor den Nationalsozialisten zurück nach Österreich floh und von hier 1938 weiter zu flüchten hatte. Der erste Versuch scheiterte an der steirischen Grenze, wo ihn die SA verhaftete und in Bruck an der Mur ins Gefängnis warf. Später konnte er doch in die USA entrinnen, dort ist er schon im Jahr darauf im Alter von 56 Jahren buchstäblich an gebrochenem Herzen gestorben.

Wie kann ein Autor, der so gut geschrieben und so viel gut Geschriebenes veröffentlicht hat, so gründlich vergessen werden? Über seinem Schreibtisch hatte er jahrelang einen Zettel hängen, der ihn in jeder Stimmung, in die er verfallen mochte, an jene schriftstellerische Disziplin gemahnen sollte, die die seine war: »Ich zum Beispiel.« Von sich selber zu sprechen, das wollte er sich nur gestatten, wenn er glaubte, »gleichzeitig als Chorführer, Zeuge und geschulter Beobachter im Namen und wohl auch im Auftrag der

Namenlosen vortreten zu dürfen«. Das hört sich wie das Programm eines proletarisch-revolutionären Literaturarbeiters an, der Richard Bermann, der Bürger, der zum Weltreisenden, ethnographischen Fährtengänger, zum literarischen Erkunder Afrikas und Asiens wurde, gar nicht war. Und doch hat er Tausende kleiner Skizzen und Menschenbilder, Berichte aus fremden Ländern, Reportagen von den Schauplätzen ansonsten verschwiegener, verleugneter Kriege und etliche Abenteuerromane verfasst, in denen er sich an sein strenges Gebot gehalten und seine Stimmen den Namenlosen gegeben hat.

So entwickelte er einen eigenen Stil von unauffälliger Eleganz, der es ihm ermöglichte, über die Dinge der Welt zugleich taktvoll und präzise zu berichten. Selbst wo er von eigenem Erleben ausgeht, ob von den Erkundungen Indiens und der Sahara oder den Expeditionen durch die Großstädte Europas, hält er mit Informationen über persönliche Unbill, privates Glück so achtsam zurück, dass ich, sein verspäteter Leser, mir manchmal wünschte, er hätte es weniger streng mit sich und seinem literarischen Programm genommen. Vor zehn Jahren hat Hans-Harald Müller im Wiener Picus-Verlag »Die Fahrt auf dem Katarakt« aus dem Nachlass des Autors herausgegeben, ein grandioses Buch, das im vortrefflich gewählten Untertitel »Autobiographie ohne Helden« heißt. Als hätte er erfolgreich zu verbergen gewusst, wie gut er schreibt, drohte ich damals über der Lektüre dieses Buches, das Bermann nah dem Tod verfasste und das erst sechzig Jahre nach seinem Tod veröffentlicht wurde, gar nicht zu bemerken, dass ich lesend schon wieder zwei, drei Kapitel weitergekommen war.

Ein Autor, den die literarischen Größen seiner Zeit von Arthur Schnitzler bis zu Hermann Broch schätzten, dem prägende Gestalten der Epoche wie Sigmund Freud, Albert

Einstein, Charlie Chaplin freundschaftlich zugetan waren, der Artikel um Artikel, Buch um Buch schrieb, wie konnte der völlig vergessen werden? 1933 musste Bermann Berlin verlassen, von wo er in den Jahren davor zu seinen großen Reisen aufzubrechen pflegte, und das *Berliner Tageblatt* schickte seinem berühmten Mitarbeiter einen huldigenden Gruß zu seinem fünfzigsten Geburtstag und einen Brief hinterher, im dem die Zusammenarbeit aufgekündigt wurde. Fünf Jahre später musste Bermann auch aus Wien fliehen, wo er die Selbstzerstörung der Republik mit hellsichtigen Artikeln nicht aufzuhalten vermocht hatte. Als er im Gefängnis von der SA drangsaliert wurde, dachte er daran, Selbstmord zu verüben. In »Autobiographie ohne Helden« schreibt er: »Ich widerstand dieser Versuchung, nicht aus Lebensfreude und auch nicht aus Feigheit, sondern weil ich mein Leben nicht als vollendet, meine Arbeit nicht als abgeschlossen ansehen konnte … Es schien mir idiotisch und sinnlos wie alles übrige, dass meine ungeschriebenen Memoiren hier in diesem stinkenden Loch zugrunde gehen sollten.«

Freigekommen, beginnt er noch in Europa diese Memoiren zu schreiben, im Herbst 1938 gelingt es ihm, die nötigen Papiere zur Einreise in die USA zu erlangen. Ein Jahr arbeitet er dort an der »Fahrt auf dem Katarakt«, ein schöpferisches Jahr, in dem er doch zugleich im Flüchtlingselend der vielen versinkt. Durch seine schier unermüdliche Produktivität in Europa wohlhabend geworden, verarmt er in den USA rasant, zuweilen hat er nicht genug zu essen. Doch bemüht er sich, den Aufbau der American Guild voranzutreiben, jener Hilfsorganisation, die sich der geflüchteten Schriftsteller annimmt und deren Präsident er wird. Zermürbt von der Aussicht, ins Leere zu schreiben, erschüttert von der Erfolglosigkeit seines Kämpfens, stirbt er vorzeitig in Saratoga Springs; dorthin wird es bald nach seinem Tod

einen anderen vertriebenen Schriftsteller aus Österreich verschlagen, Ernst Waldinger, der in Saratoga Springs zwanzig Jahre leben, in einem College unterrichten und heim-
wehkranke Gedichte schreiben wird. »Exiljuden« eben, wie
sie in ihrer österreichischen Heimat sechzig Jahre später geschmäht werden dürfen, ohne dass die politischen Lumpen,
die solches wagen, der allgemeinen Verachtung preisgegeben
würden und den Rückzug ins Privatleben antreten müssten.

Müde las ich dann im Flieger noch den Nachruf auf einen
edlen Landsmann, der während meiner Abwesenheit verbli-
chen war. Die Zeitung rühmte seine Menschlichkeit, habe er
doch selbst seinen politischen Gegnern »immer einen Rest
von Würde« belassen. Der Jet ging in den Sinkflug über. Rest
und Würde, ich war wieder daheim.

Eine europäische Forschungsstelle hat festgestellt, dass Zuwanderer in keinem Land der Europäischen Union die Lan-
dessprache nach zehn Jahren nur so mangelhaft beherrschen
wie in Österreich. Man könnte annehmen, das wäre ein vernichtendes Urteil über das, was hierzulande Integrations-
politik geheißen und jahrzehntelang darin bestanden hat, Integration zu verhindern. Den Österreichern wird es jedoch
als vernichtendes Urteil über die Zuwanderer präsentiert, die
sich nur bei uns, die wir immer benachteiligt und daher natürlich auch mit den dümmsten, faulsten und kriminellsten
Zuwanderern bedacht werden, so unfähig erweisen, die Lan-
dessprache zu erlernen. Die österreichische Innenministerin
Maria Fekter möchte das Problem daher dort gelöst haben,
wo es sich ohne uns löst, nämlich im Ausland. Da es die Ausländer in Österreich nicht und nicht schaffen, Deutsch zu erlernen, sollen sie es nachweislich bereits können, bevor sie zu
uns kommen. Weil sie in Österreich nicht möglich ist, hat die

Integration in die österreichische Gesellschaft ab sofort im Ausland vollzogen zu werden.

Die Integration Fekters in die deutsche Sprache ist selbst ein interessanter Fall. Sobald sie eine besondere Bosheit zu übermitteln hat, wechselt sie von einem Satz zum nächsten aus dem Hochdeutschen in einen derben, fast schon wie auf der Laienbühne forcierten Dialekt. Das ist ungewöhnlich, weil sich die kleinen und großen Schreibtischtäter gerne in der Hochsprache, in einer von regionalen Besonderheiten und individuellen Zügen gesäuberten Bürokratensprache verstecken, als würden sie ihr Amt ohne persönlichen Ehrgeiz und subjektive Leidenschaft ausüben und, nichts als ihre Pflicht im Sinne, eben tun, was getan werden muss. Darf die Innenministerin jedoch nicht nur eine jener Verschärfungen im Fremden- und Asylrecht verkünden, wie sie bei uns im Jahrestakt erlassen werden, sondern eine von den kleinen Gemeinheiten, die den Gesetzen erst ihre wahre Häme geben, dann poltert sie gut gelaunt daher, als würde sie sich am Stammtisch gegen zwölf sturzbesoffene Mühlviertler durchzusetzen haben.

Der Dialekt, so breit, wie er kaum noch gesprochen wird, widerfährt ihr nicht, sie stürzt vielmehr in ihn hinein wie in ein Stahlbad der Sprache, aus dem sie gestärkt herauskommt, bereit, sich ihrer schweren Aufgabe wieder verkniffenen Mundes und vergrämten Sinnes zu widmen. Die Sprache des Überschaubaren und Heimatlichen wird von ihr vorsätzlich gegen die Hochsprache, die Sprache des Staates, der Verordnungen und Behörden, gesetzt. Im Besitz der Machtbefugnis, die einer Innenministerin zukommt, sucht sie sich mit den kleinen Leuten im tiefen Österreich zu verbünden, und indem sie staatliche Maßnahmen im Dialekt verlautbart, trachtet sie jene, die sprachlich im Dialekt zu Hause sind, zu ihren Komplizen zu machen. Weil sie sich seiner so rabiat bedient, schädigt sie den Dialekt, sie entzieht ihm das Randständige und stopft in das so geleerte Futteral der sprachlichen Gemütlichkeit das gemütvoll Bösartige, das sie so gerne aus ihrem Innersten quellen lässt. Sie spricht nicht Dialekt, sie gebraucht ihn, sie arbeitet mit ihm.

Im raschen literarischen Wiederaufbau Österreichs wurde nach den Exiljuden kaum gefragt. Die meisten blieben, wohin sie sich hatten retten können, mischten sich, da ihre Versuche, zurückzukehren, bürokratisch erschwert wurden, in die »inneren Angelegenheiten Österreichs« nicht mehr viel ein und waren so taktvoll zu sterben, ohne die Heimat mit ihrer Rückkehr zu behelligen. Selbst Bermannn, der unter dem Pseudonym Arnold Höllriegel etliche Bestseller geschrieben hatte, etwa die Romane »Das Urwaldschiff« über eine Amazonas-Fahrt oder »Die Derwischtrommel« über den legendären Mahdi-Aufstand im Sudan (ein sehr fragwürdiges Werk nebenbei, zollt der jüdische Autor den islamischen Arabern doch Respekt dafür, dass sie den animistischen Afrikanern ihre überlegene Kultur aufzwangen), wurde rasch vergessen und blieb vergessen. Erst im Roman eines holländisch-tamilisch-singhalesischen Autors, der in Kanada lebt, tauchte er wieder auf, in »Der englische Patient« von Michael Ondaatje. Der war bei der Recherche für seinen späteren Weltbestseller auf die Berichte gestoßen, die Bermann/Höllriegel 1933 über eine Expedition nach Libyen verfasste, und Ondaatje hat dem vergessenen Kollegen auch im Roman selbst in Gestalt einer prägnanten Nebenfigur Reverenz erwiesen.

Bermann wurde 1883 in Wien geboren und wuchs als Kind eines dorthin versetzten Beamten in Prag auf. Wer sich über die letzten, trügerisch sicheren Jahre der Donaumonarchie kundig machen will, findet sich in seinen Memoiren bestens unterrichtet. In Böhmen und Mähren tobte der Nationalitäten- und Sprachenkampf, der sich jederzeit an Belanglosem entzünden konnte. So hatten sich in Prag zwei Parallelkulturen entwickelt, die in allem miteinander konkurrierten und sich zugleich bis zur Verstiegenheit voneinander abgrenzten. Da gab es Zündholzschachteln für Tschechen und Zündholzschachteln für Deutsche, die einen in den Farben der tschechischen Nationalisten, die anderen in den Farben des abgeschiedenen Heiligen Römischen Reiches Deutscher Nation gehalten. Vom kleinsten Gerät des Alltags zu den großen Institutionen der Kultur, den Schulen, Theatern, Museen – alles war in doppelter Ausführung vorhanden in dieser durch eine unsichtbare Mauer der Verachtung und Eifersucht zweigeteilten Stadt, und man konnte als Angehöriger der deutschsprachigen Bevölkerung ein ganzes Leben mit den Tschechen in derselben Stadt verbringen, ohne je mit einem von ihnen näher bekannt zu werden. Sogar die Literaten saßen im später verklärten Prag hübsch getrennt, in den Wirtsstuben der tschechischen Avantgarde die einen, in den Cafés der deutschsprachigen Bohème die anderen. Auch Bermann, der später als Weltreisender viele Sprachen erlernte, aber über die Anfangsgründe des Tschechischen nicht hinausgekommen ist, erkannte erst im nachhinein, was er selbst in Prag versäumt hatte: »Ich sehe heute, dass ich die tschechischen Theater hätte besuchen, tschechische Bücher hätte lesen, mit jungen Tschechen hätte umgehen sollen, um einen Blick in ihre geistige Welt zu gewinnen, ich tat es nicht. Nur wie von außen, über einen Zaun hinüber, sah ich, was bei den Tschechen vorging.«

Prag, das war für ihn die versäumte Jugend-Begegnung mit dem fernen Nachbarn; mit dreißig Jahren machte er sich dafür auf, ferne Länder zu bereisen und die Deutschen von der Vielgestalt der Welt zu unterrichten; am Ende reiste er nicht mehr aus Freude und Interesse, nicht mehr freiwillig und mit der Leidenschaft des Ethnographen, sondern als Flüchtling, der alles zurücklassen musste, was er hatte, und nur seine Erinnerungen mitnehmen konnte. »Bevor ein Strom wild schäumend einen Katarakt hinabstürzt, fließt er oft eine Zeit lang besonders ruhig und friedlich zwischen seinen Ufern; die Landschaft und Städte spiegeln sich in seinen gemächlichen Fluten. So floss meine Kindheit und mein Knabenalter dahin, bis dann das Gefälle der Zeit immer schroffer wurde und mein Lebensfluss schließlich in dunkle Abgründe hinabtobte.« Dies schreibt er in seiner Autobiographie, an der er arbeitet, bis er stirbt, in Saratoga Springs am 5. September 1939, da ist der Krieg, der die halbe Welt in Schutt und Asche legen wird, fünf Tage alt.

Es ist immer dasselbe. Österreich hatte noch kein Asylgesetz, aber schon eine Debatte über Scheinasylanten. Wir haben zwar noch keine Grundsicherung, wie sie die Regierung seit langem verspricht, aber dafür bereits die Debatte über den Missbrauch, der mit ihr getrieben werden könnte. Sicherheitshalber werden jene, für die diese Grundsicherung gedacht ist, schon als Schmarotzer verdächtigt, die sich am Volksvermögen nähren möchten, noch bevor sich ein Einziger von ihnen um eine solche überhaupt hätte bewerben können. Wie es gelungen ist, das, wofür das rettende Wort »Asyl« stand, binnen weniger Jahre zu kriminalisieren, sodass das Wort selbst nachgerade einen Straftatbestand fasst, so wird es auch gelingen, mit dem Wort »Grundsicherung« jene verächtlich zu machen, die sie womöglich beziehen möchten.

Wenn ich einst auf der Wolke sitzen werde und mich ein anderer Abgeschiedener, sagen wir aus Burundi, Schweden oder Neuseeland, fragen wird, wie es denn war in Österreich, damals, als ich selbst noch unten weilte, welche weltanschaulichen Fragen und politischen Konflikte mein Land bestimmten – dann werde ich nur sagen können: Ach, seit ich erwachsen war, ging es eigentlich immer nur um dasselbe, um Ausländer – Inländer, Inländer – Ausländer. Ein einziges politisches Thema hat alles regiert: Ausländer – Inländer, noch einmal und noch einmal. In dieser Zeit wurden wir allesamt schlechtere und dümmere Menschen, wir alle, auch die, die sich darüber ärgerten oder dagegen empörten, dass das politische Lied nur aus einem einzigen Ton bestand. Die einen wurden schlechter, weil sie in das Lied einstimmten, anfangs nur mitsummend und fast ohne es zu bemerken, die anderen weil sie sich an die ewige Litanei gewöhnten und abstumpften. So ging es über die Jahre immer liederlicher zu in meinem Land, Dinge wurden öffentlich gesagt, die man sich vorher nur hinter vorgehaltener Hand zugeraunt hatte, und auf der politischen Tribüne machten gewählte Mandatare Witze, mit denen früher Besoffene am Würstelstand ihren Erfolg gesucht hatten. Als der Hochstapler und Aufschneider, der Österreich zwei Jahrzehnte lang in seinen bösen Bann geschlagen hatte, zu Tode raste, folgte ihm ein anderer, der es noch rabiater anging als er, doch wir begannen uns auch an diesen zu gewöhnen, von dem wir nicht gedacht hatten, dass wir uns jemals an ihn gewöhnen können würden.

Stelle ich mir das Gespräch vor, das ich werde führen müssen, da oben auf der Wolke, fasst mich das beschämende Gefühl an, dass wir alle in Österreich seit vielen Jahren intellektuell und moralisch unterfordert werden, und ein Schmerz der Vergeudung, weil wir uns fortgesetzt mit demselben beschäftigen müssen und sich dieses eine Thema nicht und nicht so verschleißt, dass wir uns endlich anderen Dingen zuwenden könnten.

Ich lese die Druckfahnen des neuesten Heftes meiner Zeitschrift und stelle fest, dass Thomas Bernhard auch in *Literatur und Kritik* als Zitatenkaiser regiert. Die jüngste Mitarbeiterin zitiert seinen berühmten, schon etwas ausgeleierten Satz, wonach alles lächerlich sei, wenn man an den Tod denke, und sie zitiert ihn so, als wäre dies eine philosophische Erkenntnis von umstürzlerischer Bedeutung und nicht ein Gelegenheits-Aperçu, dem man seine inhärente Gedankenschwäche eben wegen des anlassartigen Charakters nachsehen könnte. Aber auch der älteste Beiträger des Heftes huldigt ihm, und zwar ebenfalls mit dem Anspruch, bei Bernhard etwas Gültiges über die Condition humaine oder die ästhetische Erziehung des Menschengeschlechts gelesen zu haben. Er bemüht den Satz aus »Alte Meister«, wonach die Kunst nicht das Menschliche am Menschen feiern, sondern das Missratene an ihm entdecken solle. Warum eigentlich? Und warum hält das ausgerechnet ein Mann für richtig und zitierenswert, der sich, als einer der wenigen von den einst vielen, immer noch als Kommunist bezeichnet?

Österreich lacht über Hertha Firnberg, die österreichische Wissenschaftsministerin, von der Thomas Bernhard behauptet, sie sei während der Verleihung des Grillparzer-Preises an ihn eingeschlafen und habe im so genannten »weltberühmten Ministerschlafen« geistlos vor sich hin gerüsselt. Seit »Meine Preise« erschienen ist, Bernhards Erinnerungen an die vielen Preise, die ihm von Beginn seines literarischen Wirkens an zugesprochen wurden, sind sich die Rezensenten und Leser darin einig, dass es der vom Staat zeitlebens verfolgte Staatspreisträger schon ungebührlich schwer hatte mit der stumpfsinnigen Niedertracht, die die Repräsentanten des Staates über ihn ausgossen. Du meine Güte, Hertha Firnberg ist oft eingeschlafen, sie war eine alte, müde Frau, die, als die Nationalsozialisten über Österreich herrschten, unter Observation stand und sich mit Nachhilfestunden durchbringen musste. Als ich 1979 mit 198 anderen Absolventen in der Großen Aula von Salzburg meine Magisterrolle überreicht bekam, saß sie unten in der ersten Reihe – und schlief schon wieder. Mögen die Dummköpfe über sie lachen. Was sie nicht wissen, vergessen haben oder für unwichtig halten im Vergleich zu der Majestätsbeleidigung, bei einer Feier zu Ehren Bernhards eingenickt zu sein, ist nur die Kleinigkeit, dass es diese Frau war, die an Österreichs Universitäten die heute längst wieder abgeschaffte Demokratie eingeführt hat: Ohne sie hätten einige Zehntausend erst gar nicht studieren können, und dass sie es unter Bedingungen tun konnten, die die Heutigen geradezu märchenhaft anmuten würden, wüssten sie davon, hing mit dem demokratischen Organisationsgesetz zusammen, das sie als Ministerin gegen den Widerstand der Ordinarien durchgesetzt und das dem akademischen Mittelbau und den Studenten Rechte gesichert hat, von denen die Heutigen nur träumen können. Thomas Bernhard wird das für kein großes Verdienst gehalten haben, wie es ja eher seine Sache war, abstrakt gegen den Faschismus zu wettern, als Sympathie für konkrete, müde gewordene Antifaschisten zu erübrigen, aber die Heutigen – warum lachen sie über Hertha Firnberg? Weil sie so altmodisch war, den freien Zugang zu den Hochschulen zu verfechten und politisch durchzusetzen? Weil sie die Mitsprache der Studenten, Assistenten und Dozenten in universitären Angelegenheiten gegen die schäumende Wut alter Ordinarien, die sich ihre patriarchale Herrlichkeit nicht nehmen lassen wollten, und schon gar nicht von einer alten Sozi-Keifen, gesetzlich verankerte? Oder lachen wir, wenn wir über sie lachen, eigentlich über uns, weil wir uns den freien Zugang zu den Universitäten und die universitäre Demokratie, die mit ihrem Tun verbunden waren, wieder haben nehmen lassen? Nein, eine alte Frau ist eingenickt, als der 35-jährige Thomas Bernhard, schon damals von der Staatsmacht infam verfolgt, den Grillparzer-Preis erhielt.

Was für ein Unsinn, den Ulrike Lunacek, die österreichische Kandidatin der Grünen für das Europäische Parlament, in einem Interview von sich gibt! Was sie über sich und Thomas Bernhard sagt, dass sie nämlich Europa auf die nämliche Weise liebe, wie dieser Österreich geliebt habe, sei ihr geschenkt, der Mann ist zwanzig Jahre nach seinem Tod Gemeineigentum geworden, und für die meisten ist Gemeineigentum am hübschesten, wenn es einem Schrebergarten ähnelt. Thomas Bernhard und die Liebe zu Österreich, zu den Österreichern – du meine Güte! Dann aber erklärt Lunacek, warum die Türkei Mitglied der Europäischen Union werde müsse, und so wie man mancherlei an Thomas Bernhard schätzen mag, kann man auch Gründe beibringen, warum man die Türkei lieber innerhalb als außerhalb der Europäischen Union haben möchte. Allein, der Grund, den Lunacek anführt, ist nicht darunter, behauptet sie doch, dass die Türkei ein Modell für Länder mit islamischer Bevölkerungsmehrheit sei, weil in ihr Staat und Kirche voneinander getrennt sei, strikter sogar, als dies im katholischen Österreich gelungen ist.

Ähnliches zu verzapfen ist Mode geworden. Atatürk hat jedoch keineswegs Kirche und Staat getrennt, sondern vielmehr die Kirche in staatlichen Besitz genommen und unter staatliche Aufsicht gestellt, die Religion also verstaatlicht. Dadurch ist kein Gottesstaat entstanden, aber eine dem Staat unterworfene Religion, deren spirituelle Funktionsträger staatliche Funktionäre sind. Erobern, wie das gerade geschieht, stark religiös bestimmte Politiker wie Erdoğan und seine Leute die Bastionen des Staates, ist die Religion sofort in einem Maße öffentlich präsent, wie das in keinem Staat, der die Religion auf die ihr zustehende Sphäre verwiesen hat, sie dort aber in ihrer Autonomie respektiert, der Fall sein könnte. Der Islam steht in der Türkei unter dem Kuratel der Staatsmacht. Verändert diese sich, muss er sich mit ihr verändern, er bleibt, was er seit Atatürk war: Staatsbesitz. Wer soll sich daran sein Beispiel nehmen?

Für die Österreichische Volkspartei geht ein Haudegen namens Ernst Strasser ins Rennen um die Europawahl. Sein bleibendes Verdienst als Innenminister war es, dass er Gendarmerie und Polizei, die sich in Österreich die beiden großen Parteien jahrzehntelang als ihre Domänen aufgeteilt hatten, nicht etwa zu einem effizienten und vom Einfluss der Parteien befreiten Sicherheitsorgan vereint, sondern zu einer Kaderorganisation der niederösterreichischen Volkspartei umgeformt hat. Der Landeshauptmann von Niederösterreich, Erwin Pröll, hält es bei der Trennung von Exekutive und Legislative ungefähr so wie Atatürk bei der von Kirche und Staat, und Ernst Strasser war sein Minister für religiöse Angelegenheiten, also für die Unterordnung der Exekutive unter die Interessen der niederösterreichischen Staatspartei. Was Strasser von Europa hält, hat er, der in den vergangenen Jahren als Geschäftsmann sehr erfolgreich war, in einem beispielhaften Konzept dargelegt. Auf die Frage des Journalisten, warum er in die Schlacht um Europa ziehe, sagte er mit der Emphase dessen, der weiß, dass Europa nichts als er selber ist: »Nach einigen sehr anstrengenden Jahren lässt mir meine Firma jetzt mehr Zeit.«

Der Geschäftsmann hat wieder mehr Zeit als Nebenerwerbspolitiker, und die muss er schließlich auch mit irgendetwas totschlagen, warum also nicht gleich im Europäischen Parlament? Immer wenn ich glaube, dass »verlogen« ein Adjektiv sei, das sprachlogisch keine Steigerungsstufe zulässt, weil man ja schließlich nicht verlogener als verlogen sein kann, werde ich eines Schlimmeren belehrt: Es geht!

Der ungarische Außenminister Peter Balázs hat der *Süddeutschen Zeitung* ein Interview gegeben, in dem er Ungarn als den älteren Bruder der Slowakei bezeichnete, die als kleiner Bruder leider noch über keine europäischen Manieren verfüge. Es ist ein nichtiges Scharmützel in dem lange währenden, mit erheblicher Bosheit geführten Streit zwischen den beiden benachbarten Staaten, nichts Besonderes. Dass Ungarn sich hervorragend dafür eignet, irgendjemandem auf dem Erdenrund europäische Manieren beizubringen, lehren uns seit Jahren die faschistischen Garden, die durch das Land marschieren. Es ist ein kardinaler Fehler, die Gefahr, die Europa droht, immer nur von einem Anti-Europa jenseits des Urals oder des Mittelmeeres gegen unsere Festung branden zu sehen. Die Gefahr wächst unaufhörlich innerhalb der Europäischen Union selbst, und würde diese die von ihr gesetzten Regeln von allen Mitgliedstaaten einklagen, wäre der Club rasch erheblich kleiner. Dass Italien nicht für einen bürgerlichen Rechtsstaat gelten kann, wissen außer jenen Italienern, denen es egal ist, alle Europäer, und dass Ungarn von den Beitrittsländern des Jahres 2004 am zügigsten dabei ist, innerhalb der Union und gefördert mit deren Mitteln ein autoritäres Staatswesen zu errichten, verkünden in Budapest die Mächtigen der Straße von heute und des Regierungspalastes von morgen; sie lassen es den Mob auf der Straße brüllen und sind dabei offenbar gänzlich unbesorgt, dass sich darüber noch irgendwer aufregen werde. Da die ungarische Politik seit 2004 aber europäische Innenpolitik geworden ist, müssten wir endlich wider die ungarischen Entwicklungen auftreten und das betreiben, was zu Zeiten des Kalten Krieges als »Einmischung« gebannt war. Denn europäische Manieren, von Ungarn eingeführt, das wären die guten Manieren der dreißiger Jahre mit Küß-die-Hand und Rübe-ab.

Medien und Politiker fragen sich bang, warum die Europäische Union bei vielen ihrer Bürger so unbeliebt ist. Dafür gibt es einige Gründe, vor allem, dass fast alle nationalen Regierungen ihren Wählern gerne weismachen, nicht sie, sondern Brüssel, die mythisierte Burg der bösen Bürokraten, trage Schuld daran, dass, zum Beispiel, kein Geld dafür da sei, das lange versprochene Hallenbad in Salzburg, Castorp Rauxel oder Katowice endlich zu errichten. Zudem: Wenn es den Eliten der Union wirklich darum geht, dass sich die Europäer mit Europa identifizieren, warum küren sie dann nach monatelangen Querelen ausgerechnet jenen José Manuel Barroso zum zweiten Mal zum Kommissionspräsidenten, der das Elend der Union wie kein anderer verkörpert? Ein Verwalter und Verweser der Macht, der Europa seine erste Amtsperiode lang zum Aufmarschgebiet des Neoliberalismus gemacht hat, sichert er sich jetzt die Stimmen seiner Gegner von gestern mit Pfründen und Posten, die er freigebig verschachert.

Man fragt, warum die Union bei ihren Bürgern so unbeliebt ist? Nun eben, weil diese in ihrer großen Mehrheit nicht transnational agierende Großunternehmer sind und daher von der Anti-Politik, die Barroso für europäische Politik ausgegeben hat, nicht gar viel hatten. Und weil Hunderte Millionen Europäer davon überzeugt wurden, dass sie an ihrem eigenen Schicksal nichts wenden können, sondern nur Zubehör ökonomischer Prozesse seien. Damit die Europäer Europa mehr lieben, müssten sie erfahren, dass europäische Politik mit ihnen, ihren Ansprüchen und Interessen zu tun hat und nicht darin besteht, den Fürsten der Finanzwirtschaft zuerst den Weg frei zu schlagen und ihnen dann, dankbar für die Verwüstung, die sie hinterlassen haben, mit dem Ersparten aller und den Schulden, die allen aufgelastet werden, auszuhelfen.

Seit Wochen geht jede Nacht ein schweres Gewitter über Salzburg nieder. Heftige Regenschauer trommeln auf unser Blechdach, man hört nichts als diesen lauten Regen, der in der Finsternis klingt, als würden viele Peitschen durch die Luft sausen und knallend auf dem Dach, auf dem Asphalt aufschlagen. Tagsüber lässt die rasche Erwärmung das Wasser, das sich in den Wiesen sammelt, dampfen, tropischer Nebel steigt aus der Salzach und gibt, ehe er verschwindet, ungeheure Feuchtigkeit an die Luft ab. Die Tropikalisierung des Voralpenraumes, eine interessante Ouvertüre. Die Leute schwitzen, manche taumeln bleich und wie geprügelt durch den Tag, im Café wurden schon skandalöse Erscheinungen gesichtet, Damen mit riesigen Schweißflecken unter den Achseln.

Mit Fanny wandern sie von Anthering über den Voggenberg zum Hochgitzen. Das klingt dramatischer, als es ist, sie sind gerade eine halbe Stunde, leicht bergan steigend, unterwegs. An der Hügelkuppe bei einem Weiler namens Korb findet sich eine kleine Bauernkapelle. Das Innere ist von ungelenker Hand mit großen Schriftzügen ausgestaltet worden. Ein

Bauer namens Anton Meisinger hat im Jahr 1830, als Dank dafür, dass er von französischen und russischen Schlachtfeldern heil wieder zurückgekommen ist, die kleine Dankeskapelle errichtet. Auch hielt er in ihr eine Legende fest: Einstmals sei ausgerechnet in den Pfarrer der Gegend der böse Zweifel gefahren, ob Brot und Wein, die er bei der Eucharistie verwendete, wirklich Fleisch und Blut Jesu waren. Da stieß er den Kelch um, und in der Pfütze Wein, die sich bildete, erkannte er das Antlitz des Herrn. Das wollte er aber verheimlichen, wobei die Legende nicht sagt, warum. Daraufhin jedoch: »Aber der gütige Gott wollte dies nicht verborgen sein lassen, sondern warf den Geistlichen auf das Krankenbett, so zwar, dass er weder sterben noch gesund werden konnte.« Die Strafen des gütigen Gottes waren immer schrecklich, was ihm jedoch nicht den Ruf eines nachtragenden, in seiner Rachsucht maßlosen Gottes eintrug. Unter dem Nachfolger des ketzerischen Pfarrers, der lange nicht sterben konnte, aber nie mehr aufkam, wurde aus der Kapelle eine Pilgerstätte, die heute längst vergessen ist.

Vor der Kapelle sitzen sie im dampfenden Frühsommer. Von den Geräuschen der Zivilisation ist so nahe der Stadt, der Autobahn nichts zu hören, dafür tobt es im tropischen Wald. Nie gehörte Vögel kreischen, laut und aufgeregt, und schreiend hangeln sich flinke schwarze Affen von Baum zu Baum, als wären sie schon Hunderte Jahre im Flachgauer Dschungel zu Hause. Am Rückweg kommen sie bei einem alten Bauernhaus vorbei, am Gartenzaun ist eine große, händisch beschriftete Tafel zu sehen, auf der steht: »Büchsenmacher Schorsch«. Führt hier ein Handwerksmeister einen Betrieb, in dem nach alter Tradition Gewehre, Flinten, Büchsen hergestellt werden? Fanny, fast ein wenig betreten, klärt sie auf: Der Hausbesitzer, ein jung verheirateter Mann, ist kürzlich Vater geworden, und weil es nur ein Mädchen war, zu dem er und seine Frau es brachten, haben seine Freunde gemäß alter Sitte nächtens die Tafel vor seinem Haus montiert, die ein Jahr lang stehen zu lassen von ihm nun die Ehre verlangt. Dieselbe Ehre, die es in anderen Kulturkreisen von Vätern verlangt, dass sie ihre Töchter zur züchtigen Verhüllung von Körper und Haar nötigen, zwingt ihn dazu, seine Tochter als »Büchse« und sich selbst als Büchsenmacher bezeichnen zu lassen.

Im Radio wird ein Gespräch mit der deutsch-türkischen Soziologin Necla Kelek gesendet, die in ihren Studien die mangelnde Fähigkeit muslimischer Männer kritisiert, sich aus überkommenen Traditionen zu befreien und der Moderne zu öffnen. Als sie nach ihrem heranwachsenden Sohn befragt wird, spricht sie über diesen bereitwillig wie über ein Experiment auf den Fortschritt: »Ich möchte nicht, dass eines Tages seine Frau zu mir kommt und sagt, was für einen Pascha hast du mir da übergeben.« Die aufgeklärte Mutter Kelek arbeitet erzieherisch daran, ihren Sohn dereinst in ausgereift demokratischer Verfassung an seine Frau zu übergeben, die er sich aber, angeblich, selber aussuchen darf. Aufs Übergeben eines Kindes nach den Maßstäben der Eltern kommt es aber jedenfalls an, egal ob es sich um die neue Marke Demokratischer Mann oder um die alte Gehorsame Frau handelt. Die redselige Soziologin, frei von Selbstzweifeln, ahnt gar nicht, dass sie nicht nur Fleisch vom Fleisch, sondern auch Geist vom Ungeist ihres verhassten patriarchalischen Vaters ist. Sie wird uns über den Fortgang des Experiments gewiss auf dem Laufenden halten.

Ein Erfolgreicher wird in der Zeitung interviewt und gibt auf die obligate Frage, worauf er stolz sei, die obligate Antwort: auf meine Kinder. Ich habe es bei ähnlichen Anlässen auch gerade so gesagt und würde es gleich wieder tun. Aber solcher Stolz ist nicht die wahre Elternliebe. Diese verlangt von den Kindern nicht, dass man stolz auf sie sein könne. Wahre Elternliebe anerkennt die Kinder, ohne sie zur lebenslangen Sonderschicht abzukommandieren, in der sie sich für das Ego ihrer Erzeuger, die stolz sein möchten, abrackern müssen.

Haben Kinder noch Angst vor ihren Eltern? Ich kenne nur Eltern, die Angst um ihre Kinder haben. Um sie, nicht vor ihnen. Diese Angst fürchten die Kinder, sie ist das schwere Erbe, das ihnen aufgelastet wird, ehe sie hinaus in die Welt entlassen werden.

Wohin mit der Fotografie? Letzten November, in Brüssel, streifte er über den schäbigen Flohmarkt an der Place du Jeu de Balle, dem Vossenplein, und staunte, wie viel Gerümpel hier feilgeboten wurde, nutzloses Zeug, mit dem niemand, auch kein Bedürftiger, etwas anfangen konnte. Bei einem älteren Flamen, der nichts als Bilder und Rahmen verkaufte, war er auf das große Foto von zwei lachenden Knaben gestoßen, die im Pyjama in die Kamera schauten und wirkten, als hätten sie gerade in der schönsten Polsterschlacht für die Aufnahme innegehalten. Dachte man sich noch den Fotografen oder die Fotografin dazu, war dies ein Bild vollendeten Familienglücks. In das Foto war mit grünem Filzstift geschrieben: »Arnaux und Antoine, 1980.«

Was konnte geschehen sein, dass dieses Bild auf dem Flohmarkt landete? Waren die Eltern gestorben, die das Bild zu Hause aufgehängt hatten? Warum wollten dann weder Antoine noch Arnaux dieses Bild ihrer glücklichen Kindschaft haben? Lebten sie damals anderswo und waren nicht dabei, als die Wohnung der Eltern aufgelöst und das Mobiliar vom

Trödler abgeholt wurde? Oder hatten die Eltern die Kinder, die sie hier in einem so alltäglichen und gerade darum grandiosen Moment des Glücks für die Ewigkeit bannten, verstoßen? Wie kurz konnte die Ewigkeit sein! Der ältere der Brüder, Arnaux oder Antoine, musste jetzt Mitte, der jüngere Anfang dreißig sein. Wie hatten sich ihre Wege getrennt, oder waren sie alle im Tode vereint? Wer gibt ein solches Foto her, dass es am Flohmarkt lande?

Er zahlte drei Euro für das Foto, und der Händler, der glaubte, dass er nur den Rahmen erstehen wolle, machte sich daran, das Foto aus dem Rahmen zu schneiden. Als er ihm verständlich gemacht hatte, dass er nur das Foto, nicht den Rahmen wollte, schaute der Händler ihn befremdet, nein, geradezu verächtlich an, als vermutete er, sein Geschäft mit einem Pädophilen gemacht zu haben, der in ganz Europa Fotos von Knaben sammelt.

Der fünfte Krimi:

Klärchen Walser war schon einige Jahre tot, als sie beschloss, endlich etwas dagegen zu unternehmen. Seit die Kinder groß waren und in anderen Städten lebten, versuchte Rudolf, dessen Wunsch es gewesen war, dass sie sich ganz der Erziehung der Kinder widmete, noch öfter Arbeit vorzuschützen, um erst spät nach Hause zu kommen und es früh wieder zu verlassen. Sie hatte sich manchmal gefragt, ob es nicht ein goldener Käfig sei, in dem sie lebte, aber jetzt begriff sie, dass es die letzten Jahre schon der goldene Sarg gewesen war. Sie musterte Rudolf, der sein Frühstück, je mehr es sich dem Ende näherte, umso besser gelaunt einzunehmen und sich bereits darauf zu freuen schien, bald schon irgendwo, unterwegs, bei Besprechungen, in seiner Firma ein anderes Leben führen zu können, von dem sie nur wusste, was er ihr davon erzählte, im Grunde also fast nichts. Hatten sie sich nicht darauf geeinigt, vor so vielen Jahren, dass sie ihr Leben gemeinsam bewältigen wollten, jeder auf seinem Posten, aber doch gemeinsam?

Klärchen erhob sich und spürte ihre Müdigkeit schon so früh am Morgen, vor ein paar Monaten hatte sie Rudolf einmal davon geklagt, aber er hatte unwillig den Kopf geschüttelt, dass sie das arbeitsarme Leben, das sie jetzt führte, stärker erschöpfen solle als das arbeitsreiche für die große Familie davor. Sie trug ihren Teller an Rudolf vorbei zum Geschirrspüler, und wie von selbst ging in diesem Moment die Lade mit den Küchenmessern auf, das Tranchiermesser für den großen Braten begab sich in ihre Hand, die sich um den Griff zur Faust schloss. Sie drehte sich um, machte drei kleine Schritte und öffnete dem ahnungslosen Rudolf von hinten mit einem einzigen Schnitt von links nach rechts die Kehle. Nur ein leises Gurgeln war zu hören, mehr nicht, und Klärchen staunte, in was für einer gewaltigen Fontäne Rudolfs Blut über den Frühstückstisch spritzte, über die Schalen mit Müsli, Honig, Marmelade, das Tellerchen mit der cholesterinarmen Margarine, über die zwei Scheiben Vollkornbrot, die nie mehr vertilgt werden würden, schon gar nicht von Rudolf, der jetzt zu Boden sank und von einem Moment zum anderen so tot war, wie sie, die schon seit ein paar Jahren im goldenen Sarg lag, noch immer nicht war. Sie fühlte sich gar nicht mehr so müde, als sie zum Telefon ging, um die Polizei zu verständigen.

Wir waren von Wien auf eine Nacht nach Bratislava gefahren. Ich erwachte früh, weil in den beiden Zimmern neben uns zwei Männer in ihre Handys brüllten. Kurz dachte ich, dass sie über unser Zimmer hinweg miteinander stritten. Aber der rechts von uns berichtete, ich vermute seiner Frau, in wehleidigem Wienerisch, wie schlecht er sich fühle, weil er gestern so viel trinken musste, offenbar nicht der guten Laune oder des schönen Überschwanges wegen, sondern aus Gründen des Geschäfts, während der links in einer mir unbekannten, ja rätselhaften Sprache (Mongolisch?) bellende Anordnungen gab. Ich stand auf und sah aus dem Fenster im achten Stock auf die Trabantensiedlungen. Im Morgengrauen rollte auf mehreren Spuren der Verkehr in die Stadt herein, von dem man wegen der Schallschutzfenster nichts hörte. Unterwegs schätze ich es, die Geräusche der fremden Stadt auch während der Nacht zu hören, von ihnen im Schlaf begleitet zu werden, selbst wenn es laute, störende Geräusche sind. Versuchen Hotels ihre Zimmer auf internationalen Komfort zu bringen, installieren sie jedoch als Erstes immer das lärmdämmende Kunststofffenster und als Letztes die Isolierung der Wände zwischen den Zimmern.

Meine eigene Geschichte des Reisens wird durch ein epochales Ereignis in zwei Perioden getrennt. Es gab die Zeit, als sich in den Zügen die Fenster nach unten schieben ließen; damals standen die Raucher und jene, die in den heißen, überfüllten Abteilen nicht schlafen wollten, die halbe Nacht am Gang, ließen sich den Wind ins Gesicht blasen, rochen den Rost der Schienen, aus denen die bremsenden Lokomotiven Funken schlugen, träumten ihre Fahrt voraus und ihrem Leben hinterher und sahen ganz anders in das Land, durch das der Zug brauste, in die Vorstädte mit ihren Kleingartenanlagen und düsteren Häuschen, sie sahen, träumten und reisten anders als heute, da die Land- und Stadtschaften hinter einer Glaswand vorübergezogen werden. Denn irgendwann wurden die Waggons, deren Fenster sich bis in Brusthöhe herunterschieben ließen und von denen ein am unteren Rand des Fensterrahmens angebrachtes Täfelchen verriet, dass es gefährlich (Italien) oder verboten sei (Österreich), sich aus ihnen zu lehnen, durch modernere ersetzt;

und diese waren mit Klimaanlagen ausgestattet, die oft nicht funktionierten, und mit immer verschlossenen Fenstern, die den Reisenden aus der Landschaft verbannten und den Zug zum fahrenden Gefängnis machten.

Zugfahren ist seither etwas anderes, und dass sie nicht mehr im Fahrtwind atmen und riechen können, fehlt auch den Jüngeren, die das gar nicht wissen, weil sie die alten Waggons, die im internationalen Reiseverkehr vor zwanzig, dreißig Jahren verschwanden, nicht mehr kennen lernten. Auch das Abschiednehmen am Bahnhof ist etwas anderes geworden, weil weder die Abfahrende sich noch aus dem Fenster beugen und in filmtauglicher Geste mit dem weißen Taschentuch winken kann, bis der Zug in sich beschleunigendem Tempo den Bahnhof verlassen hat, noch der Zurückbleibende ein paar Meter neben dem anfahrenden Zug mitgehen, mitlaufen kann, um der Davonfahrenden einen letzten innigen Blick zuzuwerfen, den sie von ihm mit in die Fremde nimmt.

»Man braucht nicht sehr lange gelebt zu haben, so erinnert man sich schon an Erlebnisse, die es nicht mehr gibt.«
Robert Musil, Tagebuchblatt für den 8. April 1927

Auch auf Reisen gelingt einem nicht alles. Das Glück des Reisens, verdankt es sich nicht oft gerade dem Missgeschick, Irrtum, Zufall, die uns auf Wege setzen, auf die wir durch Überlegung nicht gekommen wären? Um wie viele Menschen, namenlos Unvergessene, wäre ich heute ärmer ohne das zuverlässige Walten von Missverständnissen! Worauf wäre ich nie gestoßen, wenn ich nicht Telefonnummern falsch notiert oder mit Busverbindungen gerechnet hätte, die längst eingestellt waren. Im mazedonischen Stip fingen einmal zwei fanatische Funktionäre des aromunischen Kulturvereins so heftig darüber zu streiten an, ob sie mich, damit ich ein einprägsames Bild von der Bedrängnis ihres Volkes erhalte, zur bulgarischen Grenze im Osten oder zur albanischen im Westen bringen sollten, dass ich unbemerkt die Stätte verließ und einem verschmitzten weißhaarigen Herrn folgte, der mit mir in den Süden, nach Bitola an der griechischen Grenze fuhr. Was ich damals über die Aromunen schrieb, verdanke ich diesem Zufall, und es wäre eine ganz andere Geschichte herausgekommen, wenn mich zwei Funktionäre, die sich meiner bemächtigen wollten, über ihrem Streit nicht aus den Augen verloren hätten und ein anderer vorbeigekommen wäre. Der schlaue Karabatak führte mich in Bitola auf den Friedhof, zu dem Grab, das er für sich gekauft hatte, auf dem schönen weißen Marmorstein standen schon sein Name und sein Geburtsdatum, nur den Platz für das Datum seines Todes hatte er frei gelassen. Wahrscheinlich wird es jetzt schon auf dem Stein stehen, zu dem er mich vor zehn Jahren geführt hat.

Mit Karabatak fuhr ich ins hohe mazedonische Gebirge nach Nižepole und Molovište, wo ich eine Handvoll fröhlicher Alter traf, die inmitten der riesigen Schutthaufen, zu denen ihre verlassenen Dörfer zerfallen waren, unverdrossen ihre Rosensträucher pflegten und sich gar nicht wunderten, dass ein Fremder sie in dieser Abgeschiedenheit besuchte, um nachzuschauen, was es mit jenen Aromunen auf sich hatte, von denen er in den legendenhaften Berichten alter Bücher vernommen hatte und an deren Existenz er zweifelte, bis er selbst unter ihnen saß; unter freundlichen Greisen, die den Verfall ringsum mit stolzer Gleichmut nahmen, als wäre er das Selbstverständliche, das irgendwann jeder Gemeinschaft beschieden ist. Ein Zufall, dass ich zu ihnen geriet, und doch unvorstellbar, dass ich nie zu ihnen gelangt wäre und mit ihnen den scharfen Schnaps getrunken, die karamellisierten Früchte gegessen hätte, damals, als durch unser ausgelassenes Gespräch plötzlich ein weißes Pferd galoppierte, das auf einem aufgerissenen, steinigen Weg vom Berg herunterklapperte: mir wie aus dem Märchen entsprungen, was jenen Alten, die sich an meinem Staunen erfreuten, die Wirklichkeit aller Tage war.

Im Fernsehen wird begeistert über die privatmedizinische Universität Salzburg berichtet. Auch die Kinder einiger Freunde studieren dort unter Bedingungen, die das Studium anregend und spannend machen: in kleinen Gruppen, von Anfang an in die Praxis eingebunden, angeleitet von hervorragenden Fachleuten – und schon nach fünf Jahren haben sie, Fleiß und Begabung vorausgesetzt, ihr Studium beendet. Von einem solchen Studium wünschte man sich, dass es an den Universitäten Standard wäre. Doch die staatlichen Universitäten befinden sich in einem Verfall, von dem ich mir, als ich vor dreißig Jahren mein Studium beendete, niemals hätte vorstellen können, dass er eines Tages staatsoffiziell betrieben wird. Gott sei Dank haben wir nicht nur Politiker, die das Bildungswesen verludern lassen, sondern auch Kapitalisten, die von den generös dem Staat vorenthaltenen Steuern private Institutionen nach ihrem Gutdünken unterstützen.

Österreich in zwanzig Jahren: Die Eltern, die ihren Kindern Gutes wollen und sich das Gute leisten können, schicken ihre Kinder in private Kindergärten, wo sie, gefördert von hervorragend ausgebildeten, durch ausreichendes Gehalt und gute Arbeitsbedingungen hochmotivierten Pädagoginnen, auf die Schule vorbereitet werden. Vom privaten Kindergarten wechseln sie in die privaten Volksschulen, in denen sie davor bewahrt werden, es mit den dummen Kindern von Migranten und Versagern zu tun zu bekommen, sondern unter ihresgleichen bleiben und jeden Tag eine spielerische Stunde lang in Englisch unterrichtet werden. In den privaten Gymnasien treffen sie auf die engagiertesten Professoren, die sich nur denken lassen, Schriftsteller kommen einmal die Woche, um in der Neigungsgruppe kreatives Schreiben zu hospitieren, das Labor für die jungen Fotografen ist von der Fotohandelskette nobel ausgestattet worden, die Sportler betätigen sich in Hallen, wie sie der Öffentlichkeit in unseren Sportstädten schon lange nicht mehr zur Verfügung stehen. Nach dem privaten Gymnasium gehen die hoffnungsvollen Sprösslinge auf die medizinische, wirtschaftliche oder technische Privatuniversität, wo sie in kleinen Gruppen rasche Belehrung finden und zu tüchtigen Medizinern, Managern oder Technikern ausgebildet werden. Tatsächlich, sie werden ihre Kunst besser beherrschen als ihre Kollegen, die sich durch die überfüllten staatlichen Universitäten quälen mussten. Wohl vorbereitet gehen sie hinaus in die Welt und werden tüchtige Ärzte an Privatspitälern, tüchtige Manager in Konzernen, deren Reichtum aus der Konkursmasse der zerschlagenen Staatsbetriebe stammt, oder tüchtige Lehrer an Privatschulen. In Salzburg, wird man stolz sagen können, hat das damals mit der privatmedizinischen Universität angefangen, gegen die man schwerlich etwas vorbringen kann, außer dass mit ihr ein bildungs- und gesundheitspolitisches Programm eingeführt wurde, an dem die Gesellschaft zerfallen wird. Während sich in den USA die Regierung Obama aufreibt, die desaströsen Folgen, die die Privatisierung des Bildungs- und Gesundheitswesens auf die amerikanische Nation hatte, immerhin abzumildern, werden in Europa Schritt für Schritt jene Verhältnisse eingeführt, aus denen die USA verzweifelt zu entrinnen versuchen.

Ich wundere mich über mich selbst: Wohin ist die mir wie eingeborene Überzeugung verschwunden, dass der Staat Obrigkeit bedeute und die Obrigkeit abgeschafft zu werden verdiene? Mein politisches Denken und moralisches Empfinden wuchs doch aus der Überzeugung, dass es die Obrigkeit jedenfalls zu verwerfen und die Untertänigkeit zu verachten gelte. Als ich vor zwanzig Jahren an dem Buch »Der wohlwollende Despot« arbeitete, schrieb ich mich gegen niemanden in einen solch polemischen Furor hinein wie gegen den verstaatlichten Intellektuellen, der gewohnheitsmäßig die Nähe der Staatsmacht suchte, um sich ihr mit der wohligen Selbsttäuschung anzudienen, sie mit seinen klugen Ratschlägen zu veredeln, und der dafür von Staats wegen geachtet, vom Staat alimentiert zu werden begehrte. Nicht nur wenn er den Mächtigen gute Ratschläge gab, sondern auch wenn er, erbost, empört, rhetorisch erregt, gegen Österreich wetterte, war dieser staatsfromme Intellektuelle immer auf den Staat als die letzte, anbetungswürdige Ordnungsmacht bezogen, die er sich nur sozialer, besser, freigebiger, klüger, moderner wünschte, und an der er vor allem zu tadeln fand, dass sie auf ihn, den kritischen Zurufer, den allzeit bereiten Einflüsterer, zu wenig hörte. Wie wild immer er sich gebärdete, die Besserung der Welt erwartete er sich ewig nur vom Staat, denn er glaubte weder an den Einzelnen und an dessen Kraft, sich zu behaupten, noch an die Gesellschaft, also an die Menschen, die sich ihrer Interessen bewusst werden und ihre Sache auch wider den Staat in die eigenen Hände nehmen könnten.

Nein, seit Kaiser Josef II., dem Sohn Maria-Theresias und bedeutendsten Reformer auf Habsburgs Thron, war es in Österreich fast immer der Staat und der aus der Tiefe der Geschichte wiederkehrende wohlwollende Despot, von dem Änderung, Besserung, Erlösung erfleht, fast nie der aufbegehrende Untertan, der rebellische Citoyen, dem eine Selbstermächtigung zugetraut wurde. Als der »Wohlwollende Despot«, dieser Traktat wider die »Staats-Schattengewächse« erschien, wurde ich von manchen als gefallener Linksradikaler, in den der Ungeist Thatchers gefahren war, geschmäht.

Solange ich ihr anhing, hatte ich mir die Entstaatlichung immer verführerisch vage als prächtige, geradezu lebensfrohe Vergesellschaftung vorgestellt, nicht als diese triviale Form von Privatisierung. Nicht der Staat, dem in Österreich fast alles gehörte und der über die Besetzung selbst mediokrer Posten bis hin zu den Bademeistern bestimmte – Beamte auch sie, die ihr Amt, das Überwachen der Sitten im Liege- und Schwimmbereich, als staatliche Autoritätspersonen versahen –, nicht der Staat sollte bestimmen, wie die Leute arbeiteten und lebten, sondern sie selbst. Die beiden Großparteien hatten sich den Staat in feindseliger Eintracht aufgeteilt und die Österreicher für ihre unsichtbare Staatsarmee rekrutiert; diese galt es aufzulösen, eben weil sie keine sichtbare Kraft der Gesellschaft, sondern eine unsichtbare Armee der Obrigkeit war, in der das Gehorchen, Sichdreinfügen eingeübt und das brave Dienen in den Formationen der einen oder der anderen Partei mit Gemeindebauwohnungen, Arbeitsplätzen, Kuraufenthalten, mit Hunderterlei Benefizien belohnt wurde.

Aber heute! Fast bin ich schon so weit, den Untergang der Zivilisation mit der Entstaatlichung gleichzusetzen, die im letzten Jahrzehnt so viele staatliche Betriebe in private Hände gespielt und die staatlichen Bildungsinstitutionen ruiniert hat und die den vulgären Egoismus, den zu zeigen früher den Besitzenden für unschicklich und schädlich galt, zur sozialen Tugend machte, mit der öffentlich zu wuchern keine Schande mehr ist. Der Staat wurde zurückgeschlagen, jedoch nur, dass auf das von ihm geräumte Feld die privaten Gewinnler, die rücksichtslosen Geschäftemacher nachrückten und sofort ihre Claims absteckten, als wäre, was ihnen überlassen wurde, ihr angestammter Besitz. Konzerne, die immerhin funktionierten, wurden zerschlagen, auf dass sich die profitablen Teile Investoren unter den Nagel reißen konnten und die anderen, nicht profitablen Teile in darüber immer maroder werdenden Staatsbesitz verblieben. Wie die österreichische Post ruiniert wurde, zum Vorteil einer Hundertschaft von Börsengewinnlern, zum Nachteil von acht Millionen, das ist ein Lehrstück, wie gegen den Willen und die Interessen der Bevölkerung ein Unternehmen zerschlagen werden kann, zu dem einzigen Zweck, dass eine Minderheit sich an ihm bereichere. Nach wenigen Jahren hatten die einen Millionen eingesackt, die Millionen aber durften sich täglich über den Niedergang des Postwesens ärgern, mit dem es, da ihm die geschäftsträchtigen Abteilungen entrissen wurden, nur immer weiter herunterkommen konnte.

Während Rafael Chirbes seine großen Romane schrieb, in denen er an die Vergessenen des Spanischen Bürgerkriegs erinnert und rigoros auch die einstige Linke kritisiert, die sich inzwischen ihre Pfründe gesichert hat, war er zwanzig Jahre im Auftrag eines Reise- und Gourmetmagazins in aller Welt unterwegs. Der Autor, der sich als Romancier monoman mit nichts als den Abgründen der spanischen Geschichte auseinandersetzt, ist zugleich ein großer Reisender. Aber ein »sesshafter Reisender«, wie er seine Sammlung mit Reportagen nennt, die ihn im Auftrag der Zeitschrift *Sobremesa* von Shanghai bis Guadalajara, von Antwerpen nach St. Petersburg geführt haben. Mit diesen »Städtebildern« wollte Chirbes nicht einfach eine Sammlung von einzeln bereits publizierten Texten vorlegen, sondern – ein Buch im emphatischen

Sinne: »Ein Buch«, schreibt er in der Vorbemerkung zu »Der sesshafte Reisende«, »ist immer ein Blick von einem Ort aus, und das ist es, was diese Texte beanspruchen, wenn sie unter einem gemeinsamen Titel auftreten. Von einem Standort aus sehen.«

Noch nie bin ich so lange an einem Manuskript gesessen wie dem, das alle meine Reisen, die mich in den letzten Jahren durch das reale und mein imaginäres Europa geführt haben, in einem großen Buch vereinen soll. Je länger ich mich mit seiner Komposition beschäftige, desto klarer steht mir vor Augen, dass ich sie nur schreibend finden werde und dem »Wald der Metropolen« diese Suchbewegung eingeschrieben sein wird. Die Form, die geeignet ist, diese Reisen durch Länder und Bibliotheken zu fassen, ist nicht vorgegeben, ich muss sie mir schreibend erschaffen, und das ist vielleicht das Schönste an der täglichen Arbeit des Schreibens, einzelne Sätze zu finden und sie alle in eine große Form zu fügen, in der ich mich selbst entdecken kann. Chirbes hat Recht, wenn er drauf beharrt, die Welt literarisch zu erkunden, aber einen Standort zu haben, von dem aus er sie sieht. Ich habe einen Ort, an dem ich lebe, und einen geistigen Ort, von dem aus ich mir die Welt erschließe, einen Standort, den ich nicht verheimlichen, sondern über den ich mir selbst klar werden möchte und der auch in der gestalteten Welt selbst sichtbar werden muss. Ich denke gar nicht daran, reisend und schreibend meine eigenen Voraussetzungen, meine Bildungserfahrungen zu vergessen und das, was ich weiß, vor mir selbst zu verheimlichen, in der leeren Hoffnung, zur Unmittelbarkeit durchzustoßen, indem ich zum heiligen Toren retardiere.

An den Städtebildern, die Chirbes von Kopenhagen und Nizza, Zürich und Marrakesch verfertigt, fällt auf, wie viel Wissen, gediegene Vorarbeit, historische Kenntnis in sie eingeflossen sind. Da geht einer nicht auf Reisen, um sich selbst endlich abhanden zu kommen, sondern um als sesshafter Reisender auch in der Ferne möglichst viel von dem zu verstehen, was er vorfindet. Er reist nicht ohne Bücher im Gepäck, er scheut nicht den kulturhistorischen Exkurs, was nicht heißt, dass er sich für die überraschende Vielgestalt der Welt nicht zu begeistern wüsste.

Wenn mich seine Städteporträts dennoch nicht überzeugen, so hat dies einen einzigen Grund: Es mangelt ihnen an Begegnungen mit Menschen, mit Reisegefährten, mit den Einheimischen, die für Chirbes gleichsam nur Teil des Stadtbilds sind, aber keine Individuen und schon gar keine interessanten Charaktere, die wir mit ihren Widersprüchen kennen lernen würden. Einprägsame Schilderungen von Natur und Architektur gibt es genügend, plastische Porträts von Menschen so gut wie gar keine. Der »Reisende«, der sich auch meist so nennt und auf das Personalpronomen »ich« über vierhundert Seiten lang konsequent verzichtet, ist offenbar immer alleine unterwegs, alleine mit seinen Büchern und nicht an den Menschen, sondern ihrer Geschichte interessiert, deren Geheimnisse er aufdecken möchte.

Ich empfinde das als gravierende Schwäche dieser Reiseprosa: dass sie ohne Menschen auskommt, auch ohne den Menschen, der der Autor selbst ist, denn dieser macht sich offenbar als reisende Wahrnehmungsmaschine und als wanderndes Bildungsarchiv auf den Weg, nicht als Mensch, den die Dinge manchmal verdrießen, manchmal begeistern mögen und der sich in den vielen Reisen, zu denen er aufbricht, auch auf der einen großen Lebensreise wüsste, die zu bewältigen doch der Zweck alles Schreibens wie Reisens ist. Der »Standort«, den Chirbes für sich beansprucht, er ist ein politischer und sozialer, der Standort des politisch wachen, kulturhistorisch interessierten, geschichtlich kundigen Mannes, dem die fremden Städte nicht zum persönlichen Erlebnisraum werden, sondern als Orte interessieren, in denen sich bestimmte ökonomische, soziale, historische, kulturelle Entwicklungen in einer besonderen urbanen Form materialisieren. In diesem Standort ist Chirbes seiner ganz sicher, Schreiben wird für ihn daher nicht zur Selbstüberprüfung.

Nur einmal, im Epilog, wird er subjektiv. Bitter und verächtlich schreibt er von Ibiza, das, von Leuten aus aller Welt in Besitz genommen, ein Allerweltsort geworden ist, dem das Besondere, Spezifische abgeht. Und ausgerechnet auf Ibiza fällt dem Reisenden, dem hier die Lust vergeht, je wiederzukehren, ein Satz des amerikanischen Regisseurs John Huston ein, der alle Verheißungen des Reisens zurücknimmt: »An einem einzigen Ort gelebt zu haben, eine einzige Familie gehabt zu haben, ein Haus, eine Landschaft, sogar einen einzigen Gott. Das muss etwas Schönes sein.«

Das Ende der Ära Schüssel ist schrecklich. Der Mann ist mir ein Rätsel geblieben. In viele, deren Ansichten, Leidenschaften, Überzeugungen mir fremd sind, selbst in solche, die ich für meine Feinde hielte, glaube ich mich einfühlen zu können, denn etwas von dem, was ich an ihnen verachte, spüre ich auch in mir. Selbst bei dem von seiner Gefallsucht in den Tod gehetzten Jörg Haider kann ich nachfühlen, was ihn jagte, und sogar der engstirnige Strache, so verächtlich mir ist, was er treibt, ist mir nicht so fremd, dass ich nicht begriffe, was ihn antreibt. Nicht zu reden von den vereinigten sozialdemokratischen Kanzlern Europas, die, abgewählt und abgedankt, allesamt zu den richtig Reichen unter den Reichen drängen und sich für Weltmänner halten, wenn sie sich bei Milliardären unterhaken dürfen: lächerlich zwar, aber der Einfühlung nicht prinzipiell unzugänglich.

Wolfgang Schüssel hingegen, der Ideologe der Privatisierung, der selbst geringe Neigung zu luxuriösem Leben zeigt;

der fast so etwas wie ein Asket ist, aber mit kalter Lust die Ausschweifungen des Sich-Bereicherns förderte; ein intellektueller Schöngeist, der in den Sommerferien Cellounterricht nimmt und zugleich Kohorten von Dummköpfen auf Posten hievte, für die ihnen jede fachliche Eignung fehlte; ein Mann, der fast als einziger Politiker vor der *Kronenzeitung* keinen Kotau machte, aber deren Lieblinge aus dem Solarium in die Regierung beorderte; ein Großinquisitor, der um der reinen Gottesliebe wegen mit dem Teufel paktiert …

Die Kanzlerschaft Schüssels konnte nur schrecklich zu Ende gehen. Die rechte Partei, die einen kräftigen extremistischen Flügel hatte, ist von ihm zur Regierungspartei nobilitiert worden, mit der logischen langfristigen Folge, dass sie heute aus nichts mehr als ihrem extremistischen Flügel besteht. Kein Wunder, dass Schüssel, ihr Pate, so großen Wert darauf legt, ausgerechnet mit dem Nachruhm des großen Europäers in die Geschichte einzugehen. Er spricht mit Engelszungen von Europa, aber im eigenen Land hat er stiere Nationalisten groß und ehrbar gemacht, die nicht einmal wissen, ob sie lieber österreichische oder deutsche Nationalisten sein möchten.

Institutionen, Betriebe, Forschungszentren, die internationales Renommee besaßen, sind heruntergekommen, weil dort für jeden, den die FPÖ mit einem Posten zu versorgen hatte, einer geschaffen werden musste, mit dem Ergebnis, dass diese inkompetenten Leute nach ein paar Monaten mit einer hohen Abfindung auf einen neuen Posten abgeschoben werden mussten, bei dem sie wieder nichts als Schaden anrichteten. Da es Schüssel um die Privatisierung um jeden Preis ging, selbst wenn sie mit untauglichem Personal und zu Schleuderpreisen vollzogen werden musste, hat er nicht nur erreicht, dass angesehene Unternehmen und Institutionen ihren guten Ruf verloren und sich aus dem Eigentum aller das Vermögen weniger nährte, sondern auch, dass den Österreichern die Idee, es könne durchaus sinnvoll sein, staatliche Domänen zu privatisieren, gründlich ausgetrieben wurde. Keiner hat der Idee der Privatisierung mehr geschadet als ihr schmallippiger Ideologe. Aber es hat ja auch keiner die Europafeinde in Österreich wirkungsvoller gefördert als dieser Mann, der sich als leidenschaftlichen Europäer bezeichnet. Seine Ära endet als moralisches Desaster und hinterlässt der Republik einen neuen Typus von Korruptionisten, der es für sein naturgegebenes Recht hält zu betrügen, zu unterschlagen, geheime Absprachen zu treffen und Geheimnisverrat zu begehen und dessen Hunger nach Geld, das nicht ihm gehört, unstillbar ist. Dieser neue Korruptionist ist uns aus der Ära Schüssel überkommen, und er denkt nicht daran, das Feld je wieder zu räumen.

Korruption hat es immer gegeben, gerade in Österreich. Wo fing sie an? Wenn der Bezirksschulinspektor der Junglehrerin, die meine Frau wurde, sagte, sie könne in einer bestimmten Schule ihren ersten Posten antreten, aber müsse zuerst das Parteibuch unterschreiben, das er schon in der Schublade ausgefertigt liegen hatte? Oder wenn der Direktor dieser Schule, den sie dann verzweifelt aufsuchte und der kein Unmensch war, auf ihre beharrliche Weigerung sagte, gut, dann gehen Sie wenigstens zur anderen Partei und kommen Sie mit deren Parteibuch wieder? Wenn Geschäftsleute und Unternehmer, die lieber seriös kalkuliert hätten, Parteisoldaten schmieren mussten, um an staatliche Aufträge zu gelangen? Dass diese sich an der Bestechungssumme oft nicht selbst bereicherten, sondern das Geld an geheime Konten ihrer Partei weiterleiteten, machte aus ihrer Korruption keine Tugend.

Mit dieser so tief in der österreichischen Geschichte verwurzelten und wie selbstverständlich geübten Korruption ist jene, die heute das wirtschaftliche und gesellschaftliche Leben zersetzt und sich am nationalen Reichtum, am öffentlichen Eigentum satt frisst, gar nicht zu vergleichen. Jetzt sind Leute am Abkassieren, denen eine Spende für die Partei, ein besserer Job für den Neffen oder die Freundin, ein neues Dienstauto längst nicht mehr ausreichen und denen im Übrigen jedes Bewusstsein von Unrecht abhanden gekommen ist. Früher hat sich ein fehlbarer Ministerial- oder Kommerzialrat, dem man auf die Schliche kam, mitunter die Kugel gegeben, nicht nur um sich der Strafverfolgung zu entziehen, sondern aus Einsicht, dass er für seine Verfehlungen abschließend geradestehen kann, indem er sich für immer niederlegt. Die Heutigen, die ertappt werden, reden sich so windig heraus, dass es peinigend ist, ihnen beim Lügen zuzuhören; sie reden sich einer auf den anderen heraus und schieben sich, wie gestern die Millionen, heute die Verantwortung zu – Freunde einst, geschiedene Leute jetzt, Kumpanen immerdar. Warum ist dem neuen Korruptionisten jedes Bewusstsein von Verfehlung und Unrecht abhanden gekommen? Dem politischen Nachwuchs unseres Landes wurde eingetrichtert, dass der Staat, dieser elende Moloch, zerschlagen und ausgeweidet zu werden verdient. Sich an ihm zu bereichern ist keine schändliche, sondern eine geradezu patriotische Tat, und wer sich dabei besonders hervortut, ist nicht der größere Lump, sondern der bessere Mann.

Ein geheimes Erkennungszeichen dieser besseren Männer ist die Angewohnheit, dass sie in der Öffentlichkeit von sich selbst nur in der dritten Person zu sprechen vermögen. Ja, da ist er schon wieder und sagt im Fernsehen wie aufgezogen: »Das lässt ein Karl-Heinz Grasser nicht auf sich sitzen, dass es in seinem Umfeld irgendwelche Machinationen gegeben haben soll, die nicht auf das peinlichste korrekt waren, denn ein Karl-Heinz Grasser hat immer darauf geachtet, dass alles aufs peinlichste korrekt ist.«

Als ich ein Jüngling war, der sich etwas auf seine rebellische Intelligenz zugute hielt, stritt ich mich im Gymnasium gerne mit Professoren darüber, dass die »Leistungsgesellschaft«, die sie für die höchste Entwicklungsstufe in der Geschichte der menschlichen Gattung hielten, menschenverachtend, lebensfeindlich, vermutlich sagte ich sogar: faschistoid sei. Damals pflegte ich fast alles, was mir nicht passte oder verdächtig erschien, frohgemut in meiner moralischen und intellektuellen Überlegenheit und unangefochten von Selbstzweifeln als faschistoid zu bezeichnen. Aber heute? Ach, es fehlte nicht viel, und ich würde ausrufen: Du gute alte Leistungsgesellschaft, wo bist du nur hin? Was ist aus dir geworden, in der es sich für den Einzelnen noch auszahlte, sich besonders anzustrengen, sich fortzubilden, mehr oder besser zu arbeiten als der andere, ja, ein Streber vor seinem Chef zu sein? Die Leistungsgesellschaft lebte von der Propaganda, dass Leistung belohnt und am Ende der am meisten an Ansehen, Geld, Einfluss gewonnen haben werde, der am meisten geleistet hatte. Das war natürlich Ideologie, die gleichwohl da und dort von der Realität beglaubigt wurde. Die hübschen Buben aber mit dem dummen Grinsen, die ihrem Parteiführer an der Theke einer Bar aufgefallen sind, wegen der schönen Frisur oder dem losen Mundwerk, und aus denen ein paar Wochen später Parteisekretäre geworden waren und ein paar Jahre später, natürlich, Aufsichtsräte, Lobbyisten und Manager, was haben sie geleistet, außer dass sie sich einiges geleistet haben?

Speed kills, hatte der Bundeskanzler Schüssel zur Anweisung gegeben, wie Österreich politisch umzuformen sei, und tatsächlich sind die politische Klasse und die staatstragende

Elite binnen weniger Jahre mit Leuten durchsetzt worden, die weder Ausbildung noch berufliche Erfahrung haben und statt über Intelligenz über die Schläue verfügen, wie man es auch ohne das alles über kurz zu Titeln, Posten, Millionen bringen könne. Noch nie, glaube ich, haben so viele so dumme Menschen in Österreich so hohe Positionen innegehabt. Wo immer früher ein begabter, nicht an die Parteikandare genommener Mensch anklopfte, hatten sich bereits ein paar schwarze oder rote Parteisoldaten verschanzt, die ihm den sofortigen Rückzug wiesen. Wo immer heute ein begabter junger Mensch die Tür aufmacht, sieht er vor sich auf dem edlen Staatsmobiliar die Flaschen aneinandergereiht.

Ein chinesischer Tourist, der Wien besucht, plädiert im Fernsehen für die Verbrüderung von Chinesen und Österreichern, die einander viel ähnlicher seien, als sie wüssten. Denn was ist es, das wir alle wollen, Chinesen und Österreicher? »Wir wollen alle einen freundlichen Chef haben.« Das stimmt. Den wohlwollenden Despoten, der die Sachen für uns, aber ohne uns richtet, den wünschen wir uns. Anschaffen soll er, aber zu unserem Besten. Die Demokratie soll uns nicht behelligen, sondern über uns herrschen. Allein, die gütige Obrigkeit, der fürsorgliche Staat, wo sind sie?

Ich habe Pech mit dem Staat, grundsätzlich: Er stört mich da, wo er ist, und wo er nicht ist, geht er mir ab. Alles erlaubt er, selbst den frechsten öffentlichen Betrug, alles reglementiert er, sogar die privaten Angelegenheiten. Er hält sich heraus, wo er sich zeigen müsste, und mischt sich ein, wo er nichts zu suchen hat. Ich jedenfalls kann nicht anders, als den Staat immer zu schmähen, das eine Mal, weil er vorstößt, das andere Mal, weil er sich zurückzieht.

Sie sind die Ersten, die sagen: Nach uns soll es schlechter werden. Die sich seit einigen Jahren bemühen, die Schulen und Universitäten verfallen zu lassen, und zu demolieren, was vom österreichischen Bildungssystem noch übrig ist, sind allesamt aus meiner Generation, der ersten, die es in Österreich mit einer sozialen Bildungspolitik zu tun bekommen hat. Sie sind die Kinder von Bauern, Angestellten, kleinen Gewerbetreibenden oder Beamten, deren Eltern dankbar waren, dass sie für die Schulbücher ihrer drei, vier Kinder nichts mehr zu zahlen hatten, dass die Schulen auch aus entlegenen Dörfern kostenfrei angefahren wurden, für den Besuch der Universitäten keine Studiengebühren entrichtet werden mussten, die Kinderbeihilfe bis zum 27. Lebensjahr ausbezahlt wurde und die Kinder, die in den Städten studierten oder in Ausbildung waren, Freifahrt hatten, wenn sie mit öffentlichen Verkehrsmitteln heim in die kleinen Städte und die Dörfer des Landes fuhren. Sie, die es ohne diese soziale Bildungspolitik nicht aufs Gymnasium und erst gar auf die Universität gebracht hätten, behaupten nun, wir könnten uns solche Exzesse des Wohlfahrtsstaates nicht länger leisten.

Es wirkt eine perfide Dialektik in ihnen, den Aufsteigern ohne Gedächtnis, die ihre Vergangenheit vergessen wollen, um eine Zukunft zu verwalten, in der es Leute wie sie niemals wieder auf höhere Posten bringen sollen. Der Selbsthass, den sie verständlicherweise hegen und den sie sich verständlicherweise nicht eingestehen können, nötigt sie, nicht sich selbst zu drangsalieren, sondern jene, die ihnen aus ähnlichen Verhältnissen hinterherkommen. Der Satz, der ehern über die Zeiten galt, dass jede Generation sich dafür abrackere, dass die nächste es einmal besser haben möge, gilt nicht für sie. Sie sind die Ersten, die sagen: Nach uns soll es schlechter werden! Diese Verschlechterung ist es, die ihnen als Fortschritt gilt. Erfolgreich haben sie sich eingeredet, dass es der durch zu viel Wohlstand faul und träge gewordenen Welt gut tue, wenn sie diese der nächsten Generation in einem schlechteren Zustand hinterlassen, als sie selbst sie vorgefunden haben.

Getrieben von dem hemmungslosen Verlangen, das mich manchmal überkommt, schaltete ich vor einiger Zeit den Fernseher an, um mich von der Sendung »Seitenblicke« in meiner Vermutung bestätigen zu lassen, dass die Welt noch die alte sei und es folglich keine Rechtfertigung gebe, meinen Frieden mit ihr zu schließen. Eben war eine junge, attraktive Frau dabei, eine interessante Frage zu beantworten. Der Reporter, der sich womöglich bereits selbst für einen solchen hielt, wollte von der Schauspielerin wissen, wie ihr Traummann beschaffen sei. Sie dachte kurz nach und sagte dann schnippisch: »Halb Softie, halb Macho.« Sogleich begann sie zu kichern, aber nicht so, wie in dieser Sendung alle kichern, nach Art des pflichtgemäßen Frohsinns, sondern auf die nicht unsympathische Weise eines Menschen, der bemerkt, dass er gerade etwas von sich preisgegeben hat, ohne es beabsichtigt zu haben, kurz: Es handelte sich um jenes Kichern, mit dem wir unsere Betretenheit übertönen wollen, aber bei Strafe, damit erst auf diese aufmerksam zu machen.

Halb Macho, halb Softie, diese Definition eines Mannes, von dem die Schauspielerin schwärmt, gab mir zu denken. Ich drehte die Sache hin und her und konnte sie mir endlich nicht anders erklären, als dass es sich bei einem Traummann um so etwas wie ein Raubtier mit moralischen Vorbehalten handeln musste, das beim Frühstück bitterlich darüber greint, sich in der Nacht so wild aufgeführt zu haben. Ich überlegte, ob es sich bei den Traumfrauen womöglich um ähnliche Wesen handelte und versuchte ein paar Bekannte auszuhorchen. Ich hoffte auf Antworten wie: Ehrlich gesagt, richtig scharf bin ich auf den unterwürfig emanzipierten Typ, aber nichts dergleichen bekam ich zu hören. Ich hatte aber auch kein Mikrophon und keine Kamera dabei, es ist also möglich, dass sie mir die Wahrheit einfach vorenthielten, die heute mit Kichern und Tränen immer sofort heraus muss, sobald die Beichte medial abgenommen und das Private der Öffentlichkeit übergeben wird.

Die *Salzburger Nachrichten* erscheinen in ihrem Lokalteil täglich mit vier bis sechs Seiten, die »Salzburg Life« heißen. Wer sich nicht zu schade dafür ist, sondern bereit, feixend, ein Glas Prosecco in der Hand, umgeben von feixenden Doppelgängern, die ebenfalls ein Glas Prosecco in der Hand haben, hier zu posieren, darf sich zu den Prominenten von Salzburg Life rechnen. Betreut wird die exklusive Gruppe, gegen die vieles, für die aber immerhin ihre demokratische Eigenheit spricht, dass sie potentiell so groß wie die Stadt selber ist, von einer Gesellschaftsreporterin, die genial zu formulieren weiß. Für ihren Bericht von einem dieser Charity-Treffen, die veranstaltet werden, damit eine mitleidlose Gesellschaft ihre Großherzigkeit feiern kann, findet sie heute den Titel: »Golfen, schlemmen, helfen.« Kein Satiriker könnte das besser hinkriegen als sie, der es ernst ist.

Das Ehepaar P., er Anwalt, sie Geschäftsführerin, beide kunstsinnig bis zur Selbstaufgabe: Nach erschöpfenden Arbeitstagen gehen sie zu Dichterlesungen, bei denen sie Mühe haben, die Augen offen zu halten. Sie laden Leute, die im Ruf stehen, kulturell Bedeutsames zuwege zu bringen, zum Diner nach Hause und haben schon Ringe um die Augen, wenn sie ihnen die Tür öffnen. Wer als Mann von Geist und Kunst approbiert ist, darf sich bei ihnen und mit ihnen alles erlauben, für den Kommunismus rufen, gegen die Reichen hetzen, während der köstlichen Speisenfolge mit den erlesenen Weinen nach Bier verlangen und dieses nach proletarischer Weise aus der Flasche trinken. Dass Künstler so sind und dass es das Interessante an Künstlern ist, dass sie so sind, davon sind sie mit dem allergrößten Respekt überzeugt. Nur von wirklichen Proletariern, die sie Proleten nennen, wollen sie nichts wissen, nicht als Klienten, die wieder mit lauter unmöglichen Beschwerden und Anliegen kommen, und nicht als Käufer, die stundenlang die teuersten Waren prüfen und sich dann doch für die billigsten entscheiden.

Zufällig geriet ich in einen alten Film über Gregor von Rezzori, dessen Bücher viel interessanter sind, als es der Ruf ihres Verfassers vermuten ließe. Er war selbst nicht ganz unschuldig daran, dass er als charmanter Plauderer, als halbseidener Elegant unterschätzt wurde, der sich in der Welt der Literatur fast wie einer der gewinnenden Hochstapler im Magrhebinien seiner Romane zu behaupten wusste. Er hat zu viele Anekdoten und Legenden von sich in die Welt gesetzt, dass man ihn als ernsthaften Schriftsteller hätte akzeptieren wollen, und den für jeden Autor fatalen Ruhm, in der guten Gesellschaft als frivoler Bonvivant zu reüssieren, hat er, der vermeintliche Aristokrat und selbstironische Parvenü, offenbar sehr genossen. Im Film aber zeigt sich der alte Mann nicht nur als jener Causeur, dem viele, die ihm begegnet sind, den Tribut entrichteten, sondern als gebildeter, blitzgescheiter Mann.

Er hat zeitlebens für Zeitungen und Zeitschriften geschrieben, weil er, wie er sagt, von seinen Büchern, auch wenn manche davon internationale Bestseller wurden, seinen aufwendigen Lebenswandel niemals hätte bestreiten können. Aber auch wenn er das eine, mit dem er viel Geld verdiente, als seine Publizistik für den Tag und den Sportwagen be-

zeichnet, das andere hingegen, seine Romane, Erinnerungs-
bücher und Erzählungen, als sein literarisches Werk, findet
er es dennoch völlig falsch, zwischen dem einen und dem anderen einen großen Unterschied zu machen. Als Autor hat
man seiner Arbeit in jedem Genre und jedem Text, den man
veröffentlicht, mit dem gleichen Anspruch nachzugehen,
und ist das eine auch für das raschelnde Papier des Tages und
das andere für die befristete Ewigkeit von Büchern mit fes-
tem Einband geschrieben, muss doch beides stets auf der
Höhe dessen stehen, was diesem Autor zu erreichen möglich
ist. Wer den Roman allein gelten lässt und glaubt, in minde-
ren Formen sei es ihm erlaubt, die Sache billiger zu geben,
der wird mit beidem scheitern.

Rezzori spricht aus dem Geist Joseph Roths, des bedeutendsten Journalisten der österreichischen Literatur, von
dem ich nicht sagen kann, worin er besser war, in seinen
zahllosen Reportagen, Glossen, Feuilletons – oder in seinen Romanen und Erzählungen. Und Rezzori spricht auch
im Sinne von Gabriel García Márquez, der sechs Jahrzehnte
lang immer für die Presse gearbeitet und selbst in jenen Jahren, in denen er seine großen Romane schrieb, ein-, zweimal wöchentlich einen Artikel in der Zeitung veröffentlicht
hat. Was die beiden Könige der Journalisten, Roth und García Márquez, verbindet, ist weniger, dass beide ungeheuer
viele Artikel, Glossen, Feuilletons, Reportagen für Tages-
und Wochenzeitungen verfertigt haben und keinen Dünkel hatten, sich nicht als »Journalisten« zu bezeichnen, sondern die Haltung: Sie betrachteten den Journalismus nicht
als lästigen Broterwerb, dem sie je früher, je lieber in die
reine Dichtung, in die Welt des Romanschreibens entronnen
wären. Sie betrachteten ihn auch nicht als politische Pflicht-
übung, der sie sich eben unterzogen, um das Ihre zur Aufklärung der Zeitgenossen beizutragen. Nein, sie bestanden

250

darauf, in allen Genres mit der gleichen Haltung, demselben Ethos ans Werk gegangen zu sein. Jeder Satz, der seine Werkstatt verlässt, um in der Zeitung oder in einem Buch veröffentlicht zu werden, muss den Autor im Vollbesitz seines literarischen Vermögens zeigen; mehr noch, er muss ihn selbst zeigen, ja, ein literarischer Satz ist dazu da, dass sein Verfasser in ihm erkennbar werde.

Im Schatten vor dem italienischen Landhaus seiner Frau sitzend, sinniert Rezzori, warum er früher so gerne in die USA gefahren ist und sogar Bücher in englischer Sprache verfasst hat. Dieser Kontinent, sagt er, hat mit mir nichts zu tun, und darum bin ich dort frei von dem Ansinnen, die entschwundene Welt von gestern zu bannen, die untergegangene Kultur meiner Jugend rekonstruieren zu müssen.

Das Jahrzehnt, das sich zum Ende neigt, begann mit einer Apokalypse, die ausblieb, und mit zwei Flugzeugen, die einschlugen. Wollüstig malten die Katastrophisten es uns vor zehn Jahren aus: Flugzeuge, die vom Himmel herunterstürzen, Raketen, die aus tief in der Erde verborgenen Bunkern heraussausen, Herzschrittmacher, die in der Brust der Patienten verrückt spielen, und Laptops, die ihren Geist aufgeben, weil die computergesteuerten Teile in all diesen Dingen an der Datumsgrenze, am kleinen Schritt von neunzehn auf zwanzig, vom einen ins nächste Jahrhundert scheitern würden. Das Erwachen am 1. Jänner 2000 war für die vielen, die auf die schlimmste Wendung der Dinge vertraut hatten, enttäuschend, denn die Flieger flogen, die Herzschrittmacher arbeiteten, und die Bilanzen waren nur falsch, weil sie gefälscht wurden, nicht weil die Computer in der Verrechnungsstelle über die Zwanzig gestolpert wären. Erst eineinhalb Jahre später, als die entführten Maschinen in die

Twin Towers einschlugen, waren sie wieder da, der Schrecken und die Lust an ihm, der verführerische Eros des großen Desasters.

Im Fernsehen eine rosige Dame, aufstrahlend im Glück, immer genügend Unglück zu Handen zu haben, das ihr beachtenswerte Aktivitäten von Charity ermöglicht: »Man muss bei solchen Katastrophen einfach mittun, so gut man nur kann.«

Die Zeitung zitiert heute auf Seite drei Gaddafi, der bei seinem Staatsbesuch in Italien zu Journalisten gesagt haben soll: »Wenn ihr Amnesty International nachgebt, habt ihr bald halb Afrika im Land.« Auf Seite fünf zitiert sie den Chefökonomen der chinesischen KP, der auf dem Parteitag gesagt haben soll, höhere Steuern für Reiche einzuführen wäre der reine Wahnsinn. Mit Gaddafi gegen die Zuwanderung und mit dem ZK der Kommunistischen Partei Chinas gegen Steuererhöhungen. Interessant, von wem Österreich gerettet werden soll.

Nach dem Kommissionspräsidenten sucht die Europäische Union einen Ratspräsidenten. Seit Monaten rattert die Propaganda, dass Tony Blair der geeignete Mann dafür wäre. Und es spricht vieles für ihn: Er hat die Sozialdemokratie in England nachhaltig geschädigt, originellerweise, indem er die Labour Party als strahlender und fortwährend mit sich selbst um die Wette grinsender Wahlsieger so lange modernisierte, bis sie endlich uralt ausschaute. Groß sind seine internationalen Verdienste, etwa darin, den Neoliberalismus als genuin sozialdemokratisches Anliegen auszugeben und die gesetzlichen und politischen Barrieren aus dem Weg zu räumen, an denen sich seine Idole, die richtig großen Wirtschaftskapitäne und Fürsten des Big Business, störten. Leidenschaftlich hat er stets dafür gekämpft, dass die Europäische Union eine Zollfreihandelszone bleibe und Gott behüte – er ist ja ein frommer Mann – nicht soziale, gewerkschaftliche, ökologische, menschenrechtliche Ziele verfolge. Am innigsten gestaltete sich seine europäische Zusammenarbeit immer mit den reaktionärsten und korruptesten Politikern des Kontinents, etwas mit Berlusconi, bei dem er aber nicht in die Lügenschule ging, denn im Lügen ist er ein Naturtalent, das keiner Vorbilder bedurfte. In seinem Hang, als sozialer Aufsteiger vor dem großen Geld ganz klein zu werden und sich auf Jachten und Liegenschaften von Großbetrügern Gratisferien zu gönnen, erweist er sich als erfrischend unverkrampfter Charakter. Fürwahr, auf so einen Präsidenten haben wir schon lange gewartet.

So lange er Bundeskanzler war, habe ich Alfred Gusenbauer für einen Mann gehalten, der mehr Respekt von seinen politischen Gegnern, mehr Unterstützung von seinen eigenen Leuten verdient hätte und notorisch unterschätzt und oberflächlich kritisiert wurde. Seitdem er abgetreten ist, beginnen ihm manche, die ihn habituell kritisierten und sei es für die alte oder die neue Frisur, als einem Mann von Welt, der sogar internationale Zeitungen zu lesen imstande war, nachzutrauern. Mir geht es umgekehrt: Seitdem er abgetreten ist, lässt er keinen Monat vergehen, sich bei mir unbeliebt zu machen. Kaum dass er sein Amt niedergelegt hatte, heuerte er bei der WAZ als Berater für ihre Ostgeschäfte an, bei jenem Medienkonzern, der auf dem Balkan die sich nur langsam und unter enormen Schwierigkeiten bildende unabhängige Presse rasch ruiniert und überall das Bündnis mit den alten Korruptionisten des Staates und den neuen der Privatisierung gesucht hat. Geradezu verzweifelt hat auf einer

Tagung des Stefan Zweig-Centres in Salzburg kürzlich die Dichterin Fedia Filkowa dargelegt, wie perfide die WAZ Bulgarien medienpolitisch kolonisiert und jenen Blättern den Garaus bereitet hat, in denen sich zögerlich eine zivile Gesellschaft zu Wort zu melden begann. Nachdem er bei der WAZ eingestiegen war, hörte man von Gusenbauer, dem intellektuellen Sozialisten, dass er in den Aufsichtsrat des Baukonzerns Alpine einrückte, vermutlich damit er sich durch ein paar Zehntausender mehr auf dem Konto leichter seine intellektuelle Unabhängigkeit bewahren könne, und dass er in den Aufsichtsrat des spanischen Baukonzerns FCC berufen wurde, vermutlich um dafür zu sorgen, dass dieser künftig nicht nur Spanien zubetoniert, sondern bald halb Europa ausschauen möge wie Spanien, nachdem dieser Konzern dort segensreich tätig war. Weil ein Job im Aufsichtsrat zwar viel Geld bringt, aber keine Arbeit erfordert, denn der Aufsichtsrat wird ja dafür bezahlt, dass er wegsieht, ist er nebenbei noch Beiratsvorsitzender der Signa-Holding geworden, womit immer die ihr Geld verdient, und neuerdings hat er nicht nur eine Gusenbauer Projektentwicklungs und Beteiligungs GmbH – an ihrem Namen sollt ihr sie erkennen! – aufgebaut, sondern auch einen Job in einem chilenischen Investmentfond angenommen. Schade, dass es mit Gusenbauer immer höher hinauf und immer tiefer hinunter geht, dieser Mann hätte sich einfach Besseres verdient als die Gier nach Geld, Einfluss, Macht, zu deren Beute er geworden ist.

Dem vor einigen Monaten verstorbenen ehemaligen Innenminister Franz Olah, der vielleicht so etwas wie der Perón Österreichs werden wollte, ein rechter Arbeiterführer, der auf Gewerkschaft, Polizei und Boulevardpresse baut, wurde von Freund wie Feind ein unstillbarer Machthunger attestiert. 1966 scheiterte er mit dem Versuch, als Innenminister, dem die Polizei unterstand und der Boulevard zuschrieb, auch noch den Vorsitz der Sozialistischen Partei zu übernehmen. Wegen einer dubiosen Geldspende an die Tageszeitung *Express*, für die er sich aus der Gewerkschaftskasse bediente, zu einem Jahr Gefängnis verurteilt, erlitt er Schiffbruch mit dem Plan, eine eigene Partei zu gründen. Danach aber hatte er die Größe, die letzten vierzig Jahre seines Lebens zurückgezogen in einem kleinen Haus zu leben, mit dem Hund spazieren zu gehen, die Hecken im Garten zu schneiden und Bücher zu lesen. Die heute abgewählt werden, halten es anders. Wie sie sich doch gleichen, Blair, Schröder, die abgedankten Sozialdemokraten Europas, je mehr sie in sich hineinstopfen, desto hungriger werden sie, und wenn sie bei einem Weltkonzern unterkriechen und mit den Männern des großen Kapitals dinieren dürfen, dann kann man sie bei einem paradoxen Vorgang beobachten, dabei nämlich, wie sie von ihrer eigenen Hemmungslosigkeit aufgefressen werden. Drei gut bezahlte, einflussreiche Jobs? Ach was, fünf, sieben, zwölf will ich haben, so intelligent, wie ich bin, und so ungerecht, wie die Geschichte mit mir umgesprungen ist.

Die Abgewählten glauben, für den Pappenstiel eines Minister- oder Kanzlergehalts so viel geleistet und gelitten zu haben, dass es nur eine Ausgleichszahlung ist, wenn endlich auch sie sich beim großen Abkassieren holen, so viel sie nur wegtragen können. Die nächste Generation, die von ihnen erzogen und in die Geheimnisse des Herrschens eingeführt wurde, hält es anders, die will nicht mit 45, fünfzig Jahren dafür belohnt werden, dass sie sich für das undankbare Volk abgerackert hat, sondern den Lohn im Voraus einstreichen. Kürzlich war in der Zeitung ein sozialdemokratisches Gruppenbild mit Dame zu bestaunen, all die adretten Burschen, die schwer an der Hoffnung tragen, die die Partei in sie setzt, waren um die resche Parteisekretärin Laura Rudas gruppiert. Der eine war mit neunzehn schon Pressesprecher einer Ministerin, das will er nicht ewig bleiben, der andere gilt als Intellektueller, weil er vier Semester Soziologie studierte, ehe ihn die Praxis rief, der dritte und der vierte … Die Leistung der kommenden Spitzenkräfte besteht darin, dass sie es brav, ideologiefrei, machtbewusst für politische Arbeit halten, wenn sie private Netzwerke bilden und Verbindungen knüpfen, also ein System wechselseitiger Hilfe und Abhängigkeit schaffen, in dem es für sie schnurstracks an dem vorbei, was man einmal Verdienste für eine Partei, eine Sache oder Erfahrung in einem Beruf, einer sozialen Bewegung genannt hat, nur immer weiter hinauf gehen kann.

Eine heikle Konstellation: geringe Intelligenz, ausgeglichen mit enormem Selbstbewusstsein. Sie strotzen vor dem Übermaß, das sie an Talentlosigkeit besitzen.

Es gibt aber auch eine Jugend, auf die Österreich stolz sein kann. Die Studenten wollen es nicht länger hinnehmen, sich um die Plätze in den Hörsälen raufen zu müssen und die Misere ausgerechnet von denen als Fortschritt erklärt zu bekommen, die für sie verantwortlich sind. Zu diesen gehören, nebenbei, auch die Vorsitzenden der studentischen Standesvertretung, die schon jetzt als die jungen Politiker agieren, aus denen bald die alten Politiker geworden sein werden und die daher vom studentischen Protest, der an vielen Orten hochgeschossen ist, so unangenehm überrascht wurden wie nur je die Mächtigen vom Unmut ihrer Untertanen. Seit Jahren haben sich alle Regierungen, egal aus welchen Parteien sie sich zusammensetzten, redlich bemüht, die Bildungsinstitutionen dem Niedergang preiszugeben und selbst die Idee von Bildung lächerlich zu machen, sie als Zwangsvorstellung von Snobs zu denunzieren, die sich im Standesdünkel von vorgestern gefallen. Was von Bildung übrig blieb, wurde »Kompetenz« getauft und bedeutet etwas anderes.

Man fragt sich, wo sie herkommen, jedenfalls sind sie auf einmal da: Abertausende Studenten, die nicht flink ausgebildet und als funktionierende Rädchen in die große Maschinerie eingebaut werden, sondern auch etwas wissen und bezweifeln, ausprobieren und erfahren möchten. Sie sind es nicht damit zufrieden, dass staatlich da oder dort ein bisschen mehr Geld für ihr eigenes Fach aufgewendet werde, sondern stoßen sich an der Ökonomisierung des Wissens und der Wissensvermittlung selbst, die der ganzen Gesellschaft so großen Schaden zugefügt hat. Es ist erstaunlich, dass es ausgerechnet diese für ihre Lethargie, ihren sozialen Autismus, ihre technologisch gut fundierte Verblödung gescholtene Jugend ist, die die Bildung rehabilitiert. Die Universität wünschen sie sich nicht als Fachhochschule, in die man geschickt wird, um spezielle Fertigkeiten zu erwerben und möglichst wenig von Leben, Gesellschaft, Geschichte zu begreifen, sondern als Stätte, an der man sich in verschiedenen Revieren des Geistes umschauen kann, sich von mancherlei Anregungen treiben lassen soll und Zeit und Anregung findet, seine Persönlichkeit auszuformen. Darin wirkt natürlich ein verklärendes Bild der alten Universität fort, auf der bekanntlich nicht nur der gebildete, seine Rolle selbstkritisch reflektierende Intellektuelle, sondern auch der promovierte Volltrottel zu Hause war, ob er im Gesicht nun gerne Schmisse oder das leere Grinsen akademischer Borniertheit trug. Gleichwohl bin ich begeistert, dass die Jungen sich in ihrem Aufbegehren auch auf alte Ideale berufen, die historisch nie eingelöst wurden und gerade deswegen nicht veraltet sind.

Kompetenz ist instrumentelles Wissen, Wissen, mit dem man etwas anfangen kann und das zu etwas nütze ist. Daran ist nichts Verkehrtes. Nur hat die Sache sich verkehrt: Einzig was nützt, braucht man noch zu wissen, und was sich aufs Erste materiell nicht lohnt, das fangen wir erst gar nicht an. Worauf die Ökonomisierung des Bildungssystems zielt: auf die Umwandlung aller Universitäten zu Fachhochschulen, auf denen die Jungen nicht frei fürs Leben, sondern fit für den Arbeitsmarkt werden sollen.

Der Pressesprecher einer Menschenrechtsorganisation fragt brieflich an, ob ich einen Text für seine Zeitschrift schreiben möchte. Der Pressesprecher sagt mir genau, gegen welches Unrecht ich mich empören soll und mit welchen Argumenten ich das am besten bewerkstellige. Schreiben soll ich den Artikel aber schon selbst, denn sogar der Pressesprecher kann die Zeitschrift nicht bloß mit seinen eigenen Beiträgen füllen.

In der Vorschau eines österreichischen Verlags finde ich als Werbespruch für einen Gedichtband den stilistisch wenig eleganten, inhaltlich belanglosen Satz, den ich dem Verfasser vor zwei Jahren in einer privaten E-Mail geschrieben habe. Damals bedankte ich mich für die Gedichte, die er mir zur Ansicht zugeschickt hatte, mit zwei, drei flüchtig hingeworfenen Sätzen. Bei E-Mails gibt es aber kein Briefgeheimnis mehr, man kann sie mit einem Tastendruck an beliebig viele Adressaten weiterleiten, sie sind, selbst wo es um private Nachrichten geht, wie geschaffen dafür, verbreitet zu werden. Ich könnte versuchen, mich dagegen zu wehren, indem ich aus der Kommunikation via Internet wieder vollständig ausstiege. Aber auch das würde mich nicht davor schützen, meiner Worte enteignet zu werden. Eines Tages wunderte sich ein befreundeter Buchhändler, dass ausgerechnet mir der Bestseller-Autor Paolo Coelho gefalle. Ich wunderte mich auch, doch zeigte er mir das neue, bei Diogenes erschienene Buch des Mannes, auf dessen Rückseite stand: »Paolo Coelhos Bücher werden von Millionen in aller Welt gelesen. Karl-Markus Gauß, *Neue Zürcher Zeitung*.« Der Satz von den Millionen ist zwar zutreffend, aber so dürftig und nichtig für das Lob von Literatur, dass es unerfindlich ist, wie so etwas als Werbung eingesetzt werden kann. Ich wunderte mich aber auch, dass dieser Satz von mir stammen sollte, und schaute in meinem Archiv nach. Geschrieben hatte ich: »Paolo Coelhos Bücher werden von Millionen in aller Welt gelesen, was weder für diese noch für jene spricht.«

Der sechste Krimi:

Seit zwei Stunden saßen der Leibwächter Arjouni und sein hessischer Assistent Kayankaya im Verschlag hinter der Küche eines karibischen Lokals im Bahnhofsviertel von Frankfurt und schwitzten. Sie hatten den engen Ort, an dem sich abgestandener Küchendunst und ihr frischer Schweiß zu einem unerquicklichen Gemisch verbanden, ausgewählt, um eine günstige Position zu haben, wenn es so weit sein würde, den Auftrag, den sie dummerweise angenommen hatten, zu erledigen. Endlich hörten sie Geräusche an der Tür des Lokals, das heute geschlossen hatte. Wie sie es vermutet hatten, schlich sich eine Geschichte in den Raum, unauffällig wollte sie sich in den Kriminalroman, der von ihnen beiden handelte, einnisten. Mit Karacho sprangen sie aus dem Verschlag und eröffneten sogleich das Feuer auf die Geschichte, die sich lichtscheu im Dunkeln gehalten hatte. Es war zwar nur ein dünnes Bürschchen von Geschichte, auf das sie ballerten, aber auch dünne Bürschchen konnten sich zu einer richtigen

Geschichte auswachsen. Als ihre Magazine leer geschossen waren, beschauten sie, was ihr Massaker bewirkt hatte, verließen das Lokal, um ein anderes, noch übler beleumundetes in der Kaiserstraße zu betreten, sich dort mit mehreren Flaschen von gefälschtem Châteauneuf du Pape zu betrinken und an dem Partezettel zu feilen, den sie auftragsgemäß an den Diogenes-Verlag schicken wollten.

Nun bin ich doch abgeschossen worden! Unter dem Foto, das zwei feixende ältere Herrschaften zeigt, der eine der Autor Max Blaeulich, der andere ich, die sich vor Behagen den Schmerbauch halten, stehen in der Bildunterschrift nur unsere Namen und die Erklärung, dass die Stimmung beim »Fest der Bücher« ausgezeichnet war. Eingerahmt ist unser Bild in den *Salzburger Nachrichten* von der Foto-Reportage über das Kaviar-Festessen zugunsten der Welthunger-Hilfe, das die Baronin Mucki von Trüschlingen auch heuer wieder auf unnachahmliche Weise organisierte. Wenn die Redakteurin wenigstens geschrieben hätte, dass Max, meinem alten Freund aus Salzburger Vorstadttagen, zur Eröffnung der Buchwoche ein Literaturpreis überreicht wurde und ich die Laudatio hielt, dann wäre immerhin durch unsere Funktionen an diesem Abend begründet gewesen, warum ausgerechnet wir aufs Bild gerieten! So aber müssen wir als Grinser unter lauter Grinsern das Füllmaterial für eine Seite abgeben, die der lokalen Prominenz, also dem Wettkampf huldigt, in dieser kleinen Stadt massenweise befristet aus der Masse herauszutreten. Ich erkläre dem Chefredakteur per E-Mail natürlich den sofortigen Rücktritt als Kolumnist seiner Zeitung.

Sobald irgendwo die Akkordarbeiter der Society-Presse auftauchten, bewaffnet mit Kamera und Mikrophon, gezeichnet vom Stress der guten Laune, habe ich stets die un-

geregelte Flucht ergriffen. Ehrbare Jahre – dahin. Habe ich
denn etwas dagegen, dass mein Name in der Zeitung genannt wird? Keineswegs, man möge getrost auf den Seiten
für Kultur oder Politik über das berichten, was ich schreibe
und sage, und von mir aus eines Tages bei den Todesanzei-
gen jene Nachricht vermelden, die ich nicht mehr lesen
werde können. Aber auf die Gesellschaftsseiten möchte ich
nicht geraten, da bin ich eigen, ich weiß, es ist eine schwere
Sünde, nicht zu den Armen im Geiste gehören zu wollen, die
so unschuldig ins Bild prosten, Superbia, der Hochmut,
zählt sogar zu den Todsünden, und von allen sieben ist sicher diese die meine.

Seit bald dreißig Jahren schreibe ich für alle möglichen
Zeitungen, konservative, liberale, sozialdemokratische, links-
sozialistische, was immer, ohne mich mit deren außen-, so-
zial- oder wirtschaftspolitischem Kurs identifizieren zu müssen. Keine dieser großen und kleinen Zeitungen, in denen
ich nur für das verantwortlich bin, was ich geschrieben habe
und mit meinem Namen zeichne, hat sich je meiner Persönlichkeit zu bemächtigen oder mich für ihre Zwecke ab-
zustellen versucht. Es bleibt der Zeitung meiner Heimat-
stadt überlassen, mich zwangsweise in die Kohorte ihrer
allezeit bereiten Grinser zu pressen, und dass ich das nicht
will, kann ihr Chefredakteur, der auf mein Schreiben antwortet, als wäre er es, der Anlass hätte, beleidigt zu sein,
gar nicht verstehen. Die Idee, dass es Leute gibt, die nicht
nach dem Ruhm streben, der guten Gesellschaft von *Salzburg Life* zugerechnet zu werden, ist ihm unverständlich,
nein, er hält sie für anmaßend und feindselig, als würde sie
seine eigene geistige und moralische Integrität in Frage stellen. Daher die Wut, mit der er antwortet. Ja, es ist schon so:
Wer sich der freiheitlich-demokratischen Spaßordnung entzieht, weil er diesen Spaß für quälend unlustig und zudem

für ein Mittel hält, die Demokratie im Dauerbeschuss mit nichtigen Nachrichten, trivialen Geschichten, öden Witzen, mit dem täglichen Lobpreis von Charity und Rabauke zu beschädigen, bekommt bald zu spüren, wie böse deren Propagandisten werden können. Denn Mitmachen ist Pflicht, der Spaß macht nur Spaß, wenn niemand abseits steht, sich auf die Stirne tippt und sagt: ohne mich!

Damit sie sich voneinander unterscheiden, tun sie alle dasselbe.

Als hätte Afrika nicht genug zu leiden, greifen sich die Fußballer und Schauspielerinnen der reichen Welt umstandslos die schwarzen Kinder des Kontinents. Wenn eine Schauspielerin gerade kein Engagement hat und ihr im Verein zur Rettung der Orang-Utan-Babys schon die Kollegin zuvorgekommen ist, jettet sie nach Afrika, gruppiert eine Schar halbnackter Kinder um sich, grapscht sich von den Schlechternährten zwei besonders hübsche heraus, die sie innig in ihre Arme presst – und haut, sobald die Kameras eingepackt sind, Gott sei Dank auch wieder ab. An den Schauspielerinnen hat sich mancher Fußballer ein Beispiel genommen, der auch nicht immer so unauffällig im medialen Abseits herumstehen wollte und die gute Idee hatte: Schneller, als wenn ich bloß immer den Ball trete, komme ich ins Fernsehen, wenn auch ich mir ein paar Negerlein erjage.

Sie sitzen im Kino und sehen den famosen neuen Film von Jim Jarmusch, »The Limits of Control«. Es ist mucksmäuschenstill im Saal. Dann läutet ein Handy und wird von jemandem mit leisem Fluchen abgestellt. Kurz darauf hört man, wie in Dutzenden Taschen gekramt wird.

Das muss man gesehen haben, einen Film, in dem sich

nichts tut und der trotzdem von der ersten bis zur letzten Minute spannend bleibt. Rätselhaft, aber nicht künstlich verrätselt, geht es mit »The Limits of Control« dahin und dorthin, quer durch Spanien, durch lauter Un-Orte – von der Lounge im Flughafen über standardisiert möblierte Mietwohnungen bis in aufgegebene, verlassen verwitternde Industrierevier –, und es spielt nicht die geringste Rolle, dass die filmische Reise nicht wirklich zu einem Ziel führt.

Er liest ein sympathisches, originelles, spannendes Buch, »Boulevard Ney«, des französischen Autors und Journalisten Jean Roulin. Der Boulevard Ney, benannt nach dem 1815 hingerichteten General Napoleons, einem korrupten, mehrmals die Seiten wechselnden, in der Gefahr und am Ende vor dem Hinrichtungskommando bemerkenswert kaltblütigen Mann, führt im Norden von Paris ein paar Kilometer lang parallel zu der die Stadt umrundenden Stadtautobahn, dem Boulevard Périphérique. Der Boulevard Ney durchquert ein unwirtliches Gelände, das die Heimat von Flüchtlingen, Prostituierten, Obdachlosen, von sonderbaren Heiligen, Vandalen, Gewalttätern, von ganz normalen, aus der Bahn geworfenen Menschen ist. Der Autor bezieht für ein Jahr Quartier in wechselnden Hotels dieser Straße, schreibt die Geschichte des Generals, nach dem sie benannt ist, und der Menschen, die hier, zwischen Abrisshäusern, Bordellen, Brachen, aufgelassenen Werkshallen, zugigen Unterführungen leben und sterben.

Eine Straße, eine Welt; eine spezielle Vergangenheit und eine besondere Gegenwart. Das Buch von Jean Roulin gefällt ihm, aber je weiter er mit der Lektüre kommt, desto öfter denkt er sich, dass er mit diesem Sujet und aus dieser Idee ein besseres gemacht hätte. Halt! warnt er sich selbst, so etwas darf man denken, aber nicht niederschreiben!

Einen Mann hatte das Leben gelehrt, dass er, wenn er nur wollte, fast alles besser zuwege brächte als die anderen. Als er bei einem Abendessen einmal einen sah, der im Gespräch vor Selbstzufriedenheit schnurrte, sagte er grimmig bei sich: Warte nur, das kann ich besser.

Die Dekade, die zu Ende geht, hat einen neuen Typus hervorgebracht: den Stadtbewohner, der sich gehend ernährt, der isst und trinkt, während er unterwegs ist, weil er die Zeit nicht vergeuden möchte, die Essen und Trinken früher erforderten. Der Politiker, der sich aus der mitgebrachten Plastikflasche mit Mineralwasser bedient, während er mit Journalisten plaudert, will nicht auftrumpfend beweisen, dass er an überkommenen Manieren keinen persönlichen Bedarf mehr hat, sondern dass er immer im Dienst und durch niedrige Dinge wie Hunger oder Durst nicht aufzuhalten ist; bald wird er, was auf die Nahrungs- und Flüssigkeitsaufnahme irgendwann unweigerlich folgt, nebenbei in der Öffentlichkeit verrichten und von dieser für seinen Fleiß gelobt werden. Der verdrahtete und vernetzte Mensch ist bereit, an jedem beliebigen Ort der Welt sein gesamtes Reservoir an Beziehungen zu aktivieren oder sein gesamtes, digital gespeichertes Wissen abzurufen, und sein immerzu bewegter Zwilling ist fähig und willens, seine körperlichen Bedürfnisse der Bewegung anzupassen, in der er sich, da ja auch die elektronischen Daten niemals aufhören, um die Erde zu jagen, fortwährend befindet.

Ich schwöre, ich habe ihn unlängst gesehen, den Mann mit Krawatte, der mit der linken Hand eine SMS in sein Mobiltelefon schrieb, mit der mittleren einen riesigen Pappbecher Kaffee und mit der rechten seine Aktentasche trug und dabei doch, kräftig ausschreitend, unübersehbar schlief.

Ungarn quält mich. Nach Italien, das mich nicht minder quält, war es das zweite Land, das ich mir erreiste, begeistert bald auch von der Literatur, in der ich das Land noch einmal entdeckte, und begeistert, wie in Italien, von der Großzügigkeit, mit der die Ungarn den schweren Alltag leicht zu nehmen verstanden, als Freunde des guten, nicht des luxuriösen Essens und Trinkens, der geselligen Melancholie. Jetzt aber will uns Ungarn gleich Italien auftrumpfend weisen, wie es die gemeinsame Zukunft der Europäischen Union aus dem Ungeist seiner nationalen Vergangenheit zu verpatzen gedenkt. Ein ordinärer Nationalist, gewohnheitsmäßiger Provokateur und ungehobelter Lackel hat sich aus Budapest aufgemacht, um in der benachbarten Slowakei Wichtiges zu erledigen, und weil dieser László Sólyom im Nebenberuf Staatspräsident ist, geriet es zum Skandal, dass ihn die Grenzer nicht einreisen ließen. Und wirklich, wie soll das auch angehen, dass man vom einen Staat der gemeinsamen Union nicht in den anderen reisen dürfe!

Sólyom war unterwegs nach Komárno, um dort etwas Bedeutendes und Zukunftweisendes zu tun, nämlich ein Denkmal des vor beiläufig tausend Jahren verstorbenen ungarischen Nationalheiligen Stephan I. einzuweihen, mit dem Ungarn tausend Jahre lang seinen Anspruch, über seine Nachbarn zu herrschen und alles Land, über das es herrschte, zur ungarischen Provinz zu erklären, zu legitimieren pflegte; eine Herrschaft, die im 19. Jahrhundert überall, wo Serben, Kroaten, Rumänen, Ruthenen, Slowaken, Deutsche unter ungarische Verwaltung gerieten, zu so stupiden wie effizienten Kampagnen der Magyarisierung führte. Heute liegt Komárno zwar in der Slowakei, wird aber von alters her mehrheitlich von Ungarn bewohnt, die daher auch im Stadtrat die Mehrheit stellen, denn an solchen inneren Grenzen Europas wählen die meisten Leute, Europäische Union hin oder her, nicht Parteien, sondern Ethnien. Ihnen ist nicht so wichtig, ob Sozialisten, Liberale, Konservative, Grüne, Anarchisten oder Faschisten im Rathaus sitzen, sondern vor allem, dass es die Unseren sind, die das slowakische oder ungarische Sagen haben. Daher verweigern die Ungarn von Komárno den Slowaken von Komárno seit Jahren, auf einem der städtischen Plätze ein Denkmal für die Slawenapostel Cyrill und Method zu errichten, mit denen wie bei den Magyaren mit Stephan die Christianisierung der slawischen Stämme und Völker begann.

In diese Stadt, deren Hauptplatz nicht anders heißen kann als »Europaplatz« und in der die Slawen kein Denkmal für ihre Slawenapostel errichten dürfen, möchte der ungarische Präsident reisen, um der ungarischen Minderheit ein Denkmal für den Magyarenapostel zu stiften. Wichtigeres zu tun, etwa gegen den Lynchmord an den Roma oder die antisemitische Propaganda aufzutreten, die in Ungarn als spezifische Äußerung patriotischer Empfindungen durchgehen, hat ein ungarischer Staatspräsident heute nicht zu erledigen.

Allerorten in Europa wird gegen Roma mobil gemacht. In den Ländern des realen Sozialismus waren sie unter den prekären Schutz der Staatsmacht gestellt, die sie zu Proletariern unter anderen Proletariern erklärte, vor rassistischen Übergriffen schützte, zugleich aber um ihre angestammte Kultur zu bringen versuchte. Nachdem die großen Kombinate im Osten zerfielen, waren die Roma die Ersten, die aus den firmeneigenen Arbeiterwohnungen zu weichen hatten, und da sie ohne Wohnung dastanden: Wo siedelten sie sich an, die angeblich nur wandern, herumziehen mochten, in Wahrheit aber nirgendwo als sesshafte Nachbarn geduldet wurden? Auf den kontaminierten Böden der aufgelassenen Kombinate, der geräumten Gelände, auf denen die petrochemische

Industrie Gift in den Boden hatte sickern lassen – überall dort, wo die Entindustrialisierung so brachial vollzogen wurde, dass nicht einmal der ätzende Müll, das schäumende Gift entsorgt wurden, entstanden die Slums der Roma. In den Jahren des entfesselten Kapitalismus war ihnen zugedacht, die Reservearmee abzugeben, mit der sich überall die Löhne drücken ließen. Aber die Roma wollten nicht. Und jetzt fügen sie sich auch nicht länger darein, auf ihre Slums verwiesen, also in die Unsichtbarkeit gedrückt zu sein. Sie haben sich aufgemacht, um sichtbar zu werden, als Musikanten in den Fußgängerzonen zwischen Aarhus und Bozen, als Bettler in den Einkaufsstraßen von Nantes bis München.

Den Leuten in den wohlhabenden Ländern ist ihre Armut so verdächtig, dass sie den Mob auf sie hetzen. Bis ins nordirische Belfast sind Roma aus Osteuropa gelangt, aber in Belfast schlagen sich die Protestanten und die Katholiken seit einigen Jahren nicht mehr gegenseitig die Schädel ein, und dieser Frieden hält nur, solange sie andere finden, auf die sie gemeinsam einprügeln dürfen. Ein Riesenaufgebot der Polizei war vonnöten, einen Roma-Clan zu schützen, der in einem leer stehenden, desolaten Haus Quartier bezogen hatte. Das Haus wurde vom Mob angezündet. Ein paar Wochen haben die Roma in einer Kirche Unterschlupf gefunden, deren Priester mit dem Kreuz in der erhobenen Hand vor der Tür Wache hielt, um als guter Hirte seine Wölfe davon abzuhalten, das Gotteshaus zu stürmen und jene, die sich unter das Kreuz geflüchtet hatten, ökumenisch zu meucheln. Jetzt haben die Roma aufgegeben und Nordirland verlassen. Wie soll, da sie den Katholiken und den Protestanten fehlen werden, deren Friede gesichert bleiben?

Für so vieles sind die Tagebücher des Sándor Márai zu rühmen, dass umso rätselhafter anmutet, was dieser Bürger, der am ungarischen Bürgertum verzweifelte, über die Roma anmerkte und zu bemerken unterließ. Offenbar ist er niemals über die landesübliche Verachtung der »Zigeuner« hinausgelangt, die in den Jahren, von denen er in seinen ersten Tagebüchern berichtet, so zahlreich den Opfergang antreten mussten. Davor, dass die Juden des Landes verfolgt wurden, hat er anfangs die Augen verschlossen, sie später entsetzt weit aufgerissen und geholfen, wo er zu helfen vermochte. Dass aber auch die »Zigeuner« Menschen waren, der ärgsten Verfolgung ausgesetzt und der Hilfe, der Rettung bedürftig, hat er gar nicht erst wahrgenommen. Er erwähnt sie jedoch gelegentlich, und zwar immer dann, wenn er etwas besonders Verachtenswertes zu charakterisieren hat. Da fürchtet er etwa, dass eines Tages, wenn der Krieg zu Ende sein wird, Ungarn vor den zivilisierten Nationen Europas dastehen werde »wie eine diebische, menschenfresserische Mörderbande, in einer Elendssiedlung irgendwo am Rande Europas, wo wir uns mit verdächtigen und widerwärtigen Dingen beschäftigen: mit Hühnerdiebstahl und Aasfresserei«. Kein Zweifel, mit Hühnerdiebstahl und Aasfresserei hat auch er, der europäische Humanist, die Zigeuner seines Landes identifiziert. Was würde er sagen, wenn er heute sähe, dass die Roma Ungarns, je häufiger sie selbst der Gewalt zum Opfer fallen, umso schändlicher als gewalttätiges Lumpenpack geschmäht werden?

Wenn Márai über die wendefreudigen Ungarn, die sich nach den Faschisten auch den Kommunisten andienen werden, endgültig den Stab brechen mochte, wie bezeichnete er sie dann? Als »Bettlervolk, das wie die Zigeuner in allem, was geschieht, Konjunktur zu entdecken glaubt«. Ach, die Konjunktur, die die ungarischen Zigeuner in der faschistischen

Ära entdeckten! Es ist nicht einzigartig in der Geschichte, aber an den Roma wiederholt es sich auf besonders niederträchtige Weise: Je größer die Verbrechen sind, die an dieser Volksgruppe verübt werden, umso empörter wird sie selbst kollektiv der Kriminalität geziehen. Sándor Márai hat sich in seinen Tagebüchern einer strengen Selbstbeobachtung unterzogen, seine eigenen Vorurteile reflektiert, seine Schwächen nicht schöngeredet, aber niemals hat er in Frage gestellt, was er von den Zigeunern hielt und über sie sagte. Seine Verehrer nehmen ihm das auch heute noch nicht übel, und in all den Hymnen auf die Edition seiner Tagebücher, denen ich selbst eine hinzufügte, wurde keine einzige Zeile darauf verschwendet, wie dieser kultivierte Ungar damals, als es für sie auf Leben und Tod ging, von seinen verfolgten Landsleuten, den ungarischen Roma, gesprochen hat.

»Die Lehre, die Israel aus dem Holocaust ziehen muss, ist, dass es durch Zäune, Mauern und Waffen nie Sicherheit schaffen kann.« Der das sagt, auf einem Tribunal, das Israel nicht zu Unrecht beschuldigt, im Luftkrieg gegen die Kämpfer und Bewohner des Gaza-Streifens Kriegsverbrechen begangen zu haben, ist nicht irgendwer, sondern Desmond Tutu, ein Mann, der Verehrung wert wie wenige. Er hält es mit der Solidarität zu den Palästinensern, von denen viele im Bombenkrieg getötet, andere all ihrer Habseligkeiten beraubt werden, und wenn er davon spricht, dass keine Herrschaft sich dauerhaft nur auf ihre Waffen verlassen könne, spricht er aus der Erfahrung des geduldigen, des pazifistischen Kämpfers gegen die Apartheid, die endlich doch fiel.

Wie aber kommt Tutu auf die Idee, dass Israel jene Lehre aus dem Holocaust ziehen müsse? Waren die Juden, die in den Konzentrationslagern der Vernichtung zum Opfer fielen, denn vorher durch Zäune, Mauern und Waffen geschützt, sind sie als Militaristen von einer zivilen Gesellschaft besiegt und vorsorglich, damit sie sich nicht wieder mit Waffen eindeckten, gleich vernichtet worden? Weiß Tutu, wovon er spricht? Die Juden lebten, durch keinen Zaun getrennt, von keiner Mauer beschützt, inmitten der Deutschen und inmitten anderer europäischer Nationen, denen viele von ihnen sich längst mehr zugehörig fühlten als einem vagen »Judentum«, und gerade dies haben die vereinigten Antisemiten ihnen vorgeworfen, dass sie sich unerkennbar als »fremde Bakterien im Volkskörper« festgesetzt hätten. Wo Juden sich hingegen nicht assimilierten, sondern erkennbar blieben durch Tracht, Sitten, durch eine selbst gewählte Andersheit, wurde ihnen umgekehrt gerade das zum Vorwurf gemacht. Die Assimilation wie die verweigerte Assimilation sprach für ihre Heimtücke. Wenn die Juden Israels eine Lehre aus dem Holocaust ziehen können, dann sicher nicht jene, die der ehrwürdige Bischof Tutu ihnen empfiehlt, im Gegenteil, täten sie es, wären sie morgen schon vertrieben oder vernichtet. Nicht dass man das nicht wissen könnte, fast alle Nachbarstaaten Israels lassen es periodisch regierungsamtlich verlauten, häufiger die Medien verkünden und alle Tage den Mob skandieren: Der zionistische Staat, Wurzel allen Übels auf Erden, muss zerschlagen, die Juden müssen ins Meer getrieben werden.

Unlängst hatte ich ein furchtbares Erlebnis. Ich fuhr mit dem Zug. Nicht dass er Verspätung hatte, auch nicht, dass der Schaffner unfreundlich gewesen wäre. Die Schaffner in den österreichischen Zügen, in meiner Jugendzeit grantige Despoten, die die Passagiere schurigelten, wenn ihnen danach war, sind ausnehmend freundlich geworden, fast so, als wären sie einer Beschwerde gewärtig, von der sie wissen, dass sie berechtigt ist, die aber einem Missstand gilt, den nicht sie verursacht haben und dem abzuhelfen daher auch nicht in ihrer Macht steht. Denn dass die Österreichischen Bundesbahnen sich in dem lamentablen Zustand befinden, der sich als starkes Argument für den Individualverkehr erweist, ist ja das Werk jener Sanierer, die sich zu sanieren pflegen, indem sie die ÖBB nach ein paar Jahren allesamt in einem schlechteren Zustand hinterlassen, als sie sie vorgefunden haben.

Nein, mein Erlebnis war anderer Art. Ich saß im Zug und traute meinen Augen nicht: Im Großraum-Waggon befanden sich auf einmal lauter Ausländer! Mein Glück, dass ich auf der Strecke Salzburg–Linz unterwegs war. Denn in Tirol wäre die Situation womöglich eskaliert. Dort hatten unlängst gleich fünfzehn Ausländer in einem regionalen Zug Platz genommen. Sie hatten eine geradezu provozierend dunkle Hautfarbe und sich zusätzlich verdächtig gemacht, indem sie sich in einer fremdländischen Sprache unterhielten. Jetzt fragt man sich natürlich: Was haben Ausländer in einem österreichischen Zug zu suchen? Und was haben sie sich, wenn ihnen der Zutritt gestattet wurde, bei uns in ihrem schauderhaften Dialekt zu unterhalten, sodass man nicht versteht, was sie gerade verabreden?

Die Stimmung im Zug war angespannt. Auf der einen Seite das dunkelhäutige Gesindel, auf der anderen die ob dieses Anblicks noch zusätzlich erbleichte Meute des Anstands. Die Entführung des Zuges nach Plovdiv stand unmittelbar bevor. Gott sei Dank hat eine wehrhafte Tirolerin den Lokomotivführer informiert und die Polizei verständigt. Die rückte mit sieben Streifenwagen an, sodass beiläufig einer auf je zwei Gewalttäter kam, und mit einer Hundestaffel, damit jenen erst gar nicht der Gedanken käme, das Weite zu suchen. Und damit die Terroristen nicht das schmucke Bahnhofsgebäude in die Luft sprengten, wurde der Zug auf freiem Gelände kurz vor dem Bahnhof Fritzens angehalten, gestürmt und befreit. Große Erleichterung im Land Tirol. Dank an die Exekutive. Die Geretteten überreichen den Polizisten heimische Erfrischungen aus ihrem Jausenvorrat.

Die amtliche Untersuchung ergibt: Alle fünfzehn Reisenden waren EU-Bürger, die keines eigenen Freibriefs seitens der Landesregierung bedürfen, um in Tirol mit dem Zug zu fahren, sofern sie gültige Fahrscheine haben, und die hatten sie. Den Österreichischen Bundesbahnen und der Tiroler Landespolizeidirektion war das Vorkommnis nicht etwa ein Anlass, vor xenophober Hysterie zu warnen. Nein, sie lobten ausdrücklich die Wachsamkeit der Reisenden, die den Einsatz ausgelöst hatten. Passiert etwas, bei dem Zivilcourage gefragt ist, schauen sicherheitshalber alle weg; geht es aber darum, als fahrender Blockwart Ausschau nach Roma zu halten und Meldung per Funk zu erstatten, sobald landfremdes Gesindel gesichtet wird, dann ist eine amtliche Belobigung fällig.

Manchmal quälen mich Erinnerungen an die barbarischen Zeiten, in denen ich jung war. Damals mussten wir in dem Viertel, in dem ich aufwuchs, einen Briefträger erdulden, der sich die Frechheit herausnahm, die Post wirklich jeden Werktag zuzustellen. In jener Ära der Unfreiheit befand sich die Post in Staatsbesitz und sah ihren Auftrag lächerlicherweise darin, die Bevölkerung mit ihren Postsendungen, nicht Versager mit Posten als Sanierer zu versorgen.

Was heißt Versager? Ist es ein Versagen, wenn in dem gutbürgerlichen Stadtteil, in dem ich jetzt wohne, in der letzten Woche die Post nur zweimal zugestellt wurde, weil unser Briefträger einen Unfall hatte und Ersatz für ihn in einem so effizient reformierten, rigoros ausgeweideten und für die Börse präparierten Unternehmen nicht zu finden war? Nein, keineswegs. Denn erstens: Wer möchte schon dauernd mit Briefen behelligt werden, die er womöglich auch noch beantworten soll? Die Post, indem sie diese nicht zustellt, macht sich verdient um die Lebensqualität der Bevölkerung. Und zweitens schult uns die Post, die für einen erkrankten Briefträger keinen gesunden mehr auf den Weg schickt, pädagogisch in die Privatisierung ein, deren Vorzüge wir erst zu nützen lernen müssen. Wenn die öffentlichen Dienste nämlich vollständig privatisiert sein werden, wird der Kunde König sein und als unumschränkter Alleinherrscher über sein Leben für alles selbst sorgen dürfen: Es ist ihm dann erlaubt und angeraten, die Briefe, die er schreibt, auch gleich selber zuzustellen, und sein Geld wird er ohne weiteres bei Instituten der privaten Pensionsvorsorge abgeben dürfen, die es für ihn verspekulieren.

Reden wir also nicht vom Versagen, sondern vom Triumph der Privatisierung. Bizarre Vorstellung, dass die Post einmal nicht dazu da war, Aktionären Gewinne zu bescheren, sondern Zeitungen, Briefe, Pakete zuzustellen. Was war das für eine finstere Welt, verglichen mit der, die wir unseren Kindern hinterlassen! Längst sind wieder ein paar Bonuszahlungen fällig. Nicht für die Mitarbeiter, die kleinmütig vor einem Desaster gewarnt haben und an denen jetzt zahllose Kunden ihr Mütchen kühlen. Nein, der Bonus gebührt denen, für die gilt: Wer nichts ist und wer nichts kann, saniert die Post und Eisenbahn.

Seit Wochen halten die Studenten in allen Universitätsstädten des Landes die großen Hörsäle besetzt. Anfangs schien es, dass sie zuwege brächten, was kaum je gelungen und doch notwendig ist, nämlich im Aufbegehren Verständnis, ja Unterstützung in der Bevölkerung zu finden. Die pensionierte Lehrerin, der Briefträger, der Taxifahrer, mit wem immer ich über ihren Streik sprach, jeder sagte, dass die Studenten im Recht seien und gut daran täten, sich endlich zu wehren. Die Medien hingegen, aus denen die Bevölkerung erfährt, was sie von den Dingen halten soll, haben ihnen die Unterstützung bald entzogen. So genannte kritische Köpfe, die den Geist der Revolte für den Besitzstand ihrer eigenen, in die Jahre, zu Einfluss, Geld und Bypässen gekommenen Generation halten, tadeln in wohlfeilen Kommentaren, das Aufbegehren der Heutigen sei theoretisch nur unzulänglich begründet, reine Empörung, frei von kritischer Reflexion. Stimmt schon, sie besetzen Hörsäle, ohne über die Dinge zu debattieren, der wir die frommen Schauer von Theorie und Volksaufstand verdankten, nämlich ob Georg Lukács 1923 Recht hatte, als er »Geschichte und Klassenkampf« schrieb, oder 1947, als er sich davon wieder distanzierte. Andere Kommentatoren stört am vermeintlich unpolitischen Protest das Gegenteil: Sie finden es löblich, wenn Studenten, selbstbewusst in ihrem Standesdenken als künftige Elite, eine bessere Ausstattung der universitären Institute verlangen, aber ungebührlich, dass ihr Protest sozial ausartet und, wie es jetzt geschehen ist, angehende Akademiker gar Obdachlose in das Auditorium Maximum laden, Proleten, die dort nicht hingehören. Kurz, es ist ein Kreuz mit der Jugend, wenn sie weder die Schaukämpfe von gestern nachstellen noch sich schon heute als die asoziale Elite von morgen entwerfen möchte.

Natürlich glimmt nicht in allen, die jung sind, noch das Feuer, dass sie die Welt auch verändern könnten, viele sind vollends damit ausgelastet, die Verhältnisse, wie sie sind, zu loben und nach einem warmen Plätzchen für sich Ausschau zu halten. Es ist immerhin der oberste Studentenvertreter der Salzburger Fachhochschulen, ein gewisser Michael K., der in der Zeitung einen Lobgesang auf die soziale Auslese anstimmt und mehr Reglementierung an den Hochschulen, schärfere soziale Einstiegskontrollen verlangt: Die Eingangsprüfungen und Zugangsbeschränkungen wären sogar von Vorteil, sagt der wackere, mit einem Baccalaureat honoris causa für staatsbürgerliche Beflissenheit prämierte Bursche, weil sie »die Studenten schon am Beginn der Studienzeit auf den späteren Wettbewerb vorbereiten« würden. Das ist apart. Wenn die Hörsäle rammelvoll sind, finden wir das einfach toll, weil wir uns so besser auf die Überbevölkerung vorbereiten können, in der wir ja irgendwie überleben müssen. Dieser Studentenvertreter, der in seinem Biedersinn ziemlich aggressiv ist, lässt einen jedwedes Vorurteil, das man gegen Fachhochschulen als Zuchtanstalten hochspezialisierter Dummköpfe haben mag, als fundiertes Urteil empfinden. Natürlich bilden solche Leute in jeder Generation die Mehrheit, sie zeugen davon, wie notwendig Bildung, nicht nur Ausbildung, die freie Universität, nicht die reglementierte Fachhochschule ist.

Advent, Advent. Coccaglio liegt unweit von Brescia und ist eine Hochburg der anständigen Leute der Lega Nord, mit denen die Re-Barbarisierung Italiens und Europas vor etlichen Jahren begonnen hat. Der Bürgermeister Franco Claretti hat dort, ganz heimattreu auf Englisch, die Aktion »White Christmas« ausgerufen, die nicht zum Ziel hat, dass etwas Schnee auf die Straßen von Coccaglio fallen möge, sondern dass kein schwarzes Gesicht mehr auf diesen zu sehen sein dürfe und alle 1600 Zuwanderer den Ort verlassen müssen. Weihnachten, sagt er, ist »ein Fest unserer Identität, nicht ein Fest der Aufnahme von Fremden«. Schließlich suchten Josef und Maria ja einen Stall, nicht um dort unterzukommen und eine Krippe für ihr Kind zu finden, sondern um die Identität Bethlehems gegenüber der von Nazareth und Jerusalem zu kräftigen.

Das von Andrea Grill zusammengestellte Dossier von *Literatur und Kritik* ist dem albanischen Österreich gewidmet, der Literatur, die Albaner in Österreich schreiben, und dem Bild, das Autoren in Albanien in ihren Gedichten, Erzählungen, Romanen von Österreich entwerfen. Österreich und Albanien, das ist eine alte, erst in neuerer Zeit in Vergessenheit geratene literarische Verkehrsroute. Einst waren es österreichische Kartographen, Geographen, Botaniker, Sprachforscher, Historiker, Reiseschriftsteller gewesen, die Albanien in den Blickwinkel der Europäer rückten. Der Diplomat Johann Georg von Hahn, österreichischer Konsul in Griechenland, gilt als Gründervater der Albanienforschung, seine »Albanischen Studien« von 1854 sammelten alles, was sich damals über Geschichte, Kunst, Alltagskultur und Sprache der Albaner mit einiger Gewissheit sagen ließ, und ergänzten die wissenschaftlichen Befunde mit einprägsamen Schilderungen von Menschen, Landschaften, Städten. Eine Generation später wurde die Biographie, die der österreichische Konsul in Shkodra, Julius Pisko, dem legendären albanischen Heerführer und Nationalhelden Skanderbeg widmete, für die Albaner selbst zum Standardwerk.

Vor zehn Jahren stieß ich im Süden Italiens überall auf diesen Skanderbeg. Jedes Dorf in Kalabrien, das ich aufsuchte, hatte am Platz mit dem Brunnen als symbolische Mitte ein Denkmal des Heerführers, der auf allen dieselbe grimmige Miene machte. Ich war damals mit Kurt Kaindl unterwegs, um die Nachfahren der Arbëreshe zu suchen, jener Albaner, die vor einem halben Jahrtausend ihr Land verließen und sich im entvölkerten Süden Italiens ansiedelten, nachdem die Osmanen das Heer ihres Fürsten Georg

Kastriota, genannt Skanderbeg, vernichtend geschlagen hatten. Skanderbeg selbst wurde von den Osmanen nicht gestellt, sondern tauchte unter, sein Leichnam wurde nie gefunden, und darum geht der Held seit Jahrhunderten um, wenn es gilt, der bedrängten Heimat beizustehen, ein historischer Wiedergänger, der nicht sterben darf, weil die Nation, die in ihm Gestalt angenommen zu haben glaubt, noch immer nicht zu sich gefunden hat.

In Österreich weiß kaum jemand, dass sich Schwert und Krone Skanderbegs, die größten nationalen Heiligtümer der Albaner, im Wiener Kunsthistorischen Museum befinden, und dass es der Konsul Julius Pisko war, der die für Generationen verbindliche Biographie des in den albanischen Bergen verschwundenen, periodisch aus dem Dunkel der Geschichte wiederkehrenden Skanderbeg verfasst hat. Auch Norbert Jokl, der große Albanologe, der als Jude 1938 seine Stelle an der Universität Wien verlor, 1942 in einem Konzentrationslager ermordet wurde und dessen riesige Privatbibliothek sich die Österreichische Nationalbibliothek unter ihrem Direktor Paul Heigl unter den Nagel gerissen hat, ist in Albanien bekannter als in seiner Heimat. So wird man im Gespräch mit albanischen Intellektuellen oft doppelt beschämt, weil sie uns die Leistung österreichischer Albanienforscher gutschreiben, von denen wir gar nichts wissen, und sie zudem eine Wertschätzung Österreichs hüten, die wir uns längst abgewöhnt haben.

Vor zwei Jahren war ich in Rom, um die italienische Übersetzung eines Buches im Österreichischen Kulturinstitut vorzustellen. Nach der Lesung trat ein dunkelhaariger, nicht allzu großer Mann mit bescheidenem Lächeln zu mir und stellte sich als albanischer Botschafter vor, er gab mir seine Karte, und als ich im Trubel einen raschen Blick darauf werfen konnte, sah ich, dass es sich bei dem Mann um Visar Zhiti handelte, den albanischen Dichter, von dem ich vor langer Zeit einmal ein paar Gedichte, die auf Wegen, an die ich mich nicht mehr erinnere, in meine Hände gelangt waren, auf Deutsch veröffentlicht hatte. Wir verabredeten uns für den nächsten Tag in einem Café unweit des Hotels, in dem ich wohnte, und um die angegebene Stunde kam der Botschafter auf einer Vespa herangebraust.

Unter Enver Hoxha war Visar Zhiti zehn Jahre im Straflager gesessen, weil er in einem Gedicht von »zwei Sonnen« geschrieben hatte und ihm dieses Bild als Kritik an der einzigen Sonne, die es in Albanien gab, an Enver Hoxha, ausgelegt wurde. Er erzählte, dass er damals am helllichten Tag auf einer belebten Straße ohne jede Vorwarnung verhaftet, in Handschellen abgeführt und in eine stinkende Zelle geworfen wurde. Er hatte bis dahin als Lehrer gearbeitet und wusste nicht, warum er verhaftet worden war, nur dass er als Volksfeind galt, weil seine Gedichte düster, pessimistisch, also schlichtweg falsch waren. Zu seinem Prozess waren seine Schüler und viele Schriftsteller als stummes Publikum vorgeladen worden, und dem Richter saßen ein Arbeiter, der die Herrschaft der proletarischen Klasse zu repräsentieren hatte, und eine Frau zur Seite, die nichts sagen und nichts fragen durfte, weil sie nur als Symbol zugegen war, als Symbol dafür, dass die Frau in der sozialistischen Gesellschaft dem Mann gleichgestellt war. Nach zehn Jahren entlassen, musste Visar, ein Mann von auffallend höflichem, aufmerksamem Wesen, in einer Ziegelfabrik arbeiten, zu dichten und zu unterrichten blieb ihm untersagt. Jetzt saß er mir gegenüber, in diesem Café an einer belebten, leicht hügelan führenden Straße, und auf meine Frage, ob es etwas gebe, was ihn an seiner Heimat störe, antwortete er: »Dass wir stolz auf unser Unglück sind.«

Visar erzählte voller Begeisterung von Österreichern, die

ich nicht kannte und die sich große Verdienste um Albanien erworben hatten, und er unterrichtete mich davon, welch überragende Bedeutung Wien für die Entwicklung der albanischen Sprache und Literatur gehabt hatte, wovon ich nichts wusste. Er erzählte von den Brüdern Naum und Sami Frasheri, Dichter der eine, politischer Publizist der andere. Naum hatte in der Nähe Wiens gelebt, als er mit seinen Gedichten zum Gründervater der modernen albanischen Literatur wurde, und Samis nationale Kampfschrift erschien 1913 zuerst in Wien. Seither, sagte Vizar, ist Wien der Sehnsuchtsort der albanischen Literatur, und als ich mich später ein wenig genauer mit diesem Phänomen beschäftigte, entdeckte ich, dass tatsächlich kein Ort in der Welt bei den albanischen Dichtern von heute solche Reputation genießt wie Wien, das die meisten von ihnen doch gar nie gesehen haben.

Ob sie Svätopluk heißen wie bei den Slowaken, Stefan bei den Ungarn, Oberdan bei den Italienern oder Skanderbeg bei den Albanern – mit den nationalen Heiligen lässt sich noch heute trefflich für jeden Unsinn fechten. Als der Schweizer Historiker Oliver Jan Schmidt letztes Jahr seine penibel recherchierte Studie über Skanderbeg veröffentlichte, schoss der nationalistische Eifer hoch. In Tirana kam es gar zur Demonstration vor der Schweizer Botschaft, die zur »Schurkenbotschaft« umbenannt wurde, weil die rechtschaffen Empörten fest darauf vertrauten, dass ein Schweizer Mediävist seine Forschungen nur im Auftrag übergeordneter Stellen verfasst haben konnte. Wer ein praktizierender Anhänger von Verschwörungstheorien ist, findet beliebige Gründe, warum es ausgerechnet dem Schweizer Bundesrat ein Anliegen sein soll, einen albanischen Heiligen zu serbisieren. Das hatte Schmidt zwar nicht gemacht, aber seine albanischen Kritiker, die, wie der Schriftsteller Ismail Kadare, der allen vorangeiferte, das Buch gar nicht gelesen hatten, nahmen es doch als Anschlag auf die Würde der Nation, dass Schmidt sich erdreistete, darauf hinzuweisen, Skanderbeg habe eine Mutter gehabt, die nach den ethnischen Kriterien von heute als Serbin gälte. Diese ethnischen Kriterien waren damals freilich noch nicht erfunden, wie auch der listen- und wendungsreiche Adelige Skanderbeg, der sich am Hofe des Sultans zum Muslim bekehrte und später ewigen Ruhm als katholischer Kämpfer gegen die Ausbreitung des Islam in Europa erwarb, erst im 19. Jahrhundert zum nationalen Freiheitshelden erhoben wurde. Diese Inthronisierung ging von den bürgerlichen auf die kommunistischen Nationalisten über, in deren stalinistischem Staat die Verehrung Skanderbegs kultisch überhöht wurde. In einigen Romanen Ismail Kadares verschmilzt die mythische Gestalt des verschollenen Nationalhelden mit der des kommunistischen Diktators, er wird zum wiedergekehrten Skanderbeg, der gekommen ist, die albanische Geschichte zu vollenden.

Albanien hat einen schweren Weg durch die Historie nehmen müssen. Von fremden Herren bedroht, musste es um sein Überleben kämpfen, gequält von der Urangst, als Ethnie ausgelöscht zu werden. Borniert ist es trotzdem, dass Skanderbeg heute partout keine slawischen Vorfahren gehabt haben darf. Und merkwürdig ist es, dass ausgerechnet die europäisch orientierten, auf einen Beitritt Albaniens zur Europäischen Union hin wirkenden Kräfte sich brachial auf einen zum modernen Nationalisten zurechtgerückten Skanderbeg berufen. Was für eine verquere Logik: Europa ist ihnen der Westen, das Christentum, der Kapitalismus. Für die Feinde Europas halten sie den Kommunismus, den Islam, die slawische Orthodoxie. Skanderbeg darf keine serbische Mutter gehabt haben, weil er vor mehr als fünfhundert Jahren das wahre, das christkatholische Europa verteidigt hat.

Und so kommt es, dass jene Albaner, die vom europäischen Erbe Albaniens schwärmen und von der europäischen Sendung Albaniens faseln, dieses Europa am liebsten gleich wieder ein wenig kleiner machen würden. Sie begehren, in der Europäischen Union willkommen geheißen zu werden, und als Einstandsgeschenk wünschen sie sich, dass deren Türen für ihre orthodoxen slawischen Nachbarn donnernd zugeworfen werden.

Ein Redakteur fragt, ob ich etwas über die »Nullerjahre« schreiben möchte, die zu Ende gehen. Wie sie waren? Du meine Güte, wenn ihr sie schon so nennt!

Schmäht sie nicht dauernd! Da waren nicht nur Terror und Krieg gegen den Terror, nicht nur technischer Fortschritt und Rückkehr der Folter, nicht nur Abgang des Staatsbürgers und Auftritt des *Users*, nicht nur das Spiel von Börsianern, die, solange man sie lässt, mit der Welt selbst spekulieren werden und sei es, dass sie auf ihren Untergang wetten und, natürlich, auch dabei gewinnen wollen ... Nein, das waren auch zehn Jahre unseres Lebens, wir werden sie kein zweites Mal haben.

Es war das Jahrzehnt, in das wir ohne Handy gingen und in dem wir uns, als hätten wir keine Wahl und würden dazu gezwungen, dann doch eines kauften, über dessen Unwert wir so lange kulturpessimistische Überlegungen anstellten, bis es aus unserem Alltag nicht mehr wegzudenken war. In diesen Jahren wurden unsere Kinder erwachsen, sie verließen die Schule, übersiedelten ans andere Ende der Stadt, in eine andere Stadt. Aber sie haben ja Handys und können sich nicht ausreden, sie seien unterwegs gewesen, als wir sie anriefen. Dem technischen Fortschritt verdanken wir es, dass sie unseren Nachstellungen nicht entrinnen.

Spät am Abend ging ich heimwärts und bog, aus der Stadt kommend, hinter dem Neutor nach rechts in die Reichenhaller Straße, in der ich vor bald zwanzig Jahren mit meiner Familie eine Wohnung in einem hundert Jahre alten Haus bezogen hatte; eine große Wohnung, denn wir waren damals zu viert und brauchten den Platz, den wir heute für die Bücher, Bilder und Erinnerungen brauchen, für die Kinder, nein, nicht für sie, sondern für uns, dass uns ihre lärmende Freude, da zu sein und sich ihren Raum zu erobern, nicht verdrieße. Es war spät im Dezember, dass ich nach Hause ging und im dichten Nebel, aus dem die Umrisse der Häuser dunkel wie vom Grunde eines tiefen Wassers schimmerten, in eine andere Zeit geriet. Als ich sechzehn, siebzehn war, bin ich oft hier vorbeigezogen, denn das Elternhaus stand in einer Siedlung, zu der der Fußweg gerade durch diese Straße führte, und mir kommt vor, dass es immer spät war und dichter Nebel über der Straße hing, damals, als ich mir die Schülerfreiheit nahm, abends länger auszubleiben und mit Freunden in Lokalen, die es längst nicht mehr gibt, darüber zu debattieren, was es bedeutete, bald selbst bestimmen zu können, wohin das Leben uns führen solle. War es Zeit, mich von den Gefährten zu trennen, machte ich mich beschwingt auf den Weg in die Siedlung hinaus, ja, ich freute mich auf die halbe Stunde, in der ich mir als Nebelgänger auszumalen pflegte, welche faszinierenden Menschen ich in fernen Ländern und Städten treffen würde. Dass ich mit meinen Kindern so nah am Ort der Kindheit lebte, wäre mir gewiss als schauerliche Niederlage erschienen, denn hinaus in die Welt zu ziehen, das schien mir das Selbstverständliche zu sein, und zurückzukommen, das wollte ich mir erst als triumphale Rückkehr im Alter gestatten. Alleine wie damals ging ich jetzt im Nebel, den nur selten der fahle Strahl eines Scheinwerfers durchstieß, und mit einem Mal verspürte ich die Sehnsucht, mir die Jahre, die so rasch vergangen waren, zu vergegenwärtigen und über die Kindheit und ihre Bühne, die Siedlung, zu schreiben. Als ich das Haustor aufschloss, war ich bereits so weit, dass ich am liebsten all die Erinnerungen, die durch mich fluteten, unverzüglich festgehalten hätte, den Chor längst erloschener Stimmen, der sich rauschend wieder in mir erhob, Bilder des Anfangs, die mir plötzlich gestochen scharf vor Augen standen; ich sah Menschen, die seit vielen Jahren tot waren, wie sie sich zu mir herabneigten und ihr Wort an mich richteten, und ich sah die Räume, auf die das Licht jener Jahre fiel, mit ihren Dingen, Grenzen, Schemen.

Von allen Dingen des Lebens ist ihm das Nichtstun immer am schwersten gefallen. Erschöpft von den Anstrengungen der Untätigkeit, sehnt er sich nach dem Tag, an dem er endlich zu schreiben beginnen kann. Dies ist der unerquicklichste Zustand, den er kennt, aber er muss sich der Langeweile aussetzen, wenn er etwas zuwege bringen möchte, das ihn später nicht selber langweilt.

Nach und nach werden mir Dinge einfallen, über die ich in meinem Gedächtnis lange nicht mehr verfügen konnte, und Dinge, die ich gar nicht erlebt habe und trotzdem zu den Tatsachen meines Lebens zähle. Getreulich werde ich bei meinen Erinnerungen bleiben, um mir die Kindheit, die mich ins Alter begleiten soll, zu erfinden.

Inhalt

Aktuelle Themen im <u>dtv</u>

Bitte besuchen Sie uns im Internet: www.dtv.de